古代歷史文化 研究輯刊

二三編

王明蓀 主編

第 4 冊

宋史論文稿（修訂版）

王明蓀 著

國家圖書館出版品預行編目資料

宋史論文稿（修訂版）／王明蓀 著 — 初版 — 新北市：花木
蘭文化事業有限公司，2020〔民 109〕
序 2+ 目 4+262 面；19×26 公分
（古代歷史文化研究輯刊 二三編；第 4 冊）
ISBN 978-986-518-029-4（精裝）
1. 宋史 2. 文集
618   109000465

ISBN-978-986-518-029-4

9 789865 180294

古代歷史文化研究輯刊
二三編 第 四 冊   ISBN：978-986-518-029-4

宋史論文稿（修訂版）

作　　者　王明蓀
主　　編　王明蓀
總 編 輯　杜潔祥
副總編輯　楊嘉樂
編　　輯　許郁翎、張雅淋　美術編輯　陳逸婷
出　　版　花木蘭文化事業有限公司
發 行 人　高小娟
聯絡地址　235 新北市中和區中安街七二號十三樓
　　　　　電話：02-2923-1455／傳眞：02-2923-1452
網　　址　http://www.huamulan.tw 信箱 hml 810518@gmail.com
印　　刷　普羅文化出版廣告事業
再　　版　2020 年 3 月
全書字數　189911 字
定　　價　二三編 21 冊（精裝）台幣 55,000 元

宋史論文稿（修訂版）

王明蓀 著

作者簡介

王明蓀，生於 1947 年。中國文化大學國家文學博士，曾任教於淡江、佛光、中興等大學，並曾兼任系所主任、教務長等職。現任中國文化大學史學系兼任教授。發表學術論著七十餘篇，專書十餘種。

自　序

　　在中國史的教學與研究中，我較集中的範圍是近古史的一段，即宋史、
遼金元史這一時期。個人以為這一較長約四百六十年的時段，若不局限於朝
代的分割，則較能有整體的觀察，也較易於了解其間的關係。不論是因教學
的需要或個人的研究方向與興趣，多年來曾發表了些許論述，也曾集結成論
文集《宋遼金史論文稿》，由於該書初版早已絕版而未能流通，乃有再版之舉，
除了將初版原有論文再行刊佈外，又增加了其後發表的新作，同時分別為《遼
金元史論文稿》，已於前年刊行；宋史部分另集成為本書《宋史論文稿》，用
為流通並祈學界之指教。

　　本書分成兩部分，其一為專論，共收有論述十一篇，其二為雜說，收了
五篇文字。對於初版中的著作，僅作極少部分的更補，主要是在於全書的體
例與格式上略求一致，加上校對後的文字更正等，其餘則視需要而略補數語。

　　在專論中有二部分論題較為集中，一是關於王安石思想理論方面，分別
由三個題目來論述，即〈王安石的王霸論〉、〈王安石洪範傳中的政治思想〉、
〈王安石對人性之認識及其一道德說〉。由於王安石是北宋以至於中國史上
在學術思想與政治上都是重要的人物，極有其代表性，尤其是在變法改革方
面，故而有意對其思想及理論基礎上稍作系列性的探討，以為由此出發較能
理解其對政治的想法與作為。另一部份是對北宋都城汴京的探討，即〈北宋
都城汴京之城市型態〉、〈兵險德固——論北宋之建都〉，這二個課題已有相
關的論述，也頗有普遍的了解，再論建都，是由當時宋人之議論、考量著手，
加以實際之狀況、條件來探索，可知理論與實際間之差異；而汴京都城之城
市型態，是就文獻與考古所得來看宋人對國都建設之構想及規劃。另篇〈宋

代之角觝術——兼論古代之角觝戲〉，言都城城市社會之生活文化面，由沿襲古代都城活動之傳統，從朝廷宮中之活動而漸普及於都城之社會面，則為宋代所形成；說明城市生活文化的一面。

其餘各論文因篇而見其主旨，以探討學界未多討論的題目為主，如對礦業生產中的鐵礦產量問題，〈宋代鐵礦產量的初步探討〉，說明宋代鐵產增加應是反應在軍事上、社會上的需求，而非單純經濟之因素。〈談宋代的宦官〉，討論未受重視的宋史研究題目，但在傳統政治結構中卻相當需要觀察的群體。〈北宋中期以前的役法改革論〉，論述北宋中期二次變法改革前，對於社會負擔最沈重的役法的諸多見解，並分析變法前，已對役法有改革之共識，而非變法主持者個人之獨見。〈宋初的反戰論〉，說明宋初為解除國防威脅而發動多次的對遼戰爭，而至於澶淵之盟訂定間，其時局與政策由主戰漸成反戰的過程，並看出宋初朝臣未必皆以主戰對外，其意見並不一致。〈宋代之安南（交阯）記述及其朝貢關係〉，透過宋人對南方邊區之記載，得知其對交阯了解之程度，並說明雙方之朝貢關係與發展情形；同時顯出宋朝對外關係的南北之異。

在雜說的五篇文字，都是應邀而寫成，二篇敘述節令中的生活文化，一篇言宋史教學的看法，二篇談宋代的信仰與資料。其長短不一，繁簡各見，附便參看。

2007 年秋
王明蓀序於台中遲晴樓

目

次

専　論

宋代鐵礦產量的初步探討

一、前　言

　　宋代鐵礦的經營情形，缺乏詳細的記載，就較便於查閱的資料中，約略可以看出大概的狀況，算是一種初步的探討。首先從宋代有紀綠的鐵礦生產資料來看，往往是和其他礦業一并記載的；即《宋史・食貨志》中所記的阬冶，包含了金、銀、銅、鐵、鉛、錫等五金礦業，官方於當時直接管理的監冶場務，共有二百另一處。〔註1〕其中鐵產方面的，有四監、十二冶、廿務、廿五場等，共六十一處。〔註2〕到英宗治平年間，增為七十七處。〔註3〕這類的記載，都是官方設有專門機構經營者，否則，即使增加再速，在北宋末政和六年（1116），廣東一路即有鐵場阬冶九十二所，則很難解釋了。〔註4〕而且，又可從官方鐵產收入的統計可知，後文將列出所有之資料。政和末廣東漕司所言之鐵礦，是將民營者計入，或可推知，宋代鐵礦之經營，有官營及民營者，而官營之資料較多。

二、兩宋鐵礦之產額

　　再看宋官方在鐵礦經營之收益（鐵課額），據《宋史・食貨志》載，仁宗皇祐年間得七百廿四萬一千斤，英宗治平間又增加百餘萬斤，至神宗元豐年

〔註1〕參見脫脫，《宋史》（台北：藝文印書館影印殿本）卷 185，〈食貨志下〉，頁 11。
〔註2〕同前註。
〔註3〕同前註，頁 13。
〔註4〕同前註，頁 16。

間則爲五百五十萬一千九十七斤，[註5] 然則據《宋會要》記載，雖然其元豐年間實收之課額與《宋史》總數相同，亦列出各地之元額及收額，但按其詳列各數，總計則稍有出入，今計列如下：[註6]

表一：北宋元豐元年（1078）鐵產額表

州名	元額（斤）	實收額	興國軍	88888	59215
登　州	2655	3775	道　州	504	504
萊　州	4800	4290	雅　州	缺	缺
徐　州	300000	308000	榮　州	300	295
兗　州	396000	242000	資　州	6706	7254
鄧　州	69360	84410	興　州	缺	缺
相　州	缺	缺	建　州	500	3400
磁　州	1814261	1971001	南劍州	15179	13350
邢　州	1716413	2173201	汀　州	9000	9000
虢　州	139050	155850	泉　州	缺	缺
陝　州	13000	13000	邵武軍	6902	6902
鳳翔府	40560	48248	廣　州	缺	缺
鳳　州	36820	36820	惠　州	6128	6128
晉　州	569776	30098	韶　州	1500	1800
威勝軍	158506	228286	端　州	1404	1410
信　州	3133	3133	英　州	43493	43493
虔　州	缺	缺	南恩州	缺	缺
袁　州	41593	41593	融　州	500	860

以上總計元額爲 5486931，《會要》載 5482770，而元豐元年實收總額爲5497316，《會要》載 5501097。其間出入並不算大，若將記錄中之缺額加入，當不止此數。另外，除移作他用，實收額通常要較元額爲高，前表中已見有超收之現象，而地方負責阬治之機構，某主管若能超收元額，是轉升或增加資歷考績（減磨勘）的機會，故應有此現象；在《會要》職官中常記載這類

[註5] 同前註，頁 12、13。
[註6] 見徐松，《宋會要輯稿》（台北：世界書局，中國學術名著第六輯），第十一冊，〈食貨〉卅三之十二至十四。

事情。在北宋中期，收鐵額最高的，是磁、邢二州，皆有近二百萬斤左右，達卅萬斤者有徐州，廿餘萬斤者有兗州、威勝軍，十餘萬斤者有虢州，大約皆在今河北、河南、陝西等地。而各鐵課額亦無妨將之視爲鐵產量。

南宋時領土喪失大半，鐵產收入改變甚多，加之戰亂與社會之動盪不安，數額銳減，阬治鐵礦於紹興卅二年（1162）之統計，淮西、夔州、成都、利州、廣東、福建、浙東、廣西、江東、西之鐵冶六百卅八處，廢者達二百五十一，舊額歲二百一十六萬二千一百四十斤，於乾道時之統計，則僅入八十八萬三百斤餘。〔註7〕舊額當係南宋初年所定之歲額，實際上紹興卅二年當年所得僅二十八萬二百二斤餘，若與舊額相比，約止收及四分餘，相差甚鉅。〔註8〕乾道之歲額，係乾道二年（1166）七月內鑄錢司此較之數，即官府所收鐵產赴指定地點浸銅用以鑄幣之數，今將舊額之乾道額相並列出，同時亦附列鐵產赴浸銅之地及差額：〔註9〕

表二：南宋鐵產歲額表

州	縣	舊　　額	乾道額	浸銅地	差　　額
饒　　州	餘干	13300	5000	饒州興利場	8300
	鄱陽	15300	3500	同上	11800
	德興	3825	3823	同上	2
	樂平	5500	3000	同上	2500
	浮梁	缺	1700	同上	
信　　州	鉛山	147671	59000	信州鉛山場	88671
	弋陽	120000	100000	同上	20000
	上饒	120000	50000	同上	70000
	玉山	50000	35000	同上	15000
	貴溪	13000	13000	同上	0
徽　　州	婺源	3000	1200	興利	1800
池　　州	貴池	4210	3254	鉛山、興利	956
	銅陵	67943	3645	銅陵	64298

〔註7〕參見註1，頁20。至於各地興廢詳目，可參見《宋會要》，〈食貨〉卅三之二十。

〔註8〕參見《宋會要》，〈食貨〉卅三之二十一。

〔註9〕參見《宋會要》，〈食貨〉卅三之二十至二十三。

撫　州	東山	138424	117000	鉛山	21424
隆興府	新建	3760	缺		
	進賢	5383	3540	鉛山、興利	1843
吉　州	安福	714000	222862	韶州岑水場	491138
	萬安	30226	17230	同上	12996
	廬陵	106500	27950	同上	78550
	吉水	60345	23200	同上	37145
江　州	德安	31247	13824	鉛山、興利	17423
潭　州	瀏陽	64000	12359	潭州永興場	51641
	善化	缺	700	同上	
衡　州	常寧	480	缺		
辰　州	辰溪	3144	2200	興利、鉛山	944
	敘浦	1944	1100	同上	844
韶　州	翁源	50000	12088	韶州岑水場	37912
南雄州	始興	36480	440	岑水	36040
惠　州	博羅	12740	12740	同上	0
廣　州	增城	13000	5000	同上	8000
	番禺	10300	580	同上	9720
	清遠	700	700	同上	0
	懷集	缺	700	同上	
賓　州	遷江	缺	14640	同上	
	古賓	14640	疑即為上者		
鬱林州	南流	126240	27500	同上	98740
建寧府	浦城	40000	40000	鉛山	0
處　州	麗水	2230	100	同上	2130
	青田	30400	1220	同上	29180
舒　州	懷寧	12380	15280	鉛山、興利	2900
	宿松	4800	缺		

　　由上表所得舊額總數為二百十二萬二千百八十二斤，較《宋史》及《宋會要》之總額數略少約四萬斤餘。乾道總額為八十四萬四千六十七斤，亦較《宋史》及《宋會要》計額少約四萬斤。因表中有缺額未計之故。

　　中國鐵的產量，就官方所收歲額之紀錄來看，由唐代的第九世紀起，至南宋的第十二世紀中期止，約有三個半世紀，是鐵礦經營創造高峰又漸走下

坡之時。但若以十九世紀以前的整個中國史來看，這段時期無疑是鐵礦經營的鼎盛時期。據 Robert Hartwell 之研究，北宋時的鐵產已是 1640 年英格蘭與威爾斯共同產量的二倍半至五倍，而與十八世紀初歐陸鐵產總量相差不遠。而且中國鐵產增加率極高，由 850 年（唐大中四年）至 1050 年（宋皇祐二年）的兩世紀，鐵產增加達十二倍，而英格蘭在 1540 年至 1740 年的兩世紀，鐵產增加僅四倍，〔註10〕這是極值得注意的。

現再將唐末至南宋初鐵礦經營鼎盛的三個半世紀，就其官方資料略作一圖表，亦可明白此期間鐵產之升降。〔註11〕

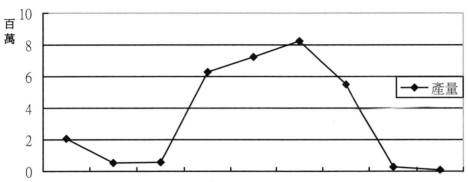

表註：

1. 唐憲宗元和年間（806～820），2070000 斤
2. 唐宣宗（847～859），532000 斤
3. 宋太宗至道末（997），5748000 斤
4. 宋眞宗天禧五年（1011），6293000 斤
5. 宋仁宗皇祐年間（1049～1056）7241000 斤
6. 宋英宗治平年間（1064～1067），8241000 斤
7. 宋神宗元豐元年（1078），5501097 斤
8. 宋高宗紹興末（1158），280302 斤
9. 宋孝宗乾道二年（1166），880302 斤

〔註10〕參見宋晞譯 Robert Hartwell 所著〈北宋的煤鐵革命〉一文，《新思潮》第 92
期，頁 22～25。但據《明史》（台北：藝文殿本）卷 81，〈食貨五〉，頁 14，
載洪武初之鐵額達七百四十六萬餘斤，又據陶晉生，《中國近古史》（台北：
東華書局，民國 68 年），頁 252，以永樂初之鐵額已高超宋代最高額的英宗時
期一倍餘。

〔註11〕本表係參酌王志瑞，《宋元經濟史》（台北：商務印書館，民國 53 年，史地叢
書），頁 31。

由上圖極易看出此期間之鐵產，以宋英宗治平年間達到最高額，而後漸走下坡，若非外族入侵，北宋亡於女眞，當不至此。又南宋孝宗以後缺乏資料以查，而淮水、大散關以北爲金之領土，金代之鐵礦經營亦不詳，未能明白當時整個中國之鐵產。

以上所述之鐵產情形，全係官方所計之課稅額數，並不足涵蓋所有鐵礦之生產，大概而言，歲課額爲生產額的十分之二，這也是金屬礦業的一般此例。宋哲宗時期：

> 元祐元年，陝西轉運兼提舉銅坑冶鑄錢司言，虢州界院冶戶所得銅貨，除抽分外，餘數並和買入官，費用不足，乞依舊抽納二分外，只和買四分，餘盡給冶戶貨賣，從之。〔註12〕

可見舊例課納爲十分之二，官方有所需要，則可和買部份。

《會要》及《通考》記載南宋初及北宋神宗時亦如此：

> 紹興七年，工部言，台州黃巖縣劉覺民乞將應金銀坑場，並依熙豐法，召百姓採取，自備物料烹煉，十分爲率，官收二分，其八分許坑戶自便貨賣，今來江西轉運司相度到江州等處金銀坑冶，亦依熙豐二八抽分，經久可行，委實利便，從之。〔註13〕

若課額只取十分之一，則算是優假：

> 政和六年詔承買，歲計課息錢十分蠲一，以頻年無買者，欲優假之故也。〔註14〕

但即使是以上歲課額爲全產額的十分之二，仍有不足代表確實之產額之處；如英宗治平年間至神宗元豐年間，僅十餘年即突減二百七十餘萬斤，當時並無戰亂或大變，何至於此？原來熙寧元年（1068）及八年，兩度詔令核實嚴辦，故未敢輕率浮報之故。〔註15〕另有一種情形，如太宗時，曾有銀、銅等礦區，官府無意管課之例。〔註16〕至於南宋初之鐵產歲額亦有不實，因「蜀中所產不與焉」。〔註17〕

〔註12〕《宋會要》，食貨卅四之二十。
〔註13〕《宋會要》，食貨卅四之十六，而卅四之十七又重出此條。另見馬端臨，《文獻通考》（台北：新興書局，國學基本叢書）卷18，〈征榷考五〉，「坑冶條」。
〔註14〕同前註《通考》。
〔註15〕見註1，頁13。
〔註16〕同註1。
〔註17〕見李心傳，《建炎以來朝野雜記》（台北：中華書局，宋史資料選萃）甲集卷16，「銅鐵鉛錫坑冶條」，頁8。

三、結　語

　　宋代鐵產量額確實驚人，因爲用途甚廣，農工業等在宋代也日趨發達，財經上的用途也大量使用鐵，如鐵錢之鑄、浸銅鑄銅錢、武器、農具、製鹽器具、建築、造船、手工業等等。〔註 18〕宋代帝王還有親自督閱以鐵造兵器之記錄：

> 宋初以魏丕主作，每造兵器，十日一進，謂之旬課，上親閱之，……國工署有南北作坊、歲造甲鎧、銘劍、刀、鋸……凡三万二千，又有弓弩院，歲造弓弩、箭、絃、鏃凡千六百五十餘萬，諸州造弓、弩、箭、劍……等凡六百二十餘萬，又別造諸兵幕、鏈、炮、炒鍋……等什器……景德中，以歲造之器，可支二三十年。〔註19〕

在武器兵械上即有甚多用鐵製之類，以宋代軍兵數額之龐大，當知所供需之兵械量極大，而鐵產的需求自相應要一定的額數。加之宋代社會經濟之繁榮，農業發展所需，及各種器物製作所需，同樣對鐵產的需求亦高。宋代鐵產量之高，應可說明爲其時時代之需求所致。

（原刊於中興大學《文史學報》第 10 期，台中，1980 年）

〔註 18〕同註 10，〈北宋的煤鐵革命〉。
〔註 19〕見曾鞏，《元豐類稿》（台北：商務印書館，國學基本叢書）卷 49，〈兵器條〉。

談宋代的宦官

一、前　言

　　宦官爲中國宮廷傳統中的人物，是不可缺的宮廷結構之一，由於其既爲官，則有其職掌，雖說是宮廷內朝的制度，但因其侍於帝王親近，時或因得信任而獲有軍政、督監權力，又介於內外朝之間，得便可居間弄權，或處於協調、傳達之地位，成爲中央政治結構中不可忽略之一環。但宦官在政治結構中的地位以及權勢的大小，係來自帝王所付予，故歷代宦官的地位與權力也因之不同。論中國史者，皆以漢、唐、明三代的宦官爲得勢而可弄權之時代，所謂宦官之禍即指此。以宋代而言，承傳統的宦官制度，雖略有權勢，但影響未大，或因此之故，尚少學者注意及此，然而對宋史之研究，亦不宜忽略其究竟如何？

　　宋代宦官之組織，由兩大機構形成，一爲入內內侍省，一爲內侍省。〔註1〕宋初沿襲唐及五代的宦官之制，略加改變名目，又有裁併別立，大約在太宗、眞宗時，確立有宋一代的大體規模。〔註2〕

二、宦官之組織與職掌

　　入內內侍省（簡稱入內省）與內侍省號稱前、後省，其中以入內省較親近皇帝，從淵源上來看，它是由內中高品這種較高級的單位改立而成，從職

〔註1〕參見脫脫，《宋史》（台北：藝文印書館殿本）卷166，〈職官志〉，頁12下、13上。

〔註2〕參見同前。又據李攸，《宋朝事實》（日本京都：中文出版社，1969年）卷9所記，內臣冠以省號，始於眞宗大中祥符二年。

掌上看，是「通侍禁中，役服褻近」，〔註3〕而內侍省則是「備灑掃之職，役使雜品」。〔註4〕兩省宦官的官職，普通的宦官都在八、九品官之位，兩省官名相同。高級宦官則爲五、六品，兩省的官名則略有不同。〔註5〕

宦官雖分兩省，但可調動，原則上是後省官缺，則由前省補充，如此可保彈性運用，亦不致造成門戶。至於官名上仍有兩次重大改變；一爲神宗熙寧年間（1068-1077），將高級宦官名稱，由上至下共分六級：內客省使、延福宮使、景福殿使、宣慶使、宣政使、昭宣使等。〔註6〕其實有些名稱，在神宗之前就有了，如太宗時以王繼恩爲昭宣使、〔註7〕眞宗時以李神福爲宣政使、宣慶使等，〔註8〕以劉承規爲宣政使、景福殿使。〔註9〕這些頭銜在當時是用來酬賞，並未成定制。神宗變法改革上，宦官名亦有改革，也或許因這一類的頭銜多了，有確立之必要，但舊有的官稱，都知、押班之類的仍然沿用；兩省的高級宦官，初由供奉官轉遷，往上爲押班，再往上則兩省名稱不同，內侍省爲右、左班副都知，右、左班都知等四者。入內省爲副都知、都知、都都知等三者。除都都知爲五品官階外，其餘兩省高級宦官皆爲六品。〔註10〕

神宗改制的六等高級宦官上，前三級皆爲五品，後三級爲六品，顯然是提高了宦官之地位。北宋末，徽宗政和二年（1112），新官階完成，又將宦官官制改易，這次改制較廣，高級宦官幾全爲五品，以通侍、正侍、中侍大夫，替代前三級，以中亮、中衛大夫，替代宣慶、宣政使，以六品的供衛大夫，替代昭宣使。此外普通中、低級宦官亦有改變，以供奉官代內東頭供奉官，以左侍禁代內西頭供奉官，以右侍禁替代內侍殿頭，以左班殿值替代內侍高品，以右班殿值替代內侍高班，只有最低級的黃門沒有更改。〔註11〕

宋代宦官的官名雖有前述兩次更改，但連同宋初原有的官名常併使用，結果弄得更形複雜。徽宗時代完成文武散官的官階，宦官則用武散官來定階，

〔註3〕參見同註1。
〔註4〕參見同註1。
〔註5〕參見同註1，並見卷168，〈職官志〉，頁30～32。
〔註6〕參見註1，頁13下。
〔註7〕參見《宋史》卷466，〈宦者傳一〉，頁4下，王繼恩傳。
〔註8〕參見前註，頁7下，李神福傳。
〔註9〕參見前註，頁10下、11上，劉承規傳。
〔註10〕參見同註5。
〔註11〕參見註1，頁13、14。

高級宦官官階都相當高，由第二階至第十二階。〔註 12〕這種武官身份也合於其職掌與差遣；除了掌管內廷的一些機構外，多在於戒備內廷門戶，往往又外調軍旅，典兵、監軍等。宦官通常不能擔任一般文官之職的，但奉命出使又別有差遣。臨時差遣的「雜事」範圍頗為廣泛，從「奉安聖容」、皇陵使、工程監督等較普通的差事外，還有恤視災情〔註 13〕，慰問軍眷家屬〔註 14〕，祈雨〔註 15〕，督捕蝗蟲〔註 16〕等等。真可謂皇帝的私人代表了。

前面所述宦官，是成為「官」的內侍，在這以下還有許多等級，就是所謂的祗侯班，前述的都是內侍班。祗侯班在入內省有十三級，在內侍省有十一級，名稱略有出入，但可說都是不成官的小太監，其中也有些因罪降級的宦官在內。

宦官的遷轉，原則上是有因勞績而定的，但此原則伸縮性太大，完全要以皇帝旨意裁決；宋代官吏通用的「磨勘」之法，並不完全用之於宦官。例如神宗時宦官張恭禮，由內侍押班升為邠州觀察使，原因是「恭禮事上藩邸歲久故也」。〔註 17〕哲宗初立，都知張茂則升為都都知，是因太皇太后下詔「建儲及祗奉皇帝即位有勞故也」。〔註 18〕

宦官正常的職掌多在內宮，一切食、衣、住、行、醫藥、宮苑、器物（寶玩、藝文、圖籍）等內廷所屬，皆由其主管，此外有掌內、外廷出入門戶，接待契丹使者交聘事宜，禁衛入見內宮等等。〔註 19〕在宮內與軍事有關且地位重要者，有「帶御器械」及「皇城使」；前者選親信佩武器隨侍在君側，人數原來不多，不超過六人，宦官常出任此職，後來有在外將領常帶此職，蓋「假禁近之名，為軍旅之重」，〔註 20〕可知親信之重。後者是掌宮城出入、啟閉、宿衛的重任，親從人員有數千，是相當重要的單位，〔註 21〕宦官也出任

〔註 12〕參見《宋史》卷 169，〈職官志〉，頁 27～29。
〔註 13〕參見《宋史》卷 7，〈真宗本紀二〉，頁 21 下，大中祥符二年九月。卷 9，〈仁宗本紀一〉，頁 4 下，天聖二年春二月。
〔註 14〕參見《宋史》卷 10，〈仁宗本紀二〉，頁 14 上，康定元年四月。
〔註 15〕參見《宋史》卷 11，〈仁宗本紀三〉，頁 6 下，慶曆四年三月。
〔註 16〕參見《宋史》卷 299，〈孫沔傳〉，頁 21 下。
〔註 17〕見徐松，《宋會要輯稿》（台北：世界書局），〈職官〉卅六之十七。
〔註 18〕見《宋會要》，〈職官〉卅六之十八。
〔註 19〕參見註 1，頁 14、15。
〔註 20〕見註 1，頁 12 上、下，所指為「帶御器械」，有以內臣宦官充任者。
〔註 21〕參見註 1，頁 6 下。並見《宋會要》，〈職官〉卅四之十五至四三。

此職，並與外朝的武官共同負責。由此二者觀之，宋代對於宦官，仍有相當程度的信用。唐代後期宦官的掌權與威勢，宋廷豈有不知？但總擺脫不了信用親近內侍。以下再做進一步的觀察。

三、宋代宦官之權勢與地位

宦官的地位與權勢，在參與軍政方面可以明顯看出，其中當然也不乏人才。《宋史》宦官列傳有五十三人，北宋四十三，南宋十人，有軍功者廿七人，皆為北宋。所立軍功，大體分為三類：一為隨帝親征；如太宗時的李神福、神祐兄弟，曾隨征太原，很得信任。〔註22〕二為監軍，如太宗時的張繼能，〔註23〕這是沿襲唐中期以後的制度，除戰爭時隨將帥出征以外，在宋代凡禁軍之旅，皆有之，掌管屯兵訓練之責，戰時則「審其戰守應援之事，若師有功則具臧數，籍用命而旌賞之」。〔註24〕監軍的人數由一員以至三、四人，多達十餘人，聲勢頗盛，常易造成將帥的受制與齟齬，至於監軍的職稱，有鈐轄、都監、監押、巡檢等。〔註25〕三是領軍出征。如太宗時的王繼恩、竇神興等，尤其是王繼恩，他參與征討江南，帥師屯駐地方要衝，也經常為軍中的監軍。當李順叛變於成都之時，率兵征討，可以承制軍事，便宜決遣轄區內的囚犯，平亂後功望皆高，太宗特別立了最高頭銜的「宣政使」給他。〔註26〕

有軍功是宋代宦官一大特色。除了上述諸職以外，他們往往還有團練使、防禦使、觀察使、刺史等頭銜，甚至於有宣撫使、節度使的高官，北宋末的童貫，進而出領樞密院，掌全國軍政，封為郡王。〔註27〕許多宦官還加諡號，約有十三人，大都為忠、僖、恪、節等號，最初有諡號的，大約是起自真宗時的劉承規，他的諡號為「忠肅」。〔註28〕原則上，宋代是嚴防宦官干政，大約是見唐代的宦官之禍所致，除了極少數的宦官之外，如童貫之流，大多沒有左右朝政之權，前面所言之劉承規，病死前，希望得節度使之官銜，因王旦反對而止，當時並且決定，至多朝廷以宦官只得「留後」的地位。〔註29〕王繼恩以軍功議

〔註22〕參見《宋史》卷466，〈宦者列傳一〉，頁6～9。
〔註23〕參見前註，頁22上。
〔註24〕見《宋史》卷167，〈職官七〉，頁28下、29上。
〔註25〕參見方豪，《宋史》（台北：中國文化大學出版部，民國77年），頁61、62。
〔註26〕參見註22，頁4上～5上。
〔註27〕參見《宋史》卷468，〈宦者列傳三〉，頁9下、12上。
〔註28〕參見註22，頁11上。
〔註29〕參見《宋史》卷282，〈王旦列傳〉，頁13下。

賞，中書省要以之爲宣徽使，太宗說：「朕讀前代史書，不欲令宦官預政事，宣徽使執政之漸也，止可授以他官」，宰相雖力言其功，但終不允。〔註30〕

大約太宗以後，宦官漸有參政的跡象。前所言劉承規，雖死前不得節度使，但已居朝廷高位，兩度辭受制命，原可同預樞密，宣徽兩職，大約在此前無例，又以宋初二朝防「宦」甚嚴之故，終未受命。〔註31〕

宋代因中央集權的確立，無外戚、藩鎮的結交爲援，朝廷官員多尊王而防宦官之擅權干政，又有諫官、御史可用彈劾之權，大體上宦官不易左右時政，唯有求之於帝王之寵宰。宋代中期的李憲、宋用臣、石得一、王中正等，雖有軍功，亦無所作爲，時論之爲「四凶」。〔註32〕眞宗時的雷允恭，結交丁謂，雖勢橫中外，結果亦賜死。〔註33〕曾預策立英宗的任守忠，因司馬光、歐陽修、韓琦之斥，雖受寵幸，終遭貶退。〔註34〕陳衍結交朝臣，參與黨爭，結果處死。〔註35〕歷事眞、仁二朝的周懷政，權勢頗盛，但參與政治陰謀，亦不免一死。〔註36〕總之，北宋宦官多有軍功，因之而參與政治者，大半未有好下場。著名者除劉承規外，另有閻文應，他結交外朝，又與內廷機密，仁宗廢郭皇后之事，難免其責，雖受寵幸，終仍外放，〔註37〕他們二人還算得以全終的。

北宋最著名的童貫，出身「名宦」李憲之門，很得其調教，他的權勢之高，氣焰之盛，兩宋無出其右者，他有武官最高階的開府儀同三司、領樞密院事，領九鎭太傅，號爲「媼相」，進而封太師、楚國公，以至廣陽郡王，他與號爲「隱相」的梁師成，都是北宋亡國之際左右政局的宦官，其結果也相同地是先貶後殺。〔註38〕

南宋或許鑒於亡國之禍，對宦官約束甚嚴，未有一人典兵領軍者，同時規定「兩省使臣不許與統制官、將官等私接見，往來同出入」。〔註39〕建炎三年（1129）四月，有很明白的詔書說：

〔註30〕參見註22，頁5上。

〔註31〕參見註7，頁10上。

〔註32〕參見《宋史》卷467，〈宦者傳二〉，頁7～14。

〔註33〕參見註27，頁6下。

〔註34〕參見註27，頁8下。

〔註35〕參見註27，頁2上、下。

〔註36〕參見註22，頁16～19。

〔註37〕參見註27，頁7上～8上。

〔註38〕參見註27，頁8～15。

〔註39〕見《宋會要》，〈職官〉卅六之廿四。

自崇寧以來，內侍用事，循習至今，理宜痛革，自今內侍不許
與主管兵官交通，假貸餽遺，借役禁軍；非所管職務擅行移文取索，
貼占屋宇，陳乞提領外朝官職事，干預朝政。外朝非親戚亦不得往
還，如違並行軍法，委臺諫糾察彈劾，仍許諸色人陳告，如委得實，
量實加賞。〔註40〕

但南宋亦非無恃寵以驕的宦官，如藍珪、康履二人，因追隨高宗患難而得寵
幸，這與唐中葉的帝王一樣，隨時有難出奔，唯有宦官能緊隨保駕，不得不
有親信。藍、康二人有輕視外朝心理，將領們不是奉承，即有忌憚，終至引
起「苗劉之變」，康履慘死，藍珪幸得善終。〔註41〕

另有甘昇、王德謙、董宋臣等人，皆參與政事，甘昇遭朱熹彈劾，因之
廢死。〔註42〕王德謙為韓侂冑廢死。〔註43〕董宋臣深得理宗寵信，雖然文天
祥力言殺之以救國，但終還能得善終。〔註44〕其時已臨南宋末年了。

宦官之中，亦有忠謹之士，如北宋初的秦翰，有軍功，能清廉守分，「輕
財好施，與將士同休戚，能得眾心，皆樂為用，其歿也，禁旅有泣下者」。〔註
45〕李神福的曾孫李舜舉，軍功亦高，不談涉內、外朝事，難得的是他有正確
的看法，雖然負責邊防軍政，但卻說：「內臣正宜供禁庭灑掃之職，豈可當將
帥之任」。〔註46〕南宋初的邵成章，頗能進諫，但遭排斥，當時有忌諱他的人
向高宗說：「邵九百（成章）來，陛下無歡樂矣！」及金兵聞其大名，訪求誘
脅皆不成，以為忠臣。〔註47〕

四、宦官與財經——代結語

宋代宦官還有一大特色，即常參與財經事務。本來宋初高級宦官是不領
他職，太宗淳化、至道以後，常領諸司使、觀察使等，〔註48〕諸司使係指財
經單位的職掌。其實宦官在宮廷中，就掌管有關於財物的機構，以及經營的

〔註40〕見同前註。
〔註41〕參見《宋史》卷469，〈宦者傳四〉，頁1～3。
〔註42〕參見前註，頁6下。
〔註43〕參見前註，頁7下、8上。
〔註44〕參見前註，頁9上、下。
〔註45〕見註22，頁14上～16上。
〔註46〕見註32，頁13下。
〔註47〕見註41，頁1下。
〔註48〕參見註22，頁3下。

工作，如造作所，掌營造、皇室婚娶用品。〔註49〕龍圖天章寶文閣，掌文章、圖籍、符瑞、寶玩等。〔註50〕這些都是屬於保管、整理性質，還不太有財經意味，然則經理人才與帝王私心，很容易使之涉及財經方面。重要的「內藏庫」，就是由宦官典掌，劉承規就是初期負責其事之人，而且決定創制，他很明顯是這方面的人才，管理過中央的養牧事業，京師諸司庫的業務，又曾與大臣林特、李溥研議茶法，議決漕運，他在財經上有如此多貢獻，確是能幹。「自掌內藏，僅三十年，檢察精密，動著條式」，他死時年六十四，有一半的生命皆在此，的確掌握相當有份量的財經大權，而且他亦多才博學，曾定律曆的權衡之法，《冊府元龜》與國史之編修，他都參與。〔註51〕

宮廷財物機構另有一左藏庫，大部份的宦官常常提領其事，這說明了宦官有理財能力，但更說明了帝王以這些財庫視為內廷所有，因此就要宦官掌管，雖然有外朝官員間或共掌，至少宦官經常參與其事，是不容懷疑的。

左藏庫是太府寺下的機構，原來是南、北兩庫，北宋末改成東、西兩庫，負責「掌受四方財賦之入，以待邦國之經費，給官吏軍兵俸祿、賜予」，同時在西京、南京、北京又分置左藏庫。〔註52〕左藏庫中所經管的物品，大體分四類，錢、金銀、絲綿、生色及雜色疋布等。〔註53〕到南宋時與榷貨物、文思院、雜買務等重要財經單位並稱為「四轄」。〔註54〕左藏與內藏庫一樣，性質並不單純，時又有變更，總之為財經單位。

北宋宦官有多人參與高級財經事務，也有派往地方監領有關財經事務者，如李神祐是提點左右藏庫。〔註55〕周懷政為真宗天禧二年（1018）的左藏庫使。〔註56〕李舜舉在神宗熙寧年間為左藏庫副使。〔註57〕陳衍也曾為左

〔註49〕參見註1，頁14。
〔註50〕參見同前註。
〔註51〕參見註22，頁10上～11下。關於宋代的內藏庫問題，可參見梅原郁著、鄭樑生譯，〈宋代的內藏與左藏〉，《食貨》（台北：食貨月刊社）復刊第6卷第1、2期合刊，頁34～66。
〔註52〕見《宋史》卷165，〈職官志〉五，頁9。
〔註53〕參見李燾，《續資治通鑑長編》（台北：世界書局新定本）卷33，淳化三年十二月條。
〔註54〕參見李心傳，《建炎以來朝野雜記》（台北：文海書局）乙集卷13，〈四提轄條〉。
〔註55〕參見註22，頁9上。左、右藏庫據《續資治通鑑長編》卷33，是太宗淳化三年分左藏庫為左、右藏庫，右藏受之，左藏給之，次年，又廢右藏入左藏。
〔註56〕參見註22，頁17上。
〔註57〕參見註32，頁13上。

藏庫使。〔註58〕張繼能亦在天禧年間為西京左藏庫使。〔註59〕至於派到地方上的，多在監管榷貨場務；如前述陳衍曾監郴州酒稅務。張惟吉監在京榷貨務，這是在中央的稅務機構，用以榷收茶稅的。〔註60〕任守忠在仁宗親政初年時，出監英州酒稅。〔註61〕太宗淳化中，市舶司初置於明州，石知顒即奉命往掌經制，以與外商貿易。〔註62〕可能派往地方上去監理財稅的宦官不在少數，元祐八年十一月（1093），哲宗回答邢部侍郎豐稷說：「前取此輩（指宦官）但充場務差遣耳，外人不知，以為盡在左右。」〔註63〕或可說明此點。

（原刊於《東方雜誌》復刊第 15 卷第 5 期，台北，1981 年）

〔註58〕參見註 27，頁 1 下。

〔註59〕參見註 22，頁 26 上。

〔註60〕參見註 32，頁 4 下。

〔註61〕參見註 27，頁 8 上。

〔註62〕參見註 22，頁 28 上。

〔註63〕見《宋會要》，〈職官〉三六之十九。

北宋中期以前役法的改革論

一、宋初之役法

宋代役法名目甚多，人民負擔繁重。重要的有主官物的衙前，課督賦稅的有里正、戶長、鄉書手，逐補盜賊的爲耆長、弓手、壯丁，供奔走驅使的有承符、人力、手力、散從官，另外規定「在縣曹司至押錄，在州曹司至孔目官，下至雜職、虞候、揀揔等人，各以鄉戶等第差充」。〔註 1〕另外在宋人各著述中，至少又可見十餘項名目，如節級、通引官、客司、書表司、廳子、解子、壇子、斗子、典史、庫子、承引官、學事司、斗級、攬戶等。〔註 2〕這些繁複的役，都是差人民輪充，而以戶等爲準，即屬何等戶等則服規定之役。

言及宋代役法自有其淵源，歷秦漢以來七百年之演變，役的內容日趨廣泛，有些役職在早期是掾史、佐吏，並不像宋代成爲賤職的，其轉變原因受貢舉制度、世族政治、唐末變亂等之影響。〔註3〕而在宋代以前，雖然役的負擔已漸繁重，但猶末至傾家蕩產以服役者，到宋代造成嚴重的社會問題。從另一角度來看，這也是一種社會的變遷在急轉直下，亦有幾個因素：其一爲導自縣以下政治組織之職責的變化；宋前役職較固定，而由地方長官負責，宋時役職則爲輪差，由當差者負責。其二爲因弊端而演成制度；唐末五代政治不良，官物賦稅全取於當役者，當役小民多不諳公務，皆有賠累。其三爲差役多集中於少數人，即輪差役職者非普遍的，有許多免差役之戶，則差役

〔註 1〕見馬端臨，《文獻通考》（十通本，以下簡稱《通考》）卷 12，〈職役一〉，頁 127。
〔註 2〕以上所錄各名目，參見聶崇岐，〈宋役法述〉（《燕京學報》第 33 期）一文，頁 195～270。
〔註 3〕參見同前註。

分配之範圍少，而輪差之負擔則重。其四爲奴隸制之消滅；宋前之奴隸及部曲多可用於役使，平時之差遣尚不常普及於平民，宋時奴隸及部曲或消失或失其社會意義，官府轉而大量役使平民。〔註4〕

　　宋代差役之服非全民性的，這是極嚴重的問題，免役之戶有官戶、女戶、單丁、僧人、坊廓戶等，另有形勢戶亦可免役，如此有平民或欲逃役民戶往往依附於其下，以求免役。未成丁戶可免役，其外有些情形亦可免役，如有功績之平民，〔註5〕名賢後人，〔註6〕仁宗時又下詔「八品以下官物故者，子孫免役」，〔註7〕原來官戶即可免役，如此則低等吏官家戶亦可免役。造成差役集中於少數，還是由於形勢戶（官戶宜包括其內）的兼併民產所致，田產多併歸免役之戶，則差役自然多落入其餘。

　　差役之分配輪職與戶等有關，宋前分戶等在於「富者稅其錢，貧者役其力」，〔註8〕宋時役法之變已如前述，當時戶等之資料除資產外，尚有丁口，爲的即是徵稅和科役，故宋代定戶等，在賦的方面，除兩稅之外，附帶的和買、折變、支移等與戶等高低有關，而差役方面與之尤有關係。〔註9〕

　　綜觀宋代戶等之分，太祖初於黃河下游地區有五等戶籍之分，太宗與眞宗時爲九等制，規定上四等戶需服差役，下五等戶（貧戶之類）則可免。仁宗後改行五等制，上三等戶服差役，下二等戶可免。神宗時王安石變法，改差役法爲募役，將戶等分爲十五級，即將第一等戶分爲甲乙丙丁戊五等，第二、三等戶各分爲上中下三等，第四、五等戶各分爲上下二等，新法廢止則十五等之分亦廢止，又恢復五等制。宋代之戶等既與差役有關，則爲求免役，多設法降低戶等，故而上等戶少，下等戶多，如此差役更集中於少數之上等戶（或即爲小地主）了。〔註10〕

二、差役之弊

　　北宋差役的規則是始於太宗淳化五年（994）詔：

〔註4〕參見劉道元，《兩宋田賦制度》（台北：食貨出版社，民國67年），頁126～130。
〔註5〕參見李燾，《續資治通鑑長編》（台北：世界書局新定本。以下節稱《長編》）卷94，頁3，眞宗天禧三年。
〔註6〕參見陸游，《老學庵筆記》（台北：世界書局）卷1，頁5。
〔註7〕見《長編》卷180，頁5，仁宗景祐三年。
〔註8〕見魏徵等，《隋書》（藝文殿本）卷24，〈食貨志〉，頁6下。
〔註9〕參見宋晞，〈宋代戶等考〉（台北：華岡《宋史研究論叢》第2輯），頁1～10。
〔註10〕參見同前註。

> 兩京、諸道州府軍監管內縣，每歲以人丁物力定差，第一等戶
> 充里正，第二等戶充戶長，不得冒名應役。〔註11〕

然則差役最爲弊病者，首爲衙前，次爲弓手，再次爲里正、戶長等，這由當時改革論者之議可以看出。

衙前原爲唐末以來藩鎮牙帳前祗應之士卒，宋初罷藩集權，牧民之官乃差應里正之戶爲衙前，即成里正衙前，主兵軍將之衙前爲長名衙前，也有民戶募充者，後來又有上等戶充差之鄉戶衙前，里正與鄉戶二種衙前最爲患苦，長名衙前往往還能得利，因爲「久在公庭，勾當精熟」，〔註12〕這也正說明了唐末以來的部曲所充之衙前（牙前），到宋代時失其社會意義，因而有里正、鄉戶衙前之差，他們皆來自民間，不諳公事，又與胥吏無關係，要主管官物，還要供給並輦運官物，往往至於破產。〔註13〕宋人對於當時衙前之役，平民所受困苦亦多有奏狀，不但指出生民之苦，也可看出平民爲求規避差役而設想出的悽慘之策。

韓琦在知并州時的奏疏中說到里正衙前之苦，有至孀母改嫁，親族分居，放棄田產的，求免爲上等之戶，有自殺以就單丁的，另外差役分配不均，以至貧者敗亡。〔註14〕

在安州湖北一路的苦狀，鄭獬的奏狀較爲詳盡：合於差役之家多係貧戶，凡在家之物，一錢之值者都計算在內，達二百貫者就定差作衙前了，先被胥吏欺詐近百貫，出差轉運費用，關津出納等，一次要三五百貫，更甚者有酒務錢至千餘貫，如此至傾家蕩產，父子離散，淪爲乞丐，稍有財力者，總至出差役而終爲乞丐。還有動用家人爲副，一家作衙前，須用三丁充役，本家農務則無人主管，又動則失陷官務，必須陪填。〔註15〕

關於防盜補賊的弓手，原由第三等戶充差，役戶的貧乏，是困於久役之故。〔註16〕催督賦稅的里正，若遇有強豪不肯出租，則里正常代之

〔註11〕見《長編》卷35，頁2。
〔註12〕見司馬光，《溫國文正司馬文集》（台北：商務。四部叢刊）卷47，「乞罷免役狀」。
〔註13〕參見《通考》卷12，〈職役一〉，仁宗皇祐中條，馬端臨引文。並見前引劉道元書，頁212。
〔註14〕見前註《通考》。
〔註15〕見鄭獬，《郧溪集》（四庫珍本三集。台北：商務）卷12，頁9，「論安州差役狀」。
〔註16〕參見《長編》卷73，頁16。

輸租，〔註17〕若有逃戶漏稅者，也要代納。〔註18〕

《宋史‧食貨志》中記載了幾則避役的事：

> 京東民有父子二丁將爲衙前役者，其父告其子曰：吾當求死，使汝遭免於凍餒，遂自縊而死。
>
> 江南有嫁其祖母及其母，析居以避役者。
>
> 又有鬻田減其戶等者，田歸官戶不役之家，而役并於同等見存之戶。
>
> 今鄉役之中，衙前爲重，民間規避重役，土地不敢多耕而避戶等，骨肉不敢義聚而憚入丁，故近年上戶寢少，中下戶寢多……。

〔註19〕

差役之弊，不僅使民生困苦，還造成有意的浪費與怠產，這是兩種極端的情形，都是爲了逃差役，可見當時的社會竟至於此。鄭獬說：「雖歲豐穀多，亦不敢收畜，隨而破散，惟恐其生計之充，以避差役」。〔註20〕又有爲避徭役，至「因爲浮浪，或縱惰游」。〔註21〕司馬光也對英宗說：

> 置鄉戶衙前以來，民益困乏，不敢營生，富者反不如貧，貧者不敢求富。臣嘗行於村落，見農民生具之微，而問其故，皆言不敢爲也，今欲多種一桑，多置一牛，蓄二年之糧，藏十匹之帛，鄰里已目爲富室，指袂以爲衙前矣！況敢益田疇，葺閭舍乎？臣聞其事，惄焉傷心，安有聖帝在上，四方無事，而立法使民不敢爲久生之計乎？〔註22〕

這是當時的諫官所痛心疾呼的事實。李覯也有一首〈哀老婦〉的詩，描寫爲逃徭役的人戶，將六十餘的老母再度嫁出，悽慘不忍之狀，實爲可哀。〔註23〕

三、役法之改革論

宋初對役法有關之事項已有所注意，如太祖時詔：

〔註17〕參見司馬光，《涑水紀聞》（台北：世界）卷6，頁57。
〔註18〕參見《長編》卷179，頁7。
〔註19〕見《宋史》卷177，〈食貨志上五‧役法上〉，頁4上、下。並見《長編》拾補卷一。
〔註20〕見同註15。
〔註21〕見《通考》卷12，乾興元年十二月條。
〔註22〕見《通考》卷12，引英宗時諫官司馬光言。
〔註23〕參見李覯，《直講李先生文集》（四部叢刊。台北：商務）卷35，頁247。

　　　　文武官內諸司臺省監諸使，不得占州縣課役戶，及諸州不得役
道路居民爲遞夫。〔註24〕

　　　　佐檢察差役有不平者，許民自相糾舉，京百官補吏須不礙役乃
聽。〔註25〕

　　　　諸州職官，不得失占役戶供課。〔註26〕

這三條詔令是針對五代時所遺留之害，宋初積極整頓唐末以來之弊，故對所
行役法亦有顧及，事實上，宋初整頓之重點在集權於中央，兵、政、財等皆
要收歸朝廷，對於役法實談不上什麼改革，無非是役法稍有規矩，而權歸中
央，不使地方染指。

　　其次對役的當差沒有一標準，所謂貧富之準，差役之均否，在唐代中期
已有問題；睿宗時監察御使韓琬之上疏，及宣宗大中九年（855）的詔書都可
看出。〔註27〕宋初對役法稍具有改革性的言論，最初是以定戶等之議開始，
太平興國三年（978），京西轉運使程能提出九等戶制，並以之定役：

　　　　諸州戶供官役，素無等第，望品定爲九等著於籍，以上四等量
輕重給役，餘五等免之。後有貧富隨所升降，望令本路施行，俟稍
便宜，即頒於天下。〔註28〕

太宗很能重視這論點，要求各路轉運使躬親裁定。大概在京西路試行後，於
淳化五年（994）乃明定第一等戶爲里正，第二等戶爲戶長，但自餘眾役仍沿
舊制，調廂軍爲役。〔註29〕差役之弊如前所述，根本上未作考慮，決無法解
除弊害，僅頭痛醫頭，腳痛醫腳，難有全盤之效。接著又有改革之論而起，
這是針對「應役之戶，困於繁數，偽爲券售田於形勢之家，假佃戶之名以避
徭役」。〔註30〕

　　乾興元年（1022），仁宗初即位，頒行限田法，命官戶所置莊田，以三
十頃爲限，衙前將吏合免役者以十五頃爲限，所典買田只得於一州之內典
買，如別無塋地者，許更置塋地五頃，若有崖嶺山田者，由轉運使別爲條制

〔註24〕見《通考》卷12，宋太祖皇帝建隆三年。
〔註25〕同前註。
〔註26〕見註19《宋史》，頁1下。《通考》記此條爲乾德五年。
〔註27〕參見《通考》卷12，唐睿宗、宣宗兩條。
〔註28〕見《通考》卷12，太宗太平興國三年。
〔註29〕見註19《宋史》，頁1下。
〔註30〕同前註，頁2上。

申奏。又規定隱庇田產者，一月內自首，逾期許人告發之，依法斷遣支賞，若隱庇差役者，限百日自首更正，逾期告發，若爲官者則除名，若爲民則決配。〔註31〕

限田之論雖已實施，但差役之弊末見減滅，可見減少兼併與禁止逃役未能解決問題，免役人戶固不能多置田產，但各地免役戶多寡不均，限田之後，餘田多者，不足使差役戶有所幫助，若餘田少者，差役戶又能獲幾何？終不能使差役之苦困脫離。

仁宗皇祐中，韓琦又發起改革論，指陳時弊，建議試行新法：他不但指出差役戶多係地方長官令佐親幕僚所閱定，同時指出差役的疏密與物力高下不均：

> 假有一縣甲乙二鄉，甲鄉有第一等十五戶，每戶物力及三千貫，乙鄉有第一等五戶，每戶物力及五百貫，即甲鄉十五年一役，乙鄉五年一役。富者休息有餘，貧者敗亡相繼，豈朝廷爲民父母之意乎？〔註32〕

類似的情形，也爲蔡襄所見於他路：

> 臣嘗爲福建路轉運司，見一縣之中所差里正衙前，各於逐縣有三、四年或五、七年輪差一次者，有一百貫至十貫皆入十分重難者…。〔註33〕

韓琦改革論的新法是：

> 罷差里正衙前，只差鄉戶衙前，命轉運司以州軍見役人數爲額，令佐視五等簿通一縣計之籍，皆在第一等選貲最高者一戶爲鄉戶衙前，後差人倣此，即甲縣戶少布役蕃，聽差乙縣戶多而役簡者，簿書未盡實聽喚取他戶。里正主督租賦，請以戶長代之，二年一易。
> 〔註34〕

朝廷極重視其議，通知京畿、河北、河東、陝西、京東、京西、等路轉運司相度利害，結果皆以爲便。韓琦所言同時引起其餘改革論者之附和，如韓絳、蔡襄等，亦痛陳江南、福建之弊害，並提出改革之原則。韓絳請行鄉戶五則

〔註31〕見《通考》卷12，乾興元年，頁19。
〔註32〕見《長編》卷179，頁7。並見《通考》卷12，馬端臨所引韓琦奏疏。
〔註33〕同前註《長編》。
〔註34〕見《通考》卷12，韓琦奏疏。「二年一易」《長編》爲「以三年一替」，見註32。

法，蔡襄請以產錢多少定役重輕，時為仁宗皇祐五年（1053）。〔註35〕

接著一、二年間，韓絳、蔡襄一面與三司參定審核，一面又有吳幾復與蔡稟的奉派往江東、西，以與長吏、轉運使度行可否。至和二年（1055）隨即行五則法：

> 凡差鄉戶衙前，親貲產多寡置籍分為五則，又第役輕重仿此，假有第一等重役十，當役十人，列第一等戶百，第二等重役五，當役五人，列第二等戶五十，以備一番役，使藏其籍。〔註36〕

此法之重點在於分戶等為五，差役衙前亦分五等，期能各等服各等之職役，不至有超額之負擔，而且役戶排為十倍之數以輪差，使能公平休息。里正衙前雖罷止，但鄉戶衙前仍未脫離苦海，僅是就現實情形安排較為合理，略能休息，但無一語及於免役之戶；差役仍集中於部份平民，其弊仍存。十二年後，司馬光〈論衙前箚子〉說：

> ……廢罷里正，置鄉戶衙前……到今已逾十年，民間貧困愈甚於舊……有物力人戶常充重役，自非家計淪落則永無休息之期矣……。〔註37〕

時為治平四年（1067），神宗已即位，不數年即實施役法的全面改革了。

在募役法全面改革實施之前，還有一些改革論者，其論點在於減省徭役為主旨，其方法循二種路線而行，一為併省縣邑，一為裁滅役人。慶曆變法之際，范仲淹之改革中，有省徭役一項，即針對役法之弊而行，其原則為：

> 戶口耗少而供億滋多，省縣邑戶少者為鎮，併使州兩院為一，職官白直給以州兵，其不應受役者悉歸之，農民無重困之憂矣。〔註38〕

其具體之例與方法為：

> ……今河南府主客七萬五千九百餘戶，仍置一十九縣，鞏縣七百戶，偃師一千一百戶，逐縣三等，堪役者不過百家，而所供役人不下二百數，新舊循環，非鰥寡孤獨不能無役，……遣使先往西京併省諸邑為十縣。……所廢公人，除歸農外，有願居公門者送所存

〔註35〕參見同前。馬端臨引言「下其議京畿，河北……」，據《宋史》卷85，〈地理志一〉，京畿路初設於皇祐五年。
〔註36〕見《通考》卷12，至和中馬端臨引文。
〔註37〕同註12書卷38，「衙前箚子」，頁309。
〔註38〕見《宋史》卷314，〈范仲淹傳〉，頁8下。

之邑，其所在邑中役人卻可減省。……侯西京併省稍成……然後遣
使諸道，依此施行。〔註39〕

仲淹之議改革雖有實施，州縣亦有省併者，然慶曆變法遭致反對極大，仁宗
唯求罷相以平息風波，仲淹辭職以去，改革未成，皆復仍舊。

　　歐陽修亦有相度併縣狀，說明所見類似之情形。以遼州地大戶少，而分
建一州四縣，某各縣皆不及一鎮之人戶；又說潞州境內八縣亦皆如此。認爲：

　　……虛立縣名，枉占官吏，每縣曹司、弓手……之類，各近百
　　人，外別有供應本州廳子、客司、承符、散從及本村里正、戶長……
　　人戶凋零，差役繁重……可以將帶就近分割併省，庶使減省官吏，
　　寬紓民役。〔註40〕

關於裁減役人方面，起於慶曆時，知廣濟軍范諷之言：他以爲軍地方雖不
大，但戶口不及一縣，而差役與諸州郡相等（府、州、軍、監同屬地方行
政區劃一級，地位雖高於縣，但往往只能比於下縣），願復降爲縣。此議爲
轉運司所拒，但卻使朝廷重視，因而下詔裁減役人，同時「自是數下詔書，
議觸冗役以寬民力，又置寬恤民力司，遣使四出，自是州縣力役多所裁損，
凡省二萬三千六百二十二人。」〔註41〕裁減的役人看似不少，實則以地方
一般所用之差役，與當時全國州縣之數平均之，恐怕各地方分配不過十餘
人而已。〔註42〕

　　及至王安石熙寧變法時，役法始有全盤之改革，將弊病叢生之差役法改
爲募役法，即輸免役、助役之錢以募雇差役，是普遍而全面的役法，質言之，
全國無戶可免役，將役成爲全國所應盡之責任，自然此種根本之改革論引起
更多之爭議，募役法非本文所討論範圍，然於熙寧慶法之前，亦有類似之改
革論，宜作一提要。

　　仁宗景祐年間曾下詔川、陝、閩、廣、吳、越諸路的衙前仍按舊制，其
餘各路則「募有版籍者爲衙前」〔註43〕，此即宋史中所載「景祐中，稍欲寬

〔註39〕見范仲淹，《范文正公集》（四部叢刊。台北：商務），〈政府奏議卷上〉，「答
　　　　手詔條陳十事」，頁181。
〔註40〕見歐陽修，《歐陽文忠公文集》（四部叢刊。台北：商務）卷115，頁885。
〔註41〕見《通考》卷12。慶曆中馬端臨引文。
〔註42〕參見同註2。
〔註43〕見《通考》卷12，仁宗景祐中，又皇祐中「禁役鄉戶爲長名衙前，使募人爲
　　　　之。」

其法，乃命募人克役」〔註44〕。這是針對差役最重的衙前，而且並不遍行全國，但募役之錢究竟出自何處？似無明文交待，或僅有意試行，而無詳細內容之立法。〔註45〕

英宗時司馬光也提出類似之方法：

> 凡農民租稅之外、宜無所預，衙前當募人爲之，以優重相補，不足則以坊郭上戶爲之，彼坊郭之民部送綱運，典領倉庫，不費二、三而農民常廢八、九何則？儇利戇愚之性不同也，其餘輕役則以農民爲之。〔註46〕

這亦是針對重役衙前之改革，募人爲役，但也無更進一步之具體方法，此爲初議之原則，但知司馬光亦有募役之念頭，奈何熙寧新法之實施，又大加反對耶？馬端臨對於司馬光之議論說：

> 按溫公此奏言之於英宗之時，所謂募人充衙前，即熙寧之法也，然既曰募則必有以酬之，此錢非出於官，當役者合輸之，則助役錢豈容於不徵？〔註47〕

關於役錢之說，始於仁宗皇祐年間：

> 時有王逵者爲荊湖轉運使，率民輸錢免役，得緡錢三十萬，進爲羨餘，蒙獎詔，由是他路競爲措克，欲以市恩，民至破產不能償所負，朝廷知其弊，乃下詔。〔註48〕

至於所下的詔書爲「州縣里正押司錄事既代而令輸錢免役者，論如違制律」。〔註49〕這可以看出當時借役法之弊，巧以居功，無關民瘼之情形。輸錢免役之法的初見是不遁正途，甚爲可憾。

〔註44〕 同註 19《宋史》，頁 2 上。
〔註45〕 前引聶崇岐文中說：「募役之款，出於渡口及牙秤諸稅，所謂坊場河渡錢，並不取之於民」。按《司馬光文集》，〈乞罷免役狀〉有「……長名衙前……別得優輕場務酬獎」即指此類雜稅。又《長編》卷 227，神宗熙寧四年領募役法「凡買撲酒稅坊場等，舊以酬衙前者，並官自賣之，以其錢同役錢給。」或即仁宗時初議募役時所用支付之錢。但馬端臨之按語說：「此錢非出於官，當役者合輸之」。
〔註46〕 見《通考》卷 12，英宗條。
〔註47〕 見《通考》卷 12，馬端臨按語。
〔註48〕 見《通考》卷 12。馬端臨於此加按語：「役錢之說始於此，以免役誘民而取其錢，及得錢則以給他用，而役如故，其弊由來久矣。」
〔註49〕 見《通考》卷 12，仁宗皇祐中。

四、結　論

　　宋初役法承前代之弊，有識者皆存改革之意。太祖初立，雖有詔禁地方侵佔公役，恐怕還緣於集權中央之國策而行，尚未暇考慮民生疾苦之弊端。由於役法規條未確立，太宗時乃有程能倡議九等之法，欲就現實將差役置之於小富人家，因下五等人家實無以維持生計，這已有改革之先聲。但弊病如故，逃役隱庇者眾，仁宗時改革論大興，先有限田之法，但役仍不能脫。又有韓琦、韓絳、蔡襄等人之五則法，亦是均役於小富人家之法，分配較趨合理，但仍遷就於現實、未做徹底之檢討，不能有根本之改革，如前所述弊病仍在。限田與五則之法，馬端臨有一綜合評論：

> ……請立限田之法……夫均一衙前也，將吏爲之則可以占田給復，鄉戶爲之則至於賣產破家，然則非衙前之能爲人禍也，蓋官吏侵漁之毒可施之於愚戇之鄉氓，而不可施之於諳練之將吏故也。韓、蔡諸公所言固爲切當，然過欲驗鄉之闊狹，役之疏密而均之，且既曰罷里正衙前，而復選貲最高者爲鄉戶衙前，則不過能免里正重復應役之苦，而衙前之弊如故也，此王荊公僱募之法所以不容不行之熙豐歟。〔註50〕

　　至於范仲淹等省徭役之法，以省併減損害爲旨，固可綏民之苦患，但終仍非根源之改革。根源之弊約有四端：一爲特權階層，即免役之戶，二爲民力不齊，即各地物力戶等不能均衡，三爲人少役繁，即差役名目過多，四爲官貪吏虐，即剝削平民。〔註51〕其中以第一與第四項最爲不易解決。前已言及免役之戶，就中又以官戶皆爲統治階層的士大夫之家，早有根深蒂固之特權觀念，決不輕言放棄其既有利益，多有「爲與士大夫治天下、非與百姓治天下也」〔註52〕的看法，此固然爲范仲淹慶曆變法之失敗，實在亦是各時代皆極易見之現象，至於熙寧之際，更有爭議，罔論其於役法能與平民站同等之立場。至於第四點之病源亦有關於前述特權觀念，欺詐百姓者如前述王逵之輸錢免役者。又如有關差役的官場惡例；差役初見官吏的參役錢，滿役時

〔註50〕　見《通考》卷12，馬端臨按語。
〔註51〕　參見同註2，頁211。
〔註52〕　見《通考》卷12。熙寧四年王安石變法，文彥博對神宗說：「祖宗法則具在，不須更張以失人心。」神宗說：「更張法制於士大夫誠多不說，然於百姓何所不便？」彥博答說：「爲與士大夫治天下，非與百姓治天下也。」

謝吏的辭役錢，官員下鄉的醋息錢等。〔註53〕此皆枉法貪虐之剝削於民。

　　不論如何，在北宋中期以前差役已成嚴重的社會問題，民固不堪苦難，而生產不加（多不敢致富），逃役逃稅盛行，國家財錢窘迫，朝廷並非無改革之意，士大夫大有改革之論，惜皆未把握弊端根源而遷就現實，恐怕也與牽連深廣有關。對役法改革論的流行及實施，雖還不能解決大部弊端，但也終導出熙寧變法對役法的全盤革新，這不僅在法制上有變，在思想觀念上亦有所變革的。

（原刊於《宋遼金史論文稿》，台北：明文，1981 年）

〔註53〕參見徐松，《宋會要輯稿》（台北：世界），食貨十二之二十三。所載乾道元年（1165）三條記錄，雖南宋孝宗時，但亦可見官場之惡例。

王安石的王霸論

一、前　言

　　王安石在實際政治上較引人注目，是因為他領導宋代中期熙寧變法之故，在文學史上亦極受重視，列之為唐宋八大家之一。其實他在學術思想史上也是燦爛奪目的，通常他的思想被列為兩宋的功利派來看待，〔註1〕或者列之為江西學派的體系中。〔註2〕錢賓四師則視之為宋學初、中期間的人物，並與劉敞同論：「兩人皆博學，旁及佛老，又好談性理，與初期宋學已不同」。〔註3〕所謂初期宋學，係指孫復、胡瑗、石介、歐陽修、范仲淹、李覯諸人。而修、敞、安石三人學術較近，交往亦較密，但「荊公刻深勝過廬陵；博大超於原父，彼乃是初期宋學一員押陣大將，而中期宋學亦已接踵開始了」。〔註4〕

　　歷來對王安石之研究可謂極多，但在思想史方面著手者則不多見。現就其思想中對當時有大貢獻，又足以啟示後人的「王霸」之論略作分疏，並將同時期有關的討論也一併敘述比較，是為我研究歷史上王霸論的一個開端。

二、王霸論之開展

　　王安石的「王霸論」，這是本於孟子而來：

　　　　以力假仁者霸，霸必有大國，以德行仁者王，王不待大，湯以

〔註1〕如蕭公權，《中國政治思想史》（台北：華岡，民國66年），第十四章〈兩宋之功利思想〉，以北宋李覯、王安石，南宋陳亮、葉適四人並論。
〔註2〕如陳鐘凡，《兩宋思想述評》（台北：華世，民國66年），第十一章〈江西學派〉。
〔註3〕見錢賓四師，《中國學術思想史論叢》五（台北：東大，民國67年），頁5。
〔註4〕見前註，頁6。

七十里，文王以百里。以力服人者，非心服也，力不瞻也，以德服
人者，中心悅而誠服也，如七十子之服孔子也。詩云：自西自東，
自南自北，無思不服，此之謂也。〔註5〕

與這有關的言論，孟子書中其他多處可見，不作贅引。安石專文論王霸，一
開始即說得明白：

仁義禮信，天下之達道，而王霸之所同也。夫王之與霸，其所
以用者則同，而其所以名者則異，何也？蓋其心異而已矣。其心異，
則其事異；其事異，則其功異；其功異，則其名不得不異也。〔註6〕

安石指出王霸的同異，同者，是所用的仁義禮信，王霸在這一點上是不易
分得出來，「王霸無二」當是就此來講。異者，是名異，乃根源於「心異」
所致；安石是有心人，所以特別立說。接著推演因為心異，而事異、功異、
以至於確立名異。那麼這個心異在那裏？所謂王者之道是因其心非有求於
天下，仁義禮信是自己認定所當為的，以之修身，移到政事上，則天下可
化。霸者是心中不曾有仁義，但恐天下人惡其不仁不義，所以示以仁義，
禮信也是如此，所以霸者的心實在是在於利，假藉王道來表現，「唯恐民之
不見，而天下之不聞也」。〔註7〕，表現在事件上的，安石以齊桓公、晉文
公為例：

齊桓公劫於曹沫之刃，而許歸其地。夫欲歸其地者，非吾之心
也；許之者免死而已。由王者之道，則勿歸焉可也；而桓公必歸之
地。晉文公伐原，約三日而退，三日而原不降，由王者之道，則雖
待其降焉可也；而文公必退其師。蓋欲其信示於民者也，凡所為仁
義禮信，亦無以異於此矣。故曰其事異也。〔註8〕

接著說到功異，比王者於天地，天地是無所勞於萬物，萬物能各得其性，卻
並不知覺天地之功。王道亦是如此，天下在不知覺中即各得其治。霸道則不
然，好像施惠予人，饑寒與衣食，民雖知受惠，但此惠畢竟有限，不能及廣。
〔註9〕最後，安石認為王霸之道確有差異，「其用至誠以求其利，而天下與

〔註5〕見《孟子》（台北：東昇，十三經注疏本），卷第3上〈公孫丑上〉，頁1上。
〔註6〕見《王安石全集・文集》（台北：河洛，民國63年，以下省稱《文集》。）卷
　　　42，頁133。
〔註7〕見同前註。
〔註8〕見註6，頁133、134。
〔註9〕見註6，頁134。

之……然不假王者之事以接天下，則天下孰與之哉？」〔註10〕簡單地說：即得天下要使人心悅誠服的。

在進一步討論安石的王霸之論前，要先說明他學術的幾個有關之處。首先，他讀書極爲廣博，諸子百家、《難經》、《素問》、《本草》皆讀，甚至農夫女工亦無所不問，在〈答曾子固書〉中說：

> ……然後於經爲能知其大體而無疑。蓋後世學者，與先王之時異矣，不如是，不足以盡聖人故也。揚雄雖爲不好非聖人之書，然於墨、晏、鄒、莊、申、韓，亦何所不讀，彼致其知而後讀，以有所去取；故異學不能亂也。惟其不能亂，故能有所去取者，所以明吾道而已。〔註11〕

他學問之廣博精深，由其著作的質與量來看，以及時人對他的讚賞，都可了然無疑，在此不必引述。對於先聖除周、孔外，他最推崇的是孟子、揚雄二人，這是他學術思想重要的根源，而且在其著作中，也都處處可見，即如前引文中揚雄做學問之態度，是他所推崇，恐怕亦是他所效法的。在此簡要地指出一點，安石在論說中，據以引證，或發揮其意者，要以孔、孟、揚三人爲最，他又沿韓愈道統之意，以爲：

> 昔者，道發乎伏羲而成乎堯、舜，繼而大之於禹、湯、文、武，此數人者，皆居天子之位，而使天下之道寖明寖備者也。而又有在下而繼之者焉，伊尹、伯夷、柳下惠、孔子是也。〔註12〕

孔子之後爲孟子，孟子之後厥爲揚雄，蓋「揚雄者，自孟軻以來，未有及之者；但後世士大夫，多不能深考之爾」〔註13〕。既然安石認識這個道統，於經又能知其大體而無疑，故其論說也多環繞此體系而言。一般來說，他是隨時引據經典與先聖賢之語，但對於孔、孟、揚三者，似乎有意地相互引證，並且強調其間義理之通連。孔、孟暫不必說，孟、揚之間似可再舉例以明：

> 安石引揚子語「先自治而後治人之謂大器」，接著說揚子之大器即孟子之所謂大人，然後說「孟子沒，能言大人而不放於老莊者，揚子而已。」〔註14〕

〔註10〕 同前註。
〔註11〕 見《文集》卷29，〈答曾子固書〉，頁17、18。
〔註12〕 見《文集》卷42，〈夫子賢於堯舜〉，頁131。
〔註13〕 見《文集》卷28，〈答龔深父書〉，頁5。
〔註14〕 見《文集》卷28，〈答王深甫書一〉，頁7。所謂大器、大人，王安石在〈答

論禮樂，先引詩曰：「鶴鳴於九皋，聲聞于天。」又引孟子曰：「我善養吾浩然之氣，充塞乎天地之間。」再引楊雄之言：「貌、言、視、聽、思，性所有，潛天而天，潛地而地也。」〔註15〕

其他連引孟、揚之說而通其義者，不下數十，尤其在論性方面，還有調和孟、揚之說的傾向。〔註16〕安石對孟、揚有段話說：

> 甚哉！聖人君子之難知也……若軻、雄者，其沒皆過千歲，讀其書，知其意者甚少，則後世所謂知者，未必真也。〔註17〕

這不止可看出他對孟、揚二人的推崇，言語間也以為二人之知音，並刺世人未真得道統，不免幾許自負之意。

至於安石思想之出發點，應以建立自我始，由知的方面以自我意識為認識外物之根本，行的方面即誠、正、修、齊而達治、平，內聖外王，不過是自己性分內事，為自我之實現。建立自我的努力，安石亦有幾個步驟：先求不為物欲名利所縛、次使我以道或理為依歸，不隨俗浮沉，次則讀書時有所主宰，六經諸子皆可為註腳，次則可以內心所是隨機應變而自由。〔註18〕

與安石論王霸見解相近者為劉敞：

> 仁、義、禮、智、信五者，伯、王之器也，愛之而仁，利之而義，嚴之而禮，謀之而智，示之而信之謂伯。仁不待愛，義不待利，禮不待嚴，智不待謀，信不待示之謂王。王者率民以性者也，伯者動民以情者也。性者莫自知其然，情者如畏不可及……。〔註19〕

劉敞分王霸亦是如此，又說：「利己者亡，利民者伯，能以美利利天下，不言

韓求仁書〉（卷28）中說：「管仲九合諸侯，一正天下，此孟子所謂天之大任者也；不能如大人正己而物正，此孔子所謂小器者也；言各有所當，非相違也」。此又發揮孔孟精義，先自治心後治人，亦為安石學術之基，〈答曾子固書〉中說：「方今亂俗不在於佛，乃在於學士大夫，沉沒利欲，以言相尚，不知自治而已。」自治、治人，為己、為人，安石於論楊墨中有所發微（卷43），並提出「今夫始學之時，其道未足以為己，而其志已在於為人，則亦可謂謬用其心矣。」關於孟子所謂大人，安石有專文論之（卷41），而錢賓四師以為此與佛家法報應三身說頗似，見同註3，頁8。

〔註15〕見《文集》卷41，〈禮樂論〉，頁124。

〔註16〕有關王安石之性論，當另文討論之。安石《文集》中所論，重要者有卷39、〈楊孟〉，卷42、〈性情〉，卷44、〈對難〉，卷43、〈原性〉，以及《文集》拾遺中之〈性論等〉。

〔註17〕見《文集》卷55，〈王深父墓誌銘〉，頁70。

〔註18〕參見賀麟，〈王安石的心學〉，《思想與時代月刊》，第41期，頁9～13。

〔註19〕見劉敞，《公是弟子記》，（台北：藝文，知不足齋叢書）頁7。

所利者王」〔註 20〕這個利字，正是安石所說的「其用至誠以求其利，而天下與之」〔註 21〕，敵與安石所言之利，與德業問題有關，也與安石的變法思想有關，宜另文說明之，但王霸之論亦有與之關連之處，將在後文再扼要敘述。

三、王霸論之同異

當時論王霸者，王安石與劉敞為一解，而李覯與司馬光又為一解。李覯說：

> 或曰：仲尼之徒無道桓文之事者，吾子何為？曰：衣裳之會十有一，春秋也，非仲尼脩乎？木瓜，衛風也，非仲尼刪乎？正而不譎，魯論也，非仲尼言呼？仲尼亟言之，其徒雖不道，無歉也。嗚呼！霸者豈易為哉？使齊桓能有終，管仲能不侈，則文王太公何戀焉！詩曰：采葑采菲，無以下體，蓋聖人之意也。〔註 22〕

這段話顯然是對不稱道齊桓霸業的不滿，以為孔子並非如此，其實孔子對管仲襄霸之業是「如其仁」的，但也說其「器小」，個中還有別的意思。李覯另外一段論王霸，說得更為明白：

> 或問自漢迄唐，孰王孰霸？曰：天子也，安得霸哉？皇帝王霸者，其人之號，非其道之目也。自王以上，天子號也……；霸、諸侯號也，霸之為言伯也，所以長諸侯也，豈天子之所得為哉？道有粹有駁，其人之號不可以易之也。世俗見古之王者粹，則諸侯而粹者亦曰行王道，見古之霸者駁，則天子而駁者，亦曰行霸道，悖矣！宣帝言漢家制度，本以霸王道雜之，由此也。人固有父為士，子為農者矣，謂天下之士者曰行父道，謂天下之農者曰行子道；可乎？父雖為農，不失其為父也，子雖為士，不失其為子也。世俗之言王霸者亦猶是矣。若夫所謂父道，則有之矣，慈也，所謂子道，則有之矣，孝也。所謂王道，則有之矣，安天下也，所謂霸道，則有之矣，尊京師也，非粹與駁之謂也。〔註 23〕

李覯認為王霸是名份，而不是道目。道有純粹、雜駁，而因名分不同，各有其道：

〔註 20〕見前註，頁 9。
〔註 21〕同註 6。
〔註 22〕見李覯，《直講李先生文集》（台北：商務四部叢刊初編）卷 32，〈常語上〉。
〔註 23〕見前註，卷 34，〈常語下〉。

如使紂能悔過，武王不得天下，則文王之爲西伯，霸之盛者而
已矣，西伯霸而粹，桓文霸而駁者也，三代王而粹，漢唐王而駁者
也。〔註24〕

接者又舉項籍爲西楚伯王，「敢問陽尊義帝，俄自殺之，亦足以爲霸乎？曰：
謂其號也，不言其道也。」〔註25〕這裏可知他是就歷史而論名分的，文中所
引漢宣帝之語，堪值重視，正如漢武帝招文學儒者，汲黯毫不客氣地說：「陛
下內多欲而外施仁義，奈何欲效唐虞之治乎？」〔註26〕，一語說中，武帝只
有「默然怒變色而罷朝」。李觀的名分觀，由另外一句話可以充分地看出：「天
下無孟子可也，不可無六經，無王道可也，不可無天子」〔註27〕，雖是痛快
語，他也並非不贊成王道者，只不過望能有所矯正，重視現實環境與歷史經
驗來看。他生於北宋眞、仁之際，時澶淵之盟已立，但契丹仍爲北方大患，
且有增幣交涉的緊張情勢，西北方則夏寇正緊，可以說是受困於外患威脅的
時代，再鑒於宋初慘敗於契丹的教訓，故李觀對時勢不能不有反應。看他文
集的言論中，多談富國強兵之策，從不諱言霸強，如他說：

儒生之論但恨不及王道耳。而不知霸也，強國也，豈易可及哉？
管仲之相齊桓公，是霸也，外攘戎狄，內尊京師。較之於今何如？
商鞅之相秦孝公，是強國也，明法術耕戰，國以富而兵以強，較之
於今何如？〔註28〕

至於與李觀所論王霸相近的司馬光，雖然也重「尊王攘夷」之道，這本是宋
代學術的主流。但在李觀而言，似乎他較重其精神，對於先秦封建政治，猶
有王霸分權之意味。司馬光則極尊中央君權，以霸者爲王所命，乃中央重臣；
受命治王畿之外，〔註29〕他說：

合天下而君之之謂王。王者必立三公。三公分天下而治之，曰
二伯，一公處乎內，皆王官也。周衰，二伯之職廢。齊桓晉文糾合
諸侯，以尊天子。天子因命之爲侯伯，修舊職也。伯之語轉而爲霸，
霸之名自是興。自孟、荀氏而下皆曰：由何道而王？由何道而霸？

〔註24〕同前註。
〔註25〕同前註。
〔註26〕見《史記》（台北：藝文，武英殿本）卷120，〈汲黯傳〉，頁2。
〔註27〕同註22。
〔註28〕同註22，〈寄上范參政書〉。
〔註29〕同註1，第15章，元祐黨人及理學家之政論。

> 道豈有二哉，得之有淺深，成功存小大爾……方伯瀆也，天子海也，
> 小大雖殊，水之性奚以異哉？〔註30〕

同樣地，溫公亦以孔子稱道管仲「如其仁」，而刺孟、荀羞稱五伯，以爲比諸孔子「其隘甚矣」。〔註31〕對於孟子，溫公並不全然信服，且採批評的態度，認爲皇帝王霸皆用仁，只不過大小高下之間有異，若說五霸是假仁，文具而實不從爲假，則國且不保，何以能霸？〔註32〕因之，他簡要地指出：若以皇帝王霸爲德業之差，所行異道，是儒家之末失。〔註33〕

基本上，上述各家所論王霸，都無德業分途之意，大抵上，宋代學者都有「救亡」之要求，這是基於一種憂患感而生出，且不論是因自覺或他覺，也不論是表現在那一方面，宋代學術終以救世爲主流，基本上要求是作「承擔」，都先看重社會大衆福利的。〔註34〕安石關於德業，在此只簡單指出，即孟子所謂之「大任」及揚雄所謂「大器」，但不同於齊桓、管仲的一匡天下，而是要正己正物，恐怕亦是要如孟子所言：「動心忍性、增益其所不能」的，準此，則安石的變法，應是他對德業的好答案。劉敞說：

> 王存其德，無其符，無其功，不能以王，仲尼是也（按：仲尼爲素王）。有其德，有其功，無其符，不能以王，夏之益、商之尹、周之周公是也。有其符，有其德，有其功，然後王，夏商周漢也，故曰配天（按：原書刻本有「漢字疑衍文」一句）。〔註35〕

這說明了同是聖賢，能王不能王需有其條件的。

由王霸而及德業，而及義利之辯，李覯的〈原文〉篇中，說得很清楚：

> 利可言乎？曰：人非利不生，曷爲不可言，欲可言乎？曰：欲者人之情，曷爲不可言，言而不以禮，是貪與淫，罪矣！不貪不淫，而曰不可言，無乃賊人之生，反人之情，世俗之不喜儒，以此。孟子謂何必曰利？激也，焉有仁義而不利者乎？〔註36〕

〔註30〕見司馬光，《溫國文正司馬公集》（四部叢刊初編）卷74，〈迂書・道同〉條。
〔註31〕同前註，〈毋我〉條。
〔註32〕前註，卷73，〈疑孟〉、〈孟子曰堯舜性之也〉條。其他批評孟子者尚有十條。
〔註33〕同前註，卷61，〈答郭純長官書〉。原書本在論正統問題，因之言及王霸，其主張如前所引，以天子立二伯，分治天下諸侯等。
〔註34〕參看勞思光，《中國哲學史》（香港：友聯，1980年）第3卷，上冊，第二章，頁79～80。並見錢賓四師前引書。
〔註35〕同註19，頁44。
〔註36〕同註22，卷29，〈雜文・原文〉。胡適於此，甚讚李覯爲樂利主義與實用主義，

然則劉敞也言利，他認為要言的利，是利國、利天下的「公利」〔註 37〕，亦即安石所認為孟子之言利，為指私利，是否孟子之言為激？實則李覯之學多本荀子，如特重於「禮」即是，引利欲合禮，這與清儒戴震之說或有相合之處。〔註 38〕李覯王霸之論中的粹、駁問題，也是荀子王霸論中的主要理論，所謂「粹而王、駁而霸，無一焉而亡。」〔註 39〕荀子又說：「隆禮尊賢則王，重法愛民而霸，好利多詐而危。」〔註 40〕荀子在論臣道時，以為能用伊尹、太公等聖臣則可以王，能用管仲、咎犯等功臣則可以強，若用了如孟嘗之類的簒臣，則國必危，至於用了張儀、蘇秦等態臣，則國將亡。〔註 41〕這種論說的區分法，與書中其他地方相比，可知用功臣可以強的「強」，當是指霸之意了。在王霸篇中，荀子是論述治國之道，因此常有「故用國者，義立而王，信立而霸，權謀立而亡」之類的話，荀子又一再申論，行王者之法，用行王法的人，亦即用積禮義之君子，則可以王，行霸者之法，用行霸法的人，亦即用端誠信全之士，則可以霸，若是行亡國之法，用了權謀傾覆之人，則國就亡了。「故君人者，立隆政本朝而當，所使要百事者，誠仁人也，則身佚而國治，功大而名美，上可以王，下可以霸。」〔註 42〕

李覯雖有得自荀子之論，但也有出入，主要的在於荀子以為君主行什麼法、用什麼人，而定其國之王霸、粹駁，而李覯也談粹駁，但認定君主所行皆王道、諸侯所行始為霸道，而王霸皆有粹駁；粹駁之分當在功利之大小，而不在義利之比重多少。然則，若將荀子思想中幾個重要的論點來看，與李覯的思想相較，又可以說李多是沿荀學一路下來的，但李主性善而否性惡。最值注意者，是荀學有君主權威主義的傾向，〔註 43〕荀子以人道治天，天是

參見〈記李覯的學說〉一文，見《胡適文存》，第二集（台北：洛陽），頁 28～47，文中論述李覯學術之全貌，但總覺略有偏護之意。

〔註 37〕同註 19，頁 40。

〔註 38〕參見錢賓四師〈東原義理三書〉（《中國近三百年學術史》（台北：商務，民國 65 年），第 8 章）。並參見註 1 書，第 14 章第 2 節所論。

〔註 39〕見梁啓雄，《荀子柬釋》（台北：河洛，民國 63 年），〈王霸篇〉，頁 144。頁 218〈彊國篇〉又再度提到這句，並以為是「此亦秦之所短也」。

〔註 40〕同前書，〈大略篇〉，頁 364。

〔註 41〕同前書，〈臣道篇〉，頁 176。

〔註 42〕同前書，〈王霸篇〉，頁 137～152。

〔註 43〕參見勞思光，《中國哲學史》（坊印本），第 1 卷，頁 265。馮友蘭的《中國哲學史》（坊印本）裏是強調荀子所說「聖王威權」的絕對，見其第 1 篇，〈子學時代〉，第 12 章〈荀子及儒家中之荀學〉頁 372。另見註 1 書，頁 101。

自然的「不爲堯存，不爲桀亡」，而人道在禮義法度。他否認人性爲善，自然
不以仁心爲根本，而以智心爲本，此終不免於功利。〔註44〕荀子不解孟子，
而李覯與王安石之異，在思想的脈絡中應該可以看出消息。

荀子說：

> 可以有奪人國，不可以有奪人天下：可以有竊國，不可以有竊
> 天下也。可以奪之者可以有國，而不可以有天下，竊可以得國，而
> 不可以得天下。〔註45〕

談到桀紂、湯武，而以小具、大具爲說，純是先秦儒家的重要論點，這一說
法與孟子盡心篇說：「不仁而得國者存之矣，不仁而得天下，未之有也。」意
思相近，在此則孟、荀對國與天下的看法亦同，二人所處戰國時代環境相同，
思想之異同，是其對時代之反應，然則都在於能得天下、治天下，故說能得
國者未必能得天下。列國並峙欲得天下，孟、荀皆以爲百里之地可以取得天
下，但荀子處處強調禮法，而孟子則重在仁義，表面上看皆尊王而欲統一，
方法上又有根本之差異了。

仁義禮信是儒家所重，孟、荀都談，主旨卻有出入。再看安石所言仁義
禮信是王霸所同，但究竟有差，這與董仲舒說「霸王之道，皆本於仁」意思
相似，仲舒提出「仁義法」的理論，正表現他思想中重要的精神，他說：「仁
人者，正其道不謀其利，修其理不急其功」也可以說是安石王霸論的內涵。〔註
46〕正因爲仁義禮信人皆可言，亦可以爲標榜、爲緣飾，故而《孟子・盡心》
篇說仁是「堯舜性之也，湯武身之也，五霸假之也。」安石說「心異」就是
這道理。如果更簡單地來看，安石之意在於分別爲世俗說濫的仁義禮法，都
如此說，表面亦都如此做，實則大有區別，一是知道仁義爲理所當然，則應
該去行，也必須去做，一是知道可博取令名，亦應該去行，緣飾去做。心中
有理，以至誠去行，不先存功利之心是否應行，在政治上仍可得大功公利：
心中無此理，而以功利之心計較而行，則是私功私利。理論上安石之意應可

〔註44〕參見馮友蘭前書，頁 362。又見牟宗三，《名家與荀子》（台北：學生，民國
68 年），頁 214 及 225。荀學有經驗主義之跡，而李覯之學亦復如此。司馬光
所論與李近，無怪乎錢賓四師要說：「溫公乃史學派，主經驗主義，與荊公爲
經學派主理想主義者分岐。」（參見註 3 書）。荀子之經驗主義，又可參見徐
復觀，《中國人性論史》（台北：商務，民國 68 年）〈先秦篇〉，頁 223～262。
〔註45〕見註 39 書，〈正論〉，頁 237。
〔註46〕見董仲舒，《春秋繁露》（台北：商務，四部叢刊初編）卷 6，〈俞序〉第 17，
卷 8，〈仁義法〉第 29，卷 9，〈對膠西王越大夫不得爲仁〉第 32 等篇。

爲人接受，但在現實政治上都經常不如此，前者往往不如後者易實現，這種現象照朱熹的看法最能說明：

> 若以其能建立國家，傳世久遠，便謂其得天理之正，此正是以成敗論是非。但取其獲禽之多，而不羞其詭遇之不出於正也。千五百年之間，正坐如此，所以只是架漏牽補，過了時日。其間雖或不無小康，而堯、舜、三王、周公、孔子所傳之道，未嘗一日得行於天地之間也。〔註47〕

朱子此說與他辯「心無常泯，法無常廢」是相配合的，這都是他與陳同甫辯義利、王霸之論點，而與安石之論可相互參考。〔註48〕其實不論安石也好、朱、陳之辯也好，王霸之論似是政治問題，王道是聖賢政治、理想政治，霸道則是英雄治國、現實政治，而所論基礎涉及利義、德業、人性等問題，這原本也是相連成系列的問題，故安石的王霸論文章雖不很長，但實已言及了這些問題。

就安石所論重在心異，以根本之心而言，若不重視建立自我，使正己、正人這一套德治思想落實，徒爲口說則易偏於唯心之論。李覯之論則恐偏於現實，趨於就勢，正易流於功利矣！陳同甫與李覯之說大有相近之處，皆以爲三代與漢唐，王霸無根本之異，但三代做得盡，漢唐做得不盡，是即粹與駁之別，朱子以爲不當只論盡與不盡，應論所以盡與不盡耳，此即王霸之異，亦安石所謂的心異，差以毫釐，則繆以千里。王霸應該是有異，是不同的兩種政治，不應是做得盡與不盡的問題，尊王賤霸，在道德的觀點看，也應如此。在政治上言，王霸各有其方法，各依其法而行不同之政治，兩者是否可相合而不必相合？〔註49〕

在儒家思想以德治到達王道政治的理論來看，通常大多數的時間爲人所接受，也都認爲自天子以至於庶人皆以修身爲出發點，在《論語‧顏淵》篇中，孔子論政說：「政者正也，子帥以正，孰敢不正？」在〈憲問篇〉中又談到「修己以敬、修己以安人，修己以安百姓」等，到孟子發出的王道思想，

〔註47〕見《朱文公文集》（台北：商務，四部叢刊初編）卷36，〈答陳同甫〉。

〔註48〕朱熹與陳同甫之辯論，已有多書言及，成爲研究中國思想史或哲學所必論之問題。選擇諸家所論重點者，可參看吳春山，《陳同甫的思想》（台北：台大文學院，民國60年），頁196～204。

〔註49〕參見馮友蘭，《貞元六書》（香港：龍門，1972年），〈新理學〉第5章，「道德、人道」，頁187。

描述的內容更爲具體，這些儒家所奉的孔孟思想，在實踐上的情形如何？道德上應無問題，家庭、親族間或較小的社會團體中也應無問題，但在人眾而複雜的國家政治中是否有實踐的難題？就如道德與行政才能間之配合、選擇即很難滿意。政治的實用性要用道德來轉入，又如何來顧及其周到性？在儒家的王道思想，當然是以道德取向爲主，即使再平庸之人，甚至行政才能稍低者，只要合於儒家一般道德要求，多被認爲是「人才」，先不說道德上的實踐程度，至少在言論中是士大夫們所不能不注意的重點，也正唯如此，往往忽略行政才能，在現實政治中即是一大問題，無怪乎李覯要說「儒生之論，但恨不及王道耳」這種矯枉的話。

　　安石談王道，對於這問題原則上採儒家的理想看法，他在上仁宗的長篇奏疏中說明了此點，〔註50〕在對神宗的談話中，強調爲治宜先「擇術」，是法堯舜而非唐太宗之術，又說：「經術正所以經世務」，變風俗、立法度就由此展開。〔註51〕安石以爲道德與才能是可以配合的，也應該注意其配合，他曾經推荐一個地方上的司法小官，說是爲吏廉平，得到地方人士一致推信，並且「其行喜近文史，而尤明吏事」又有談論政事的文章等。〔註52〕這些或可說明安石並非只重道德一面以及理論的一面。

　　道德與才能的問題和理想政治與現實政治一樣，本是儒家思想中富有挑戰性的難題，古代的士人並非完全忽略這些難題，或許在表達的方式上反令人忽略了。現再舉一例來看，歐陽修以爲六經所載皆爲人事切於世者，而罕言性，性非學者所急於知道者，〔註53〕他與學者見面時亦不談文章，惟談吏事，他說「文章止於潤身，政事可以及物」，故而他本人在地方的治績是不求聲譽，只在寬簡而不擾，對此的解釋，《宋史》上記載說：

　　　　或問爲政寬簡而事不弛廢何也？曰：以縱爲寬，以略爲簡，則
　　　政事弛廢而民受其弊。吾所謂寬者，不爲苛急；簡者，不爲繁碎耳。
　　〔註54〕
道德與才能在政治上之關係，本文也到此爲止，不再論述。

〔註50〕見《文集》卷1，〈上仁宗皇帝言事疏〉，頁1～12。
〔註51〕見脫脫，《宋史》（台北：藝文）卷327，〈王安石傳〉，頁4上。
〔註52〕見《文集》卷32〈上浙漕孫司諫薦人書〉，頁46。
〔註53〕《歐陽修全集》（台北：世界，民國60年），〈居士集〉卷47，〈答李詡第二書〉，頁319。
〔註54〕見《宋史》卷319，〈歐陽修傳〉，頁7上、下。

四、結　語

　　安石王霸論，在宋時中國是一統之局，有其談論意義，若在分裂之時，似乎還可以有另外的看法，即現實政治中可以得國，不妨稱之為得政統，但未必可以得天下，即道統未必能得，如此看王霸之別或能合孟子之意，也應在安石寓意之中罷？而由王霸之別，則君臣關係亦宜有別，是否也在其意之中？

　　就時代背景而言，宋有遼、夏強敵，時論都受此影響，故高唱尊王攘夷而有王霸之論。思想上則漸由出世而入世，重於群眾福祉，談及德業心性，唐人亦非不講，但宋人多講，顯得氣魄大，而理想高。至於安石與李覯之別，是其對時勢反應之不同，及思想上的差異而有別，但並論王霸而言粹駁亦不始於宋初之李覯，如東漢初之桓譚即有文專論王霸，而並陳二者之功德：

> 夫王道之治，先除人害，而足其衣食，然後教以禮義，使知好惡去就。是故大化四湊……霸功之大者，尊君卑臣，權統由一，政不二門，賞罰必信，法令著明，百官修理，威令必行，此霸者之術。
>
> 王者純粹，其德如彼；霸道駁雜，其功如此。〔註55〕

桓、李二人時代背景固不同，因時有感而論，則其心理應大致相同。

　　安石與宋初的王霸之論，並非於孟荀之學作有系統之研討，除安石有《孟子解》（今佚）外，其餘諸人皆未有注解之作。且其時理學尚未定型，講義理亦未精詳，故討論不算激烈，幅度也不甚廣，不似南宋陳、朱之辯，而陳、朱之辯可說受王、李等討論的影響，亦不出王、李之別，但較細較廣。不過若就兩宋外在環境而論，則是沒有多大差異的。

　　孟子論王霸，漢代趙岐的注解是說：

> 言霸者，以大國之力，假仁之道，然後能霸，若齊桓、晉文等是也。以己之德，行仁政於民，小國則可以致王，若湯、文王是也。」
>
> 〔註56〕

對於「無思不服」比為「武王之德」。趙氏註孟多為人所宗，至宋初有孫奭之正義，但孫氏之書已受懷疑，謂不出其手，為人所假託，〔註57〕其所疏趙注並無多大價值。安石所解孟子既已失亡，因無法得知原文，不過在其文集中

〔註55〕見《桓子新論》，〈王霸第二〉。《全後漢文》（台北：宏業）卷13，頁2。

〔註56〕同註5，見《孟子》趙注。

〔註57〕見《四庫全書繼目提要》（台北：藝文）卷35，頁2～4，並參見余嘉錫之辨證。

常有論述孟子之意者，王霸論爲單獨且較長的一篇。在安石之後諸家，其疏解孟子此文有一特別現象，即頗受安石之論的影響，或曾見安石所解孟子，或見其王霸論之文，總之，由下面幾例來看，應可知其中關連：

南宋張栻的解說以趙注爲主，所不同者是強調了幾句話：

> 以德行仁，則是以德行其仁政，至誠惻怛，本於其心而行於事爲，如木之有本，水之有源也。〔註58〕

朱熹註此文說：

> 力謂土地甲兵之力，假仁者本無是心，而借共事以爲功者也。霸若齊桓、晉文是也。以德行仁則自吾之得於心者推之，無適而非仁也。

接著又說：

> 王霸之心誠僞不同，故人所以應之者，其不同亦如此。

朱子又引鄒浩語：

> 以力服人者，有意於服人，而人不敢不服，以德服人者，無意於服人，而人不能不服。〔註59〕

朱子門人如輔廣、趙順孫等疏解本文亦宗朱注：

> 假仁者謂己本無是仁心……仁則性之所固有也，自吾之得於己者推而行之……〔註60〕

蔡模說王霸之別爲：

> 以力假仁者，不知仁之在己而假之也，以德行仁則仁在我而惟所行矣……是自己身上事都做得是無一不備了，所以行出去便是仁……〔註61〕

眞德秀、元代的胡炳文、詹道傳等人的疏解，也多不出此範圍，參集前人之說而論述之，「王霸之分只在心之誠僞」是其主旨。〔註62〕

上面所舉各例雖未敢確定係承安石之意，但安石所強調之「心異」，以及

〔註58〕見南軒《孟子說》（台北：漢京，通志堂經解本）卷2，頁16。
〔註59〕見《四書集注》（台北：世界），〈上孟〉，卷2，頁43。
〔註60〕見趙順孫，《孟子纂疏》（台北：復興，復性書院校刊本）卷3，頁27、28。
〔註61〕見蔡模，《孟子集疏》（通志堂經解本）卷3，頁13。
〔註62〕眞德秀之解，見其《孟子集編》卷3，頁10。胡炳文之解，見其《孟子通》卷3，頁22。詹道傳之解，見其《孟子集註纂箋》卷3，頁16。（以上皆爲通志堂經解本）。

論文其中的敘述，至少是這些例子的先聲，也可以做爲典範的。《孟子·公孫丑》上的章句，本是論心性志氣的重要地方，安石所論，眞可謂善讀孟子也！

（原刊於《中華文化復興月刊》，第 15 卷第 2 期，台北，1982 年）

王安石〈洪範傳〉中的政治思想

一、前　言

　　王安石在〈答曾鞏書〉中說：

　　　　某自百家諸子之書，至於《難經》、《素問》、《本草》諸小說，
　　無所不讀，農夫、女工無所不問，然後於經爲能知其大體而無礙。
　　蓋後世學者，與先王之時異矣，不如是，不足以盡聖人故也。揚雄
　　雖爲不好非聖之書，然於墨、晏、鄒、莊、申、韓，亦何所不讀，
　　彼致其知而後讀，以有所去取；故異學不能亂也。惟其不能亂，故
　　能有所去取者，所以明吾道而已。……方今亂俗，不在於佛，乃在
　　於學士大夫沉沒利欲，以言相尚，不知自治而已，……〔註1〕

這裏可看到安石讀書之尙博學，及其在學術上之自負，正如他詩句中有「我讀
萬卷書，識盡天下理」〔註2〕一樣，故而蘇軾要說安石「網羅六經之遺文，斷
以己意；糠粃百家之陳跡，作新斯人」。〔註3〕安石勤讀博學，重「自治」、「能
有所去取」，大約是史上的公論。又他的學術精神可見於〈答李資深書〉中：

　　　　雖然，天下之變故多矣，而古之君子辭受取舍之方不一，彼皆
　　內得於己，有以待物，而非有待乎物者也。非有待乎物，故其跡時
　　若可疑：有以待物，故其心未嘗有悔也。若是者，豈以夫世之毀譽

〔註 1〕見《王安石全集・文集》（台北：河洛，民國 63 年）卷 29，〈答曾子固書〉，
　　　　頁 17、18。
〔註 2〕見《詩集》卷 3，〈擬寒山拾得二十首之七〉，頁 15。
〔註 3〕見《蘇東坡全集・外制集》（台北：河洛，民國 63 年）卷上，〈王安石贈太傅〉，
　　　　頁 598。

者概其心哉。若某者不足以望此，然私有志焉，……〔註4〕

此「內得於己，有以待物」與「自治」、「能有所去取」正當合觀，以識安石之學術在於爲己之學。

安石之學術思想除見於文集中各篇論述之外，餘則見於其對古典經籍之注疏之中，所謂「敷讚聖旨，莫若注經」，〔註5〕這原是中國學術發展上的一個傳統。安石博學又能自得，故其著述立說博大深刻，對於古籍之注解當爲了解其思想的最佳途徑。今存安石所疏解之古籍原已不多，〔註6〕至本文所取〈洪範傳〉亦不過其中之一部份，欲由此以窺其思想是難以得周全的，但筆者以爲由安石對洪範的疏解中。可以看到他思想中的幾個重要觀點，而且以他在政治史上的地位來看，對這篇傳統視爲治國安民的經典表示其見解，應該是具有相當意義的。安石說：

臣聞百王之道雖殊，其要不過於稽古；六藝之文蓋缺，所傳猶足以範民。〔註7〕

這可說明他爲〈洪範〉作傳的基本觀點是源自於此，而專就〈洪範〉言，他以爲「書言天人之道，莫大於〈洪範〉」，〔註8〕更可說明〈洪範〉在安石心目中之地位。

〈洪範〉相傳爲箕子答武王之問，是治天下的大法要道，在安石所處的時代環境而言，他以其正可以用爲「深發獨智，趣時應物」的典範。〔註9〕而他必以自己作傳不以舊傳注爲滿足，就是認爲舊傳不明於聖人之經，不能傳述聖人心意，致使學者久蔽於傳注之學，故不得已而作新傳。〔註10〕本文所論在於其政治思想，爲行文方便，凡引用安石〈洪範傳〉原文概不另註，皆見於其文集中之中。〔註11〕

〔註4〕見《文集》卷29，頁10。

〔註5〕見劉勰，《文心雕龍》（台北：開明，民國61年）卷10〈序志第五十〉，頁21上。

〔註6〕安石所疏解之書今佚者有《易義》20卷，《論語解》10卷，《孟子解》14卷，《老子註》2卷（今由道藏本彭耜《道德眞經集註》中輯出佚文部份）等，今存者有《周官義》16卷（原22卷），《考工記》2卷，《洪範傳》1卷等，就此觀之，佚書甚多。

〔註7〕見《文集》卷8，〈詔進所著文字謝表〉，頁67。

〔註8〕見《文集》卷41，〈禮樂論〉，頁214。

〔註9〕參見《文集》卷8，〈進洪範表〉，頁71。

〔註10〕參見《文集》卷46，〈書洪範傳後〉，頁168。

〔註11〕安石〈洪範傳〉全文見《文集》卷40，頁107～118。

二、五行與天道

首先看安石在洪範傳中所展現的宇宙觀。他開始即說：「五行，天所以命萬物者也；故初一曰五行」，在論五行的一段中又作了詳細的解釋，他說五行是「成變化而行鬼神，往來乎天地之間，而不窮者也，是故謂之行」，這說明了萬物由五行而產生，天地之變化是由此五種物質元素不斷地在動之故，所以稱之爲「行」，五行成爲天地萬物不斷變化、創造的物質元素。安石對這五種物質有相當長的論說，他將其屬性與特徵分別安排配位，他說：

> 蓋五行之爲物，其時、其位、其材、其氣、其性、其形、其事、其情、其色、其聲、其臭、其味，皆各有耦，推而散之，無所不通；一柔一剛，一晦一明，故有正有邪，有美有惡，有醜有好，有凶有吉；性命之理，道德之意，皆在是矣。

安石作了很詳細的「推而散之」，例如對原文「水曰潤下，火曰炎上，木曰曲直，金曰從革，土爰稼穡」的解說是這樣的：

> 「曰」者所以命其物；「爰」者言於之稼穡而已；潤者、性也；炎者、氣也，上下者、位也；曲直者、形也；從革者、材也；稼穡者、人事也。冬物之性復，復者性之所，故於水言其性；夏物之氣交，交者氣之時，故於火言其氣；⋯⋯水言潤，則火熯、土溽、木敷、金斂，皆可知也；火言炎，則水洌、土蒸、木溫、金清，皆可知也；⋯⋯金言從革，則木變、土化、水因、火革，皆可知也；⋯⋯所謂木變者何？灼之而爲火，爛之而爲土：此之謂變。所謂土化者何？能熯、能潤、能敷、能斂，此之謂化。⋯⋯

這裏可以看出安石的即事言理與思辨能力。他對五行屬性的安排比舊注詳盡，但基本上的解釋仍是依循舊注的，孔〈傳〉本即強調「自然之常性」，孔穎達〈正義〉又加以說明：

> 此章所演文有三重：第一言其名次，第二言其體性，第三言其氣味，言五者性異而味別，名爲人之用，〈書傳〉云：水火者，百姓之求飲食也，金木者，百姓之所興作也，土者，萬物之所資生也，是爲人用五行即五材也。襄二十七年左傳云：天生五材，民並用之，言五者各有材幹也。〔註12〕

〔註12〕見《尚書註疏》（台北：東昇，十三經註疏）卷12，頁5下、6上。

孔穎達接著說明人因五材之性的利用，對於「土爰稼穡」，用「爰」不用「曰」字，是因為稼穡以人事為名，不是土之本性，土的本性是生物，稼穡不是土的本性，故而在此用「爰」字。〔註 13〕

安石對五行之解說仍有部份受到漢儒後來的陰陽五行之影響，如同孔穎達對五行的部份說法一樣，他們都用了「天一生水於北」這類的觀點，此為《易‧繫辭》揲筮之法，鄭玄引《漢書‧律曆志》衍說而成。〔註 14〕除此之外，安石對五行的看法完全是當「五材」來說，很合乎原始五行的本意。他在解「潤下作鹹」一段裏，將五行之味與人的生理配合說明，在結論中說：「古之養生治疾者，必先通乎此，不通乎此，而能已人之疾者，蓋寡矣。」這正是五行與民用的關係。雖說天命五行，實則關於人事。

安石對五行的第二個觀點是在於「有耦」，前引「五行之為物……皆各有耦」，同時他推之一切事物也皆有耦，認為「性命之理，道德之意，皆在是矣」，自然與人事因此而無不相通，接著又說「耦之中又有耦焉，如此萬物之變可至於無窮」，「有耦」乃成為普遍性，既說有正有邪，有美有惡，就是指相對立的，「蓋善者惡之對也」，「有善必有其惡」，〔註 15〕他又說：「有之與無，難之與易，長之與短，高之與下，音之與聲，前之與後，是皆不免有所對。」〔註 16〕安石的思想裏似乎很重視這種相反的兩面，他說：

> 蓋有無者，若東西之相反而不可以相無也。故非有則無以見無，而非無則無以出有。有無之變，更出迭入而未離乎道，此則聖人之所謂神者矣。易曰：無思也，無為也，寂然不動，感而遂通天下之故，此之謂也。〔註 17〕

有耦、有對是相反但不可相無，安石以為這就是萬物變化、創造的道理；是相反相成的，他解釋五行即如此；說是相生相繼，相克相治的道理。在論「有耦」為萬物之變後，接著說：

〔註 13〕同前註，頁 7 上。

〔註 14〕參見徐復觀，《中國人性論史——先秦篇》（台北：商務，民國 66 年），附錄二，〈陰陽五行及其有關文獻的研究〉，頁 570、571。鄭玄衍說〈律曆志〉、係錢大昕之說，見《漢書》（台北：藝文，廿五史本）卷 21 上，王先謙補注，頁 39 上。

〔註 15〕見王安石，《道德經註》（《歷代哲學文選》，宋元明篇，台北：木鐸，民國 69 年，該篇錄自彭耜，《道德真經集註》），〈不尚賢章第三〉，頁 105。

〔註 16〕見前註，〈天下皆知章第二〉，頁 105。

〔註 17〕見前註，〈道可道章第二〉，頁 104。

語器也以相治，故序六府以相克；語時也以相繼，故序盛德所
在以相生。洪範語道與命，故其序與語器與時者異也。道者，萬物
莫不由之者也；命者，萬物其不聽之者也；器者道之散；時者命之
運，……道萬物而無所由，命萬物而無所聽，唯天下之至神，為能
與於此。

語器的六府指〈大禹謨〉水火金木土穀之序，語時的指《禮記・月令》木火
金水盛德之序，〈洪範〉語道與命，故其序為水火木金土，器時為道命之散運，
也是相生相克之理，而整個和諧之掌握在於「天下之至神」。安石解《道德經》
說「有無之變，更出迭入」，但卻未離乎道，這也是「神」，「有耦」、「有對」
的消解與和諧即如此，「神」是可以掌握道的，所以雖然不免有所對，「唯能
兼忘此六者（有之於無，難之於易，……）則可以入神」可以入神，天地間
也就無所對了，〔註18〕「神」在安石之意即《易・繫辭》所說無思無為，寂
然不動，感而遂通天下，這種對道的掌握，是認清了道的特性如「有無之變，
更出迭入」，不僅是有，也是無，是兩者的變化，以及兩者的合一，所以是相
反而不可以相無，故而入神即可以「無對」。

安石解五行的第三個觀點在於道。他說〈洪範〉是語道與命者，所謂道是
「萬物莫不由之者也」，道成為萬物創生的源頭，但他又說五行是「天所以命萬
物者也」，這裏道與天是相同的，在解《道德經》中也說：「天與道合而為一」，
〔註19〕則五行亦由道所生成，又說：「道，非物也。然謂之道，則有物矣，恍惚
是也。」〔註20〕這是指有物混成，如說道是終極的實在，「道者，天也，萬物
之所自生，故為天下母」，〔註21〕道與天與自然又成為同義語，萬物所生是自然的
規律變化所成。老子所說可以為天下母的道，是有物渾成，先天地而生，獨立
不改，周行不殆，正是無限的創造力，所謂「天下萬物生於有，有生於無」，安
石說「有無之變，更出迭入」而未嘗離乎道，就是他對道的認識。

安石論五行在「有耦」之變，五行由天道所生，他說：「道立於兩，成於
三，變於五，而天地之數具。」這是性命之理，道德之意。他又在論性時說：
「夫太極者，五行之所由生，而五行非太極也」，〔註22〕五行既是天地所用以

〔註18〕同註16。
〔註19〕見〈致虛極章第十六〉，頁106。
〔註20〕見〈孔德之容章第二十一〉，頁107。
〔註21〕見〈天下有始章第五十二〉，頁109。
〔註22〕見《文集》卷43，〈原性〉，頁145。

成萬物，則太極又成爲五行的源頭，與天、道（天道）同義。安石言五行之味時說：「生物者，氣也」，氣又成爲生萬物之源。這些關係若從他對《道德經》的註解中來看較爲清楚，他在解「道沖而用之或不盈，淵兮似萬物宗」一段中說：

> 道有體有用，體者元氣之不動，用者沖氣運行於天地之間，其沖氣至虛而一，在天則爲天五，在地則爲地六。蓋沖氣爲元氣之所生，既至虛而一，則或如不盈。似者，不敢正名其道也。〔註23〕

照此來看以道之體用爲元氣與沖氣，而沖氣又爲元氣所生，元氣的不動即靜，爲道之體，他又說：「一陰一陽之謂道，而陰陽之中有沖氣，沖氣生於道」，〔註24〕道的變化顯現於陰陽活動之中，而陰陽的活動仍然是氣之活動，即沖氣之活動，故說運行於天地之間，但由元氣所生，故而是「至虛而一，或如不盈」，沖氣實在也是元氣，也就是道之體；應是即體即用的，不過著重於氣的創生作用，所以分爲體用來說，在〈洪範傳〉中說生物者是氣，說「土者，陰陽沖氣之所生也」，都可知他以道爲氣的強烈看法，以及著重氣之活動。但他對於道之掌握認爲是《易‧繫辭》的「寂然不動」；又有元氣不動之道體，似與「易有太極」有關，孔穎達說：「太極謂天地未分之前，元氣混而爲一即太初、太一也」，〔註25〕太極亦就是氣，也就是道或者天，應該沒有如安石所言體用、動靜之分；動靜、陰陽、剛柔等都是氣之活動，或者顯現天道的變化。「尙變者，天道也」，〔註26〕天道之變由五行可見，五行由太極所生，亦可說由道、氣所生，是由無限的造創所生，故而能往來天地之間而不窮。

由〈洪範傳〉中對五行的說法，安石的宇宙觀大體如此，亦即其天道之觀點，他最主要的思想成分是以易傳與老子爲主，很有特色的「有耦」觀念當係本於〈繫辭〉的相推變化而來。〔註27〕但安石對五行的說法還在於強調其相反相成之理，以及對於人事的關連，所以他在〈洪範傳〉前面一段敘論中就作了有系統的說明。他說五行是天所以命萬物者，而「人所以繼天道而成性者」是五事，五事是指貌、言、視、聽、思，他以爲「書言天人之道，莫大於〈洪範〉，〈洪範〉之言天人之道，莫大於貌、言、視、

〔註23〕見《道德經註》，〈道沖章第四〉，頁105。

〔註24〕同註21。

〔註25〕見《周易正義》（台北：東昇，十三經註疏）卷7，〈易繫辭上〉，頁1022。

〔註26〕見《文集》卷38，〈河圖洛書議〉，頁96。

〔註27〕參見韋政通，《中國思想史》（台北：大林，民國70年），下冊，頁1022。

聽、思」。〔註28〕天人的關係原就是〈洪範〉所言的重點，安石思想雖受老子影響，但論天人之道時則提出極不同的觀點：他說道是有本末的，所謂本是指萬物之所以生，出之於自然而不假乎人力；所謂末是指萬物之所以成，涉乎形器，故待人力而後成。不假人力而萬物以生，則是聖人可以無言、無爲，至於有待於人力而萬物以成，則聖人即不能無言、無爲了。是以古之聖人以萬物爲己任，必制四術以成萬物，四術是禮、樂、刑、政，此爲聖人「唯務修其成萬物者，不言其生萬物者」。接著安石批評老子，他說老子以爲涉乎形器者，都是不足言、不足爲者，故欲去禮樂刑政，唯道稱之，此是務高之過而未察於理，「夫道之自然者，又何預乎？唯其涉乎形器，是以必待於人之言也，人之爲也」。安石對「三十輻共一轂，當其無，有車之用」作了疏解，最後，他說：

> 今知無之爲車用，無之爲天下用，然不知所以爲用也。故無之
> 所以爲用者，以有轂輻也，無之所以爲天下用者，以有禮、樂、刑、
> 政也。如其廢轂輻於車，廢禮樂刑政於天下，而坐求其無之爲用也，
> 則亦近於愚矣！〔註29〕

安石分道之本末爲天道、人道，亦同於分道爲體、用的說法，天人之道是相通如一，但既爲末、爲用，則必有人爲，這裏的禮樂刑政四術，正如〈洪範傳〉中論五事是「繼天道而成性」者，所以他要說「人道極，則至於天道矣」，〔註30〕如此，若能充分實現人道亦就是天道了，天人相通於此，故而他要注重涉乎形器者，這是他強調〈洪範〉所言即天人之道之所在，此天人之道也整個貫穿於對〈洪範〉所作的傳說之中。他又在〈郊宗議〉中說：「始而生之者，天道也；成而終之者，人道也；……所謂天者，果異於人邪？所謂人者，果異於天邪？」〔註31〕天人之相通即如此。

安石雖說天道自然，聖人亦無爲、無言，但人道可通天道，則必有所爲，他是反對命定論的，對於《論語》中「道之將興歟？命也：道之將廢歟？命也！」加上按語說：「苟命矣，則如世之人何？」〔註32〕這是他本於即器明道

〔註28〕同註8。
〔註29〕見《文集》卷43，〈老子〉，頁142。
〔註30〕見同註19。
〔註31〕見《文集》卷7，頁57、58。
〔註32〕見《文集》卷42，〈行述〉，頁227。另可參見卷39，〈命解〉，頁105。卷45，
〈推命對〉，頁157。綜合來看，安石雖言命，但非命定論者，他主張「君子

以致用的精神。在〈洪範〉傳中說「五事」是修身之序，據此可以修心治身爲政於天下，這與他論德業、致用是相通的。安石有〈大人論〉說明由聖人之道而言的神，由其德而言的聖，由其事業而言的大人，此三者實爲一，皆爲聖人之名。他論說的主要目的是指出世人不明於此：

> 以爲德業之卑，不足以爲道；道之至在於神耳，於是棄德業而
> 不爲，夫爲君子者，皆棄德業而不爲，則萬物何以得其生乎？……
> 蓋神之用在乎德業之間。〔註33〕

德業爲神之用，是落實之論。在〈致一論〉中又說明聖人貴乎能致用，德業爲一事之兩端，由安身崇德而明致用之道，能致用於天下則事業可謂備矣！〔註34〕含有內聖外王之意味。

安石又在〈禮樂論〉中強調「百工之事，皆聖人作」，說：「先王之道可以傳諸言、效諸行者，皆其法度刑政，而非神明之用也。」〔註35〕故立聖人之法度即立聖人之道，也即傳聖人之心，安石作〈洪範傳〉之意也在此，他主張即器言道以致用，當可以得到這些論點的支持。

〈洪範傳〉裏言「八政」的一段，安石說：「自食貨至於賓師，莫不有官以治之，……言官則以知物之有官，言物則以知官之有物也。」在論「汝則有大疑」一段，說明先謀之卿士庶民，然後謀及卜筮，是因所謀者乃人事也，「必先盡之人，然後及鬼神焉，固其理也」。在論「庶徵」一段，引孔子所言「見賢思齊，見不賢而內自省也」，對天變災異重在修省人事，「亦以天下之正理，考吾之失而已矣」。這裏都說明安石思想裏重天道猶以人道以應合之，人道之立亦是出之於天道，故須實踐人道以明天道，所以他強調「人道極則至於天道」。五行爲天道所生之材，成萬物而爲人用，沒有什麼神秘的色彩。五事爲人繼天道而成性，以下的八政、五紀、皇極、三德、稽疑、庶證、五福、六極等，都是聖人知天人之道而垂之治教政令，所以說「大哉聖人，獨見之理，傳心之言」。〔註36〕

脩身以俟命，守道以任時，貴賤禍福之來，不能沮也」。

〔註33〕見《文集》卷41，〈大人論〉，頁217。

〔註34〕同前卷頁，「致一論」。關於安石的致用精神可參見夏長樸，〈論王安石的致用思想〉，《幼獅學誌》，第16卷第4期（台北：幼獅，民國70年12月），頁36～51。

〔註35〕見同註8。

〔註36〕見同註8。

三、君權與王道

安石既以聖人得天人之道而傳治教政令,則君權為其所重,他論「庶徵」時,以人君為輔相天地,以理萬物者,認為「天者,固人君之所當法象也,則質諸彼以驗此,固其宜也」,在解〈老子〉「王乃天」說:「王者,人道之極也」,人道極則至於天,天與道合而為一。〔註37〕所以在「日月之行」一段中說「王無為也」如同天一樣,無為而無不為。在「無偏無陂」一段中論王道,就是以王比作天,王之為物即如天之為物,是無作好惡,無偏黨,無反側,而王道之成是終於正直,所謂正直是指中德,故說:「尊德性而道問學,致廣大而盡精微,極高明而道中庸之謂也。」這是人君合天道之義。

安石雖然崇君權,但明顯的是以行王道為說,而非盲目地尊君,他以君比於天,也有教戒人君應自覺其地位之重,要守天之虛,寂然不動。他有〈王霸論〉說明王霸之別在於心之異,即以根本心而言,自當重視建立自我,由正己而正人來落實。〔註38〕〈洪範傳〉裏說「敬用五事」是人君修心治身之序,然後才可以為政於天下,用「敬」是「君子所以直內也,言五事之本在人心」,可見直內的修身就是要修人心,要建立自我。他說五事以思為主,思是心的作用,而「心,體之主也」,〔註39〕故而言修身之序主要在於思,因此其論修心是思辨之學,而非空泛的心論。又說思是「事之所成終,而所成始也」,是即事而言者,此言君王之修身與君子同。

在「凡厥正人」一段,他強調人君能自治,然後可以治人,人然後可為之用,人為之用,然後可以為政於天下。而人君又如何自治?安石認為就是「惟皇作極」,即建皇極、立大中之意,自身為天下立成標準,〔註40〕照此說則君王仍要先求修身始能治人,而非靠皇權之威則甚明矣!人君為政法象於天,貴能自省自惕,此外,又需以民為天,在「月之從星」一段,安石有很好的說明:

> 言月之好惡不自用而從星,則風雨作而歲功成;猶卿士之好惡不自用而從民,則治教政令行而王事立矣。《書》曰:天聽自我民聽,

〔註37〕 參見同註19。
〔註38〕 參見拙作〈王安石的王霸論〉,載於《中華文化復興月刊》,第15卷第2期,頁6～12。
〔註39〕 見《文集》卷38,〈易泛論〉,頁93。
〔註40〕 安石以皇極之皇為君王,此與孔穎達所疏相同,但孔傳以皇為大之意,皇極即大中,見《尚書註疏》卷12,頁11上、下。

天視自我民視。夫民者，天之所不能違也；而況於王乎？況於卿士
乎？

人君之行治教政令並不是皇權之威，是應聖人的天人之道，他在〈與祖擇之
書〉中說：

治教政令，聖人之所謂文也，書之策，引而被之天下之民，一
也。聖人之於道也，蓋心得之，作而為治教政令也，則有本末先後，
權勢制義而一之於極；其書之策也，則道其然而已矣。〔註41〕

同樣地看法在〈周禮義序〉中也表現出來，他以為道在政事，制而用之存乎
法，推而行之存乎人。〔註42〕〈洪範〉亦是如此，雖尊君實乃要人君行聖人
之治教政令也。人君要法天，是人道之極而可至於天道，「夫聖人之術，修其
身，治天下國家，在於安危治亂，不在章句名數焉而已」，〔註43〕這正是前面
所說聖人貴致用在於德業，「有待人力而萬物以成」。而安石對於人才與為學
的觀點，在此也多少透露了出來。

由上可知安石尊君的思想是以天人之道為說，要法天守虛，並不主張
絕對的皇權，〈洪範傳〉裏有伸張皇權的言論應作如是觀，否則要人君修心
治身，敬用五事、王道正直等當無意義。他強調君王的身分與職分，故說
三德是君所獨任，而臣民不得僭越，是以皇極為君與臣民共由之故，有其
權，則必有禮以章其別，故不可僭越。「天子作民父母，以為天下王」，因
建皇極為道，而民所知者德而已矣，這是他理想中的聖王，若如此，當可
說作民父母。他說君臣關係是「執常以事君，臣道也；執權以御臣，君道
也。」又說「君君臣臣，適各當分，所謂正直也」，舉凡君王的任官、舉事、
御臣都有一定的法則，尤不可違民之意。至於其論治民之原則在「五福」
一段，大要是使民得其常性，則民可壽，再使民得其常產以富之，加之毋
擾民則民康寧，如此則可使人修好德則人可以令終。由上可知其重君道尤
過於君權，因君道是要合於天道的。安石在〈善救方後序〉中說到不忍人
之政：「夫君者，制命者也，推命而致之民者，臣也；君臣皆不失職，而天
下受其治。」〔註44〕是知君臣各有其道。他在〈上曾參政書〉中又談到君
臣之義，反對君要臣左右，則臣必左右之；害至於死而不故避的看法，並

〔註41〕見《文集》卷33，頁49。
〔註42〕參見《文集》卷25，頁149。
〔註43〕見《文集》卷31，〈答姚闢書〉，頁35。
〔註44〕見《文集》卷25，頁153。

語之爲無義、無命。〔註45〕這些都佐證在〈洪範傳〉中所論的君權思想；君臣各有其道，而非盲目地尊崇絕對之君權。

安石所論又有變通趣時之觀點，他在首段敘論中說到「建用皇極」立大中之本時，又提出趣時來配合，「趣時則中不中無常也，唯所施之宜而已矣」，這就是變通趣時。「三德」在他看來就是趣時之用，後面傳文中論此「三德」時說：

> 正直也者，變通以趣時，而未離剛柔之中者也……易曰：道有變動，故曰爻，爻有等，故曰物；物相雜，故曰文；文不當，故吉凶生焉。

變通趣時是〈易傳〉中主要的思想。前面已說到安石受〈易傳〉影響極大，這裏論「三德」則又爲一例，〈易傳〉中說：「剛柔相推，變在其中矣，……剛柔者，立本也；變通者，趣時者也，……功業見乎變。」，〔註46〕這是用易傳的剛柔來說明「三德」之義，人君建皇極以「三德」來變通趣時，又合乎易傳所說化裁推行與舉措天下之民的事業，故而繫辭說：

> 化而裁之存乎變，推而行之存乎通，神而明之存乎其人，默而成之，不言而信，存乎德行。〔註47〕

此因化之自然而裁制之的德行，應是安石所論之「三德」，所以他說：「蓋先王用此三德，於一顰一笑，未嘗或失」。功業、事業皆言人道，但化裁之變仍需因乎自然而不悖，〈易傳〉所說變之義即在此。〔註48〕安石以人事應通天道即其變通趣時之所據，故而他在〈進洪範表〉中說是爲趣時應物，當考箕子之所述之義。

安石本身爲學重「內得於己」與「自治」，他說「聖人內求」，〔註49〕但「聖人之道，得諸己，從容人事之間而不離其類焉」，〔註50〕所得要在人事之間。能得於己則在於後天之學，亦即是「自治」，學有成則「天地不足大，人物不足多，鬼神不足爲隱，諸子之支離不足惑也。」〔註51〕君子之自治與君

〔註45〕參見《文集》卷30，頁20。
〔註46〕見《周易正義》卷8，〈易繫辭下〉，頁1下、2上。
〔註47〕見《周易正義》卷7，〈易繫辭上〉，頁32下、33上。
〔註48〕參見朱熹，《周易本義》，〈繫辭上傳〉（黃沛榮編，《易學論著選集》（台北：長安，民國74年），〈附〉）。孔穎達正義亦以「陰陽之化，自然相裁」爲聖人所法之自然而化。參見同前註，頁32上。
〔註49〕見同註8，頁123。
〔註50〕見同註8，頁125。
〔註51〕見同前註。

王之自治皆同，都可以達到一定的地步，然後可以通變制法。聖人亦是如此，安石論〈夫子賢於堯舜〉說：

> 蓋聖人人心，不求有為於天下。待天下之變至焉，然後吾因其變而制之法耳。至孔子之時，天下之變備矣，故聖人之法，亦自足而後備也。《易》曰：「通其變，使民不倦。」此之謂也。故其所以能備者，豈特孔子一人之力哉？蓋所謂聖人者，其不預有力也。孟子曰：孔子集大成者，蓋言集諸聖人之事，而大成萬世之法耳。〔註52〕

聖人垂教制法即所謂道，為後世所當學，亦即所求自治之方向，安石所言之孔子不在位而在德，是集古聖王之大成，自當為後世之典範。儒家所言堯舜至孔孟之道在政治上即王道，安石說：「以仁義禮信修其身，而移之政，則天下莫不化之也。」此即王者之道。〔註53〕但安石並不拘泥於此，他提出「三不欺」之論，即所謂聖人之政，仁足以使民不忍欺，智與政足以使民不能、不敢欺，三者兼用之，〔註54〕為君王者的「自治」當要明白於此，所以在〈洪範傳〉裏，人君既行先王之道，當可以作福作威以應剛柔之用，此為人君之權，臣民不得僭禮侵權。安石以「三德」為君道，故而作福是「柔克」之事；而作威則是「剛克」之事，以此君權以御臣下，人君不得「蔽於眾而不知自用其福威」，這是他論人君治人的一段，在「凡厥庶民……而畏高明」這段，都是論治人之法，在此前論建皇極則是人君之自治，由自治、治人，而後則人為之用，在「人之有能有為……其作汝用咎」一段，都是對人為之用的說明。安石由自治、治人，人為之用的系統論述，雖是以君權為重，但卻要建立在自治的基礎上出發，也就是君王要先做到修治其身的大前題，可以說是側重於修己以安人、安百姓的成德工夫，如此，安石所論之君王之道乃內聖外王之道，這也是法天守虛的另外一面。

四、結　語

〈洪範〉在傳統上被認為是君王大法，安石在政治上的抱負與作為以及他所處的時代，對〈洪範〉的疏解就時時透露出對君王的要求，他雖強調君

〔註52〕見《文集》卷42，頁131。這種說法後來章學誠亦有類似的論點，見《文史通義·內篇》（台北：世界，民國57年），〈原道上〉，頁23。
〔註53〕見《文集》卷42，〈王霸〉，頁133。
〔註54〕見《文集》卷42，〈三不欺〉，頁132。

權，但不提倡天命或天人感應。他以爲人道可通天道，通是要在自治或修身力學之後，則天地陰陽可數，萬物亦可指籍而定。〔註55〕他論宇宙自然的天道，用五行的生成變化來說，在於生繼克治的自然觀點，人能繼天道以成性，可以成哲成聖，於是天人可以相通。人須明白五行自然之道而善用之，垂教制法乃有功業，因爲天道有其規律與必然性，萬物亦莫不有理，可以一致而百慮，透過安身崇德與致用，則事業可備，爲神、爲聖、爲大人皆如是。安石以人道之極爲天道，君王是最易實踐此人道之極者，將天道放在君王的道德實踐上——行王道；也就是內聖外王與法天守虛。他以爲〈洪範〉所述乃即器以明道，故聖王之君當尊，而人君必當法堯舜，明天人之道，由修身敬用五事求自治，以次八政、五紀、皇極、三德等等，安石之政治思想怠可明矣！又爲〈洪範〉作傳，安石寓有教導君王之意，也可知他是有爲帝王師友的思想。

（原刊於《紀念司馬光與王安石逝世九百周年學術研討會論文集》，
台北，政治大學，1986年）

〔註55〕參見同註50。

王安石對人性之認識及其一道德說

一、前　言

　　宋神宗熙寧年間，王安石推行變法之改革，所重在於變風俗、立法度，即行新制以革損舊制，但他以爲「天下法度未立之前（原書作後，誤），必先索天下之材而用，如能用天下之材，則能復先王之法度」。〔註1〕用人才以行新政及對人才之重視，安石在〈上仁宗皇帝言事書〉中申論甚詳，他引《孟子》曰：「徒法不能以自行」，主張陶冶人才爲急務，因之提出教之、養之、取之、任之一套完整的人才理論來。〔註2〕安石新政之基礎以人才爲主，用人才以變風俗、立法度是其有爲之理想。〔註3〕然則對人才之重視非獨安石爲然，歷來主政者皆重人才，可謂爲中國經世之傳統，即以安石行新法之時，其反新法者亦無不重人才之說，不過安石有他一套人才理論以及配合其理論的培育主張。

　　安石強調人才主義，以舉事求人才，而以人才再舉事，自偏重行政能力與政治手腕，〔註4〕這是對其有爲精神的理解，還不能說明安石人才主義的完整論；以舉事求才固無疑問，但培育人才應爲其重點。安石終究的目的在於

〔註1〕見《王安石全集》（台北：河洛，民國63年，以下簡稱《全集》）卷39，〈材論〉，頁105。
〔註2〕見前揭《全集》卷1，頁1～12。
〔註3〕參見劉子健，〈王安石、曾布與北宋晚期官僚的類型〉，收入《兩宋史研究彙編》（台北：聯經，民國76年），頁117～142。另見蕭公權，《中國政治思想史》（台北：華岡，民國66年），頁456～461。
〔註4〕見劉子健前揭文，頁121。

培養一批新人可以爲天下國家之用，這可由他有關人才的理論如〈上仁宗書〉，以及其新政中有關教育、科舉等項措施中看出來。安石之人才論非本文所擬討論者，這裏要提出的是，第一、人才需要培育，古今無疑義，但培育人才如何成爲可能？這就涉及對人性之認識。個人以爲安石之人性論可爲其人才培育之哲學基礎，透過此一問題的處理，更能顯示出他強調人才主義之意義。第二、關於人才培育之方向宜如何設定？不論以什麼方法來培育，其內容當會合乎所設立之方向，安石之求才在於行新法，他以爲當時之科舉與學校都無法達成此要求，故而對這兩方面都有改革計畫，但其最終之理想在於由學校取才，他說：「伏以古之取士，皆本於學校，故道德一於上，而習俗成於下，其人材皆足以有爲於世。」〔註5〕這種人才是在整齊道德的標準下所產生，整齊道德可以變風俗，這是由立法度來轉變風俗，此與上面說的人性論又有密切之關係。「道德一於上」的觀念須有確切之內容始能落實以推行，安石在這方面也表示了他的意見。

二、王安石對人性之認識

在中國哲學裏人性論是爭議最多的問題之一，各家所說有同異，又復相背相雜，然就所論層次之不同可約爲三：即自然之性、氣質之性、義理之性。〔註6〕但關注在人性的善惡問題上，最遲在戰國初期就有四種不同的觀點，一是無善無惡，二是善惡相混，三是有人善、有人惡，四是性善說。〔註7〕可知人性之爭論其源甚早，其層次有別，加上歷史之發展愈後則愈複雜。大體上後人所論總有前人之思想在內，但卻對前人之思想往往有誤解之處，復時而見雜採之說，安石之人性論就有這兩種不易處理的問題，這裏不作詳細的分析，僅就其要義作一疏解。〔註8〕就安石所引述到的人性論點約有下列幾家：

〔註5〕見《全集》卷4，〈乞改科條制箚子〉，頁37。

〔註6〕參見牟宗三，《心體與性體》（台北：正中，民國64年），頁198、199。此爲公都子對孟子所言，參見《孟子》（台北：世界，四書集註本，民國59年）卷6，〈告子〉上，頁160、161。

〔註7〕關於中國哲學裏之人性論的類型，可參見方東美，《中國人的人生觀》（台北：幼獅，民國69年），頁55～69。

〔註8〕關於王安石之人性論，舉凡言及其思想部份者多少有所論述，專文研討者如：韋政通，《中國思想史》，下冊（台北：大林，民國70年），頁1025～1032，林敬文，《王安石研究》，（《師大國文研究所集刊》，第24號，台北：民國69年），頁50～58；賀麟，〈王安石的性論〉，《思想與時代》月刊，第43期，民國36年。

孔子、孟子、告子、荀子、中庸、揚雄、王充、韓愈等；重點則在孟、荀、揚、韓四家，而其立論直接有關人性者多達六、七篇以上。〔註9〕安石人性論的總綱爲「原性」篇，分別列論孟、荀、揚、韓四家，除去說明了對此四家之理解及批評，同時表現出他的觀點來。〔註10〕此外，安石在其他地方表達其思想時，也多論及此四家，可以看出四家最受其所重視。〔註11〕

安石重視四家的人性論但有他自己對人性之看法，〈原性〉篇中說：

> ……而性者有生之大本也，……夫太極者，五行之所由生，而五行非太極也；性者，五常之太極也，而五常不可以謂之性；此吾所以異於韓子。……孟子言人之性善，荀子言人之性惡。夫太極生五行，然後利害生焉，而太極不可以利害言也；性生乎情（按：觀其文意，應爲情生乎性），有情然後善惡形焉，而性不可以善惡言也；此吾所以異於二子。……且諸子之所言，皆吾所謂情也、習也，非性也。揚子之言爲似矣，猶未出乎以習而言性也。……故曰：有情然後善惡形焉。然則善惡者，情之成名而已矣。孔子曰：性相近也，習相遠也。吾之言如此。〔註12〕

先不論安石對各家之理解如何，他提出性乃有生之大本，性爲五常之太極，情生乎性而性不可以善惡言，善惡爲情也、習也，而非性也，性相近、習相遠等概念。

性爲有生之大本，在〈禮樂論〉中有更清楚的說明：

> 氣之所稟命者，心也。視之能必見，聽之能必聞，行之能必至，思之能必得，是誠之所至也。不聽而聰，不視而明，不思而得，不行而至，是性之所固有，而神之所自生也；盡心盡誠之所至也。故誠之所以不測者性也。……神生於性，性生於誠，誠生於心，心生於氣，氣生於形。形者有生之本，故養生在於保形；充形在於育氣；養氣在於寧心；寧心在於致誠；養誠在於盡性。不盡性，不足以養生。……不養生，不足以盡性也。生與性之相因循，志之與氣相爲

〔註9〕參見韋政通前揭書，所列爲〈原性〉、〈性說〉、〈性論〉、〈性情〉、〈禮論〉、〈禮樂論〉等篇，見頁1037。筆者以爲應再加上〈揚孟〉一篇。至各篇所出可參見後文。

〔註10〕參見韋政通前揭書。

〔註11〕參見拙作，〈王安石的王霸論〉，收在《中華文化復興月刊》，第15卷第2期，頁6～12。

〔註12〕見《全集》卷43，頁145。

表裏也。生渾則蔽性，性渾則蔽生；猶志一則動氣，氣一則動志也。
〔註13〕

這段原文可看出安石思辨之特色。他指出「不聽而聰、不視而明……」等是性之所固有，即聰、明等是出於自然耳、目的本能，能必見、必聞等是另一種能力，即誠之所至，也可以說是心感通所至的作用。在〈禮樂〉另外一段中說：「不聽之時，有先聰焉；不視之時，有先明焉；……聰明者，耳目之所能爲，而所以聰明者，非耳目之所能爲也」，就是再次說明這兩種不同的能力。「神生於性」一段，提出形爲有生之本，與〈原性〉篇中說性乃有生之大本來看，形與性幾乎相通了，故而養生在於保形，但不盡性不足以養生，不養生則不足盡性，生之與性猶如志之與氣的關係。安石論性注重於動物自然之本質或本能，可以說是有生（形）乃有性，與告子「生之謂性」，荀子「凡性者，天之就也，不可學，不可事，……目明而耳聰，不可學明矣！」〔註14〕這些觀點相似。不過安石進一步提出「天資之材」的說法：

夫斲木而爲之器，服馬而爲之駕，此非生而能者也。故必削之以斧斤，直之以繩墨，……前之以銜勒之制，後之以鞭策之威，……然聖人捨木而不爲器，捨馬而不爲駕者，固亦因其天資之材也。……夫狙猿之形，非不若人也，欲繩之以尊卑，而節之以揖讓，……其可服邪？以謂天性無是，而可以化之使僞耶？則狙猿亦可使爲禮矣。故曰：禮始於天而成於人，天則無是而人欲爲之者，舉天下之物，吾蓋未之見也。〔註15〕

這是〈禮論〉中所說木、馬與狙猿之天生自然本質，因爲「天資之材」之不同，故可製木爲器，服馬爲駕，而狙猿之性不可使爲禮，正如在〈原性〉中說：「夫陶人不以木爲埴者，惟土有埴之性焉」，也是「天資之材」之故。至於何以會有「天資之材」之異，安石並無進一步解說，觀其文意是認爲自然如此的天生之材質耳。有生之本的性，各物皆有其性，甚至木、土等物質亦如此；聰明、土埴、馬駕是性，木不得爲埴，狙猿不能爲禮，則是因材之不同。其實這裏也就是說性之不同，性與材在此應是同義。狙猿不能爲禮是天資之材使然，而人可得而爲禮乃是天資之材之故，〈禮論〉中說：「今人生而

〔註13〕見《全集》卷41，頁122、123。
〔註14〕告子「生之謂性」，見同註7，頁158；荀子見《荀子新注》（台北： 里仁，民國72年），〈性惡〉，頁467、468。
〔註15〕見《全集》卷41，〈禮論〉，頁212

有嚴父愛母之心，聖人因其性之欲而爲之制焉」，雖然有勉強行之之意，但卻是「順其性之欲也」，如此，人性中果具有這種「生而有」之心，好像孟子說：「惻隱之心，人皆有之」一樣，應是先驗而普遍的道德心性。就此看來，安石認爲人性有「生之謂性」的生命本能，也同時具有道德的心性。則人有生理、心理上的能力，也有道德上的能力。

從「性（形）者，有生之大本」來看，安石偏向於告子「生之謂性」，董仲舒說：「性之名非生與？如其生之自然之質謂之性。性者，質也」，〔註16〕是很好的註腳。從「天資之材」來看，有生之形所生的性，可以生嚴父愛母之心，不同於前面的定義概念，另外有了德性自覺的價值概念，所以在〈原性〉中有性爲五常之太極之說，五常爲性所生。故而論及性的善惡時，就不免有難題產生。

就性之所固有的定義概念而言，性無法說善惡，故有性無善惡之義，是即生而言者。但如前述，則安石對人性之認識頗似後來戴東原所說：「血氣心知有自具之能，口能辨味，耳能辨聲，目能辨色，心能辨乎理義」，〔註17〕血氣、心知兩種不同的能力都是自具之能，皆爲「分於陰陽五行而成性者也，故曰天命之謂性。人倫日用，皆血氣心知所有事，故曰率性之謂道。」〔註18〕安石以人的天資之材可以爲禮；生而有嚴父愛母之心，說是人的本性如此，但沒有進一步說明何以如此，像是血氣心知所有事。荀子〈禮論〉中說：「凡生乎天地之間者，有血氣之屬，必有知；有知之屬，莫不愛其類。」〔註19〕這與安石所論人性中有其道德自覺的一面相同，就此可言乃爲性善之主張。東原講孟子，將血氣、心知視爲同質；安石說嚴父愛母之心是「性之欲」，聖人不制禮則天下將有慢父疾母「失其性」者，故性善的這一面乃是「性之欲」。他以〈禮論〉批評荀子之〈禮論〉，認爲荀子「以謂聖人之心性爲起僞」，是不知天之過，因爲聖人之制是「順其性之欲」，人的天性如此，故可以爲禮，若人之天性無是，乃不可能「化之使僞」，又說荀子「得性者以爲僞，則失其性者，乃可以爲眞乎？」實則安石對荀子有大的誤解，荀子化性起僞的重要基準是「性者，本始材朴也；僞者，文理隆盛也。無性則僞之無所加，無僞則性不能自美」〔註20〕安石說錯

〔註16〕見《春秋繁露》（台北：商務，四部叢刊初編）卷10，〈深察名號〉，頁55。

〔註17〕見戴震，《孟子字義疏證》（台北：世界，民國63年）卷上，〈理〉，頁32。

〔註18〕見前註，卷下，〈誠〉，頁76。

〔註19〕見前揭《荀子》，〈禮論〉，頁391。

〔註20〕見前註，頁386。

了荀子，但他的〈禮論〉卻正是荀子化性起僞之意，不過是化性爲「順性」，起僞爲「得性」耳！

既然安石論禮並不違荀子所說，但反對「性惡」論，也反對孟子之性善，前引〈原性〉中對孟、荀、揚、韓四家都有所批評，他以爲人性中有惻隱之心，也有怨毒忿戾之心，都是「惑於外而後出乎中者，有不同乎？」故而較贊同揚雄的善惡混之性，不過他又以爲揚雄所論是以「習」言性。批評韓愈五常之性而以三品分之，又有「下焉者，惡焉而已矣」之說，故安石說：「五者之謂性而惡焉者，豈五者之謂哉？」也就是說韓愈混才與性而言，此與揚雄相似。安石評韓、揚相當正確，但對孟、荀卻沒有相應的理解。〔註21〕安石在批評中也同時提出自己的論點，就是性無善惡可言，是因情的表現而有善惡，所以說「善惡者，情之成名而已矣」。他又有關於性、情的一篇專論，作爲其性論的補述，〔註22〕這篇〈性情〉的要點如下：安石先批評李翱〈復性書〉中「性善情惡」之論，認爲李氏徒識性情之名，而不得其實，因爲喜怒哀樂好惡欲之情，未發於外而存於心爲性，發於外而見於行爲情，「性者情之本，情者性之用」，提出性情爲體用之合一論。情是人生而具有，「接於物而後動焉」，動合於理則爲聖、爲賢，否則爲小人；君子與小人無非是情的表現，故而世人求性於君子，求情於小人皆爲不當。安石舉舜與文王的喜怒爲例，說明聖人就是情發之合理，故不主張廢情；廢情則性雖善，但無以自明，而無情則同木石不異，是以性情之相須如弓矢之相符而用，「若夫善惡，則猶中與不中也」。安石舉孟子「養其大體爲大人，養其小體爲小人」以及揚雄性善惡混之說，認爲性也可以爲惡，他說：「君子養性之善，故情亦善，小人養性之惡，故情亦惡」。

安石以性情之體用來建立其性論，由〈原性〉、〈性情〉兩篇可得其主旨。他認爲性與情皆無善惡可言，本是人所具有，性、情可以爲善也可以爲惡，善惡有其客觀標準，在於情受外在環境影響而發動的得當與否來決定善惡，所以情善惡則性有善惡，而性之善惡實則爲情之善惡。安石這種看法有普遍人性論的傾向。凡人皆如此，沒有天生本性爲善惡、賢愚之等，所謂君子、小人端在其情動當於理否。他在另篇〈性說〉中也重申此義，〔註23〕舉出孔子「性

〔註21〕關於王安石對四家之論評，可參見韋政通前揭書，頁1026～1032。
〔註22〕參見《全集》卷42，頁134、135。
〔註23〕參見《全集》卷43，頁146。

相近也，習相遠也」及「惟上智與下愚不移」而論，認爲性善與不善在於習，習於善爲上智，習於不善爲下愚，「皆於其卒也命之，夫非生而不可移也」，就是說在不斷的習的最後結果來定，因其不移故有智、愚之分，並非天生有此種性的品級，人性生而近似，差別在於後天的習，這是安石解孔子之意，也可以說是對人性認識的源頭，所以在〈原性〉中就以孔子此語爲其結論。在另篇論性的〈性論〉中，〔註24〕說「古之善言性者，莫如仲尼」，性乃智愚均有，其不移者是才而非性，才乃愚智昏明之品。又說「性者，生之質也，五常是也。……人生之有五常，猶水之趨乎下，……小大雖異，而其趨於下同也」，一則分別性與才之異，故評揚雄、韓愈是「混才與性而言之」，有如混氣質與義理之性。但安石這裏卻有矛盾產生，他既以性爲五常，「孟軻所謂人無有不善之說是也」，則此性當爲善，與前面所說性無善惡，性爲五常之太極等顯然不合，這是安石性論中難以自圓其說之處。安石在〈揚孟〉一文中以二子未嘗不同而作調和之論，〔註25〕認爲孟子之性善是指「正性」，揚雄之性善惡混是兼不正者而言，據此，則安石所說之性善應該就是專對正性之性而言，是指要追求的理想之性，或人應該具有的性而言，如〈性論〉中說「以一聖二賢（指孔子、子思、孟子）之心而求之，則性歸於善而已矣」，〈原過〉中說「性失復得」所復之常性，〔註26〕解〈湯誥〉「若有恆性」說：「善者，常性也；不善者，非常性也。」〔註27〕〈禮樂論〉中說「禮樂者，先王所以養人之神，正人氣而歸正性也」，〔註28〕這些所謂正性、善性、常性皆性所固有，不正之性、非常性是否亦爲性所固有？若以安石調和揚、孟，則性有善、有不善，此善、不善緣於情之動得當、不當而定，情動可善、可不善，則性亦可善、可不善；性本身乃無善惡可言。但因安石論點顯出有其矛盾之處，又多舉性善之旨，故賀麟認爲安石以性善惡混爲遇渡思想，歸結於性善論。〔註29〕

〔註24〕 參見《全集》，〈拾遺〉，頁 148、149。

〔註25〕 參見《全集》卷 39，頁 102、103。

〔註26〕 參見《全集》卷 44，頁 150。

〔註27〕 見程元敏，《三經新義輯考彙評（一）──尚書》（台北：國立編譯館，民國75 年。以下簡稱《書義》），頁 79。附評文引陳大猷《書集傳或問》：「王氏講……，不幾於善惡混乎？曰：程子謂有義理之性，有血氣之性。血氣之性，有善有不善；義理之性，無不善。常性，義理之性也；非常性，則血氣之性也。」似指安石已有義理、氣質之性之別。

〔註28〕 見同註 13。

〔註29〕 參見賀麟前揭文。同樣地看法可參見夏長樸，〈王安石思想與孟子的關係〉（台

安石以爲性是有生之大本，天資之材，這與他的宇宙論有關，他以爲天道的自然變化由五行可見，萬物所生即由此；而五行由太極所生，太極就是他所說的道或天。五行變化由有耦、有對的相反相成，故而萬物各得其性。〔註30〕人性稟之於太極自然變化，猶之乎說「性者，五常之太極也，而五常不可以謂之性」，則此人性能生五常，是因性如太極，當無善惡可言。五常爲善，是安石所強調之正性、常性也，故而可以有〈性論〉中所說「性者，五常之謂也」；有如說性應該是要這樣的善。但安石卻認爲未必能這樣，是因爲情的關係。

安石又特別在人性論中提出性情體用說，以情爲習、爲才，在前面已論及受孔子性近習遠之啓發。孔子所言蓋涵有相近之人性，能自生長變化，具無定性之可能，其相對於所志所學之不同，即不重人性之爲固定之性。而告子亦有見於人性原非定常，無先天之惡或不善，決定於後天；凡生即性，無無性之生，舍生亦無以見性。〔註31〕安石汲取此二者而不定原性之善惡，著重於後天之可能成的性。在〈再答龔深父論語孟子書〉中，明揭性有善有惡，但說「出善就惡，謂之性亡，非不可也」又引《書經》中記伊尹曰：「茲乃不義，習與性成」〔註32〕這裏的習性關係恐怕也給安石很好的啓發，不過理學家們對此性以及孔子、告子之言性都會指爲是氣質之性的。

安石以情「接於物而後動」，以及「喜怒哀樂好惡欲，未發於外而存於心，性也；……發於外而見於行，情也」應是本於〈樂記〉所載：「人生而靜，天之性也。感於物而動，性之欲也」，〔註33〕就劉向所說「性，生而然者也，在於身而不發」可解〈樂記〉之前二句，「情，接於物而然者也，出形於外」可解後二句，〔註34〕此正能合安石之說。〈中庸〉裏又有「喜怒哀樂之未發，謂之中；發而皆中節，謂之和」，這更給安石據爲發揮之處，〈性情〉篇中所說「動當於理」即此發而皆中節之意，在〈勇惠〉篇中說得很清楚：

北：政大，《紀念司馬光與王安石逝世九百周年學術研討會論文集》，民國 75 年），頁 295～326。

〔註30〕 參見拙作，〈王安石洪範傳中的政治思想〉（台北：政大，《紀念司馬光王安石逝世九百周年學術研討會論文集》，民國 75 年），頁 167～185。

〔註31〕 參見唐君毅，《中國哲學原論──原性篇》（台北：學生，民國 68 年），頁 13～17。

〔註32〕 見《全集》卷 28，頁 5，所引伊尹之言，見《尚書注疏》（台北：東昇，影印十三經注疏）卷 8，〈太甲〉上，頁 19 下。

〔註33〕 見《禮記注疏》（十三經注疏），卷 37，頁 10 上。

〔註34〕 見王充，《論衡》（台北：中華，四部備要）卷 2，〈本性〉第 13，頁 15 上。

其未發也，愼而已矣；既發也，義而已矣；愼則待義而後決，
義則待宜而後動；蓋不苟而已也。……言動者，賢不肖之所以分，
不可以苟爾。是以君子之動，苟得已則斯靜矣。〔註35〕

末發、已發爲安石特別提出，並以之爲善惡之辨，也就是賢與不肖之別，動
當於理爲聖賢，不當於理則爲小人。「其未發也，俱而已矣」，豈不明揭「愼
獨」在此之際？「苟得已則斯靜矣」，豈不似周濂溪幾善惡、主靜立人極之意？
〔註36〕

　　如何能動而合於理？安石以爲未發時在「愼」，已發時在「義」，這是簡
單的要目；綜合的論述還在其〈禮樂論〉之中。這篇論文頗長，內容亦相當
複雜，大體而言，安石斥修性養生歸於釋老之說，提出「大禮性之中，大樂
性之和，中和之情，通乎神明」，除注重求諸己、得諸己；所謂「聖人內求，
世人外求」等養性工夫外，又特別標舉「先王建禮樂之意」，意謂重禮樂之精
義而非外求其文，「是故先王之道，可以傳諸言，效諸行者，皆其法度刑政，
而（疑漏「無」字）非神明之用也」。這與其〈禮論〉中所言相同，倡天生人
成，順性爲禮，評荀子「以爲特劫之法度之威，而爲之於外爾」。安石復指出
禮乃發乎於心，而其文著於外，雖知禮而溺於其文，則失乎其實，此爲忘性
命之本，而莫能自復，〔註37〕所謂復禮之本即〈禮樂論〉所說；安石在此力
倡修五事——貌、言、視、聽、思，學顏回之所學等。在解〈召誥〉「今天其
命哲、命吉凶、命歷年」說：「性在我，事在物，數在時，君子修其在我者，
不責命於天也。」〔註38〕解〈太甲〉「欲敗度，縱敗禮」說：「欲而無以節之，
謂廣其宮室、侈其衣服之類；縱而無以操之，謂惰其志氣，弛其言貌之類」，
〔註39〕這些都是修性節欲之論。總之，安石的思想中仍不出傳統的仁義禮樂
之教，這類的資料頗多，也不必再作贅述。

　　安石對性之理解是決定於情動之準，情動則在於習，劉向說：「性生而然
者也，在於身而不發。情接於物而然者也，形出於外」，〔註40〕情接於物也是

〔註35〕見《全集》卷42，頁135。
〔註36〕安石辨性情似濂溪，及其重已發、未發之分，對程門、晦翁皆有影響，參見
　　　　錢賓四，〈初期宋學〉（《中國學術思想論叢》五，台北：東大，民國67年），
　　　　頁11～13。錢師又以安石所說實受佛家之影響，然以本文所論似未必如此。
〔註37〕參見《全集》卷41，〈九卦論〉，頁129。
〔註38〕見前揭《書義》，頁176。
〔註39〕同前，頁83、84。
〔註40〕同註34。

安石〈禮論〉所說「順性之欲也」的性之欲，本之「樂記」中「感於物而動，性之欲也」，故情必動，情動的表現如何就在於習，安石說孔子所謂性近習遠即「言相近之性，以習而相遠，則習不可以不慎，非謂天下之性，皆相近而已矣」，〔註41〕只說性相近是不夠的，要在於習，劉昞說：「性質稟之自然，情變由於習染」〔註42〕此即安石說「天資之材」的性，情變當即情之動，乃出於習染之不同。習不可不慎應該是安石〈禮樂論〉的思想的出發點。禮樂教化在傳統上是諸儒所通言，但諸說紛云，在政教上如何規劃措施，而其理論及根據又如何？乃引起安石欲整齊道德之主張。

三、整齊道德與治教政令

安石的政教思想除前述所論之外，另可見於其〈太古〉、〈原教〉二篇論文中，〔註43〕他以為聖人制作是因人之需要而有為，善教者是使「民化於上而不知所以教之之源」，質言之，即順自然而施教，不以刑名法制來強民就範，求政教的原本精神，不囿於法令告誡之文。這是安石強調政教背後的精神所在；即民無為而自化乃最高理想。

安石在論學術經義時曾提出一道德之說，如其〈熙寧字說〉：「先王以為不可忽，而患天下後世失其法，故三歲一同；同之者，一道德也」。〔註44〕〈進字說表〉云：「竊以書用於世久矣，先王立學以教之，設官以達之，……凡以同道德之歸，一名法之守而已。」〔註45〕。熙寧四年詔定新制科舉，以「一道德、成習俗」令天下遵守，〔註46〕此即據安石所上〈乞改科條制箚子〉所云：「伏以古之取士，皆本於學校，故道德一於上，而習俗成於下，其人材皆足以為於世。」〔註47〕次年，神宗語於安石說：「經術今人人乖異，何以一道德？卿有所著，可以頒行，令學者定於一。」〔註48〕由上述可知一道德之說在於學術經義，而及於科舉、學校，即「統一經說，使勿紛岐」，神宗亦久思

〔註41〕見同註32。
〔註42〕見劉劭《人物志》上（台北：中華，四部備要），〈九徵〉第1，劉昞注文，頁1。
〔註43〕參見《全集》卷44，頁149、150。
〔註44〕見《全集》卷25，頁149。
〔註45〕見《全集》卷8，頁70、71。
〔註46〕見《續資治通鑑長編》（台北：世界，新訂本）卷220，頁1上、下。
〔註47〕見《全集》卷4，頁37。
〔註48〕見《長編》卷229，頁5上。

以學術匡天下。〔註49〕對安石的一道德之說，在同時及後世人都有許多評論，大體上亦皆在學術及科舉方面加之評詆，其中陳瓘注意到此道德與性命之理有關。朱熹以為若安石之學能使人人同於己而俱入於是，則無何不可。梁啟超評其不重學術自由，但為之解釋為倡己說，而未嘗禁異說；然反對荊公者，則禁人習王氏之學。柯昌頤認為思想與政令有關，行新法則須絕異議，故安石倡思想統一，但思想若不自由，則政令不可能革新。〔註50〕上述四家與其他諸人所論間有不同，其所涉及者與本文有關。

安石一道德之思想尚有其他資料可尋。較早的有〈與丁元珍書〉，他說：

> 古者一道德以同俗，故士有揆古人之所為以自守，則人無異論。今家異道，人殊德，士之欲自守者，又牽於末俗之勢，不得事事如古，則人之異論，可悉弭乎？要當擇其近於禮義，而無大謬者取之耳。〔註51〕

這裏指師法古人以自守，古者是一德同俗，故無異論，即後世有異論，也仍以近於禮義者為取捨標準。

在〈答王深甫書二〉中，同樣地提出古代之一德同俗，故「士之有為於世也，人無異論。今家異道，人殊德，又以愛憎喜怒變事實而傳之，……」。〔註52〕看原書文意是安石任職江東（提點江東刑獄）抑或稍後時作，〔註53〕因「日得毀於流俗之士」而作書辯解。其意重在道之興廢以及君子之仕在行其義，故不媚世亦不能合流俗，設如古者一德同俗，則標準近似，將不至有異論。

安石所謂古者之一德同俗成於先王之教，在〈虔州學記〉一文中說得很明白。〔註54〕他以為先王所謂道德，實即性命之理，因之有官師、政刑之設，其教法「德則異之以智、仁、聖、義、忠、和；行則同之以孝、友、睦、婣、任、恤；藝則盡之以禮、樂、射、御、書、數」。這些「異之」、「同之」、「盡之」等的結果，就是堯舜三代，在從容無為中「同四海於一堂之上，而流風

〔註49〕 參見前揭《書義》，頁314、315，前述數則資料亦參考於此。
〔註50〕 以上參見程元敏，《三經新義輯考彙評（三）——周禮》（下），（以下簡稱《禮義》），頁696～702。
〔註51〕 見《全集》卷31，頁113。
〔註52〕 見《全集》，卷28，頁8。
〔註53〕 蔡上翔將此書附於嘉祐二年，安石移提點江東刑獄之際，見《王荊公年譜考略》（台北：洪氏，民國62年）卷5，頁95。
〔註54〕 參見《全集》卷26，頁155～157。

餘俗，詠歎之不息」之故。由於先王之道德乃出於性命之理，而性命之理則出於人心；詩書能循而達之，及經雖亡，但出於人心者猶在。故逢上失其政，人自為義，或君臣不知學而樂於自用之時，終不能勝，即由於此。安石又指出《墨子》「尚同」就是樂於自用，而不明一德同俗之義。他說「道之不一久矣！」就是指的堯舜之道。

以先王之道為教，在乎士民之學而成風俗，安石說：

> 蓋繼道莫如守善，守善莫如仁，仁之施自父子始，積善而充之，以至於聖而不可知謂神。推仁而上之，以至於聖人之於天道；此學者之所當以為事也。……有聞於上，無聞於下；有見於初，無見於終；此道之所以散，百家之所以盛，學者之所以訟也。學乎學，將以一天下之學者，至於無訟而止。〔註55〕

安石欲一天下之學，是以仁為出發點，「積善而充之」，即如他說：「語日：塗之人皆可以為禹，蓋人人有善性，而未必善自充也」〔註56〕之意，這也是其論人性時主「內求」的一面。另一面則主於學，所學者即聖人之道；可以說達上下、原終始的聖人之道即一天下之學的標準。

安石一道德之說不全在字說、經義等學術問題上，還強調古聖先王的道德性命之理，設官師、政刑的教化，一德同俗實即指此，自充性善之仁也不出此性命之理，不過可以自充來求得，是達成一德同俗的另一種方式。在此兩者之中安石特重教化的一面，前文曾論及他評荀子之化性起偽之說，實則在教化這面而言，他卻與荀子極近，荀子說化性、成積，「習俗移志，安久移質」，〔註57〕都與安石重習及一德同俗之說相似。在安石同時而論調相同的厥為曾鞏，他說：

> 古之治天下者，一道德，同風俗。蓋九州之廣，萬民之眾，千歲之遠，其教已明，其習已成之後，所守著一道，所傳者一說而已，故詩書之文，歷世數十作者非一，而其言未嘗不為終始，化之如此其至也。〔註58〕

這個一德同俗也就是孔孟所明的先王之道，所謂「蓋法者所以適變也，不必

〔註55〕見《全集》卷26，〈太平州新學記〉，頁160。
〔註56〕見《全集》卷32，〈答孫長倩書〉，頁40。
〔註57〕見前揭《荀子》，〈儒效〉篇，頁131～133。
〔註58〕見曾鞏，《南豐類藁》（台北：中華，四部備要）卷11，〈新序目錄序〉，頁1上。

盡同；道者所以立本也，不可不一；此理之不易者也」。〔註59〕同樣地，南豐
與安石一樣，對古聖先王之道淪爲異道殊俗有所表示；他以爲教化既成則一
德同俗，此即爲理，雖然言理者殊世異人，但未嘗不盡其指，因爲「理當無
二」。自古聖先王之法廢澤息，乃諸子各家出，其不能一，就是不當於理之故。
而自漢以來，各家之說未嘗一，聖人之道也未嘗明。〔註60〕南豐與安石所論
多同，其或有異者，在於南豐提出「理」字來解說，但其實此理亦即道，也
就是古聖先王之道，與安石並無差異，他們都嚮往一德同俗之化成世界。

安石說他與李覯、曾鞏相交結納，〔註61〕彼此之理論、思想或有同異，
當不免互相有所影響，曾氏論一德同俗與安石如此之近，而李氏之政治思想
與安石皆同主致用或功利，〔註62〕雖然不能就此說明三者思想上的必然關
連，但就宋初思想之發展來看，他們都深具有復古的傾向，以及教化改制之
心。南豐與安石同樣提出一道德乃以古聖先王之道（或理）爲準則，二人相
交最好，「其論學皆主考古，其師尊皆主揚雄，其言治皆纖恭於制度而主周禮。
荊公更官制，南豐多爲擬制誥以發之」，〔註63〕這或可說明二人一道德觀點在
政教思想上如此之近之故。安石以設官師、政刑爲古聖先王教化之具體措施，
乃提出治教政令之說法：

> 治教政令，聖人之所謂文也，書之策，引而被之天下之民，一
> 也。聖人之於道也，蓋心得之，作而爲治教政令也，……其書之策
> 也，則道其然而已矣。……二帝三王，引而被之天下之民而善者也；
> 孔子、孟子，書之策而善者也；皆聖人也，易地則皆然。〔註64〕

以古聖先王之道即在政教，施之於民與書之於策皆是此道，因之，他在論文之時，
要求「務爲有補於世而已矣」，也就是說「嘗謂文者，禮教治政云爾，其書之策
而傳之人……」〔註65〕，原文之本意乃爲垂道立教之工具。書之於策，使士人受
學，故說：「天下不可一日而無政教，故學不可一日而亡於天下。」〔註66〕無事

〔註59〕 見前註，〈戰國策目錄序〉，頁8上。
〔註60〕 參見前註，卷12，〈王子直文集序〉，頁4下、5上。
〔註61〕 參見《全集》卷34，〈答王景山書〉，頁56。
〔註62〕 見蕭公權前揭書，頁452。
〔註63〕 見黃震，《黃氏日鈔》（台北，商務，四庫珍本二集）卷63，頁11上。另見安
　　　　石「答段縫書」，《全集》卷31，頁34、35。
〔註64〕 見《全集》卷33，〈與祖擇之書〉，頁49。
〔註65〕 見《全集》卷33，〈上人書〉，頁47、48。
〔註66〕 見《全集》卷27，〈慈溪縣學記〉，頁166。

不出於學，由學以養士，朝夕見聞皆治天下國家之道，其服習必於仁義，而所學必皆盡其材，此即先王治天下國家，而立學之本意。安石以一德同俗在於政教，一方面治教在於學，以教育養成人才而參與政治，這裏和他以經義學術之齊一相配合。一方面又透過政令之制，以施之於民，仍以禮樂教化爲主，故其解《詩經》〈七月〉之通義說：「非道之以政，齊之以刑所能致也，風化而已。」〔註67〕這是一德同俗以德、以禮而風化之。但安石並不主張絕對的德治，他在解《詩》的〈大序〉時，有這樣的看法：

> 或曰教化，或曰政教，或曰刑政，何也？教化，本也；刑政，末也。至於王道衰，則其本先亡矣，故不足於教化而後言政教；不足於政教而後言刑政，苟則其末亦有所不足，此其所以可哀也。〔註68〕

所說的三個層次分明，教化即〈七月〉之詩的風化之義，古聖先王在無爲間「同四海於一堂之上，而流風餘俗，詠歎之不息」，而「風之本出於人君一人之躬行，而其末見於一國之事」，〔註69〕所重在聖王之德以風化天下，這是安石思想中非常強調的觀念，即其尊君所重在內聖外王之聖王。〔註70〕論政教與教化關係則有部份重疊，如「天之所以立君，君之所以設官分職者，凡以安民而已」，〔註71〕此君王立政教化之意。「先王之爲天下，內明而外治，其發號施令，以德教爲主，不使民觀刑辟」，〔註72〕此施政以德教宜爲安石論政教之中心觀點，與聖王無爲而化天下不同，須有爲制作以政輔教。「禮義明，則上下不亂，故男女以正；政事治，則財用不乏，故昏姻以時」，〔註73〕此亦爲政教之治，「政立則所以富之，富之然後賦貢可足；教立則所以穀之，穀之然後禮俗可成」，〔註74〕這是另一種政教之說法。至於居末之刑政與政教之間也有部份重疊，「政教立，然後繼之以刑賞，刑賞則政教之末也」，〔註75〕雖爲末，仍不失爲政教的一部份，安石認爲刑之施於政是不得已，如有罪而不能罰，則小人無所懲戒，至於「驕陵放橫，責望其上無已」，雖加以德，仍不

〔註67〕見程元敏，《三經新義輯考彙評（二）——詩經》（以下簡稱《詩義》），頁115。
〔註68〕見前註，頁6。
〔註69〕見註67，頁6。
〔註70〕參見同註30。
〔註71〕見前揭『書義』，〈周官〉第二十二，頁220。
〔註72〕見前揭《書義》，〈呂刑〉第二十九，頁223。
〔註73〕見前揭《詩義》，〈桃夭〉，頁15。
〔註74〕見前揭《禮義》，〈天官冢宰〉一，頁23。
〔註75〕見同前註。

能心悅誠服，故以行罰，「然後說德」。〔註76〕在論及先王之節民性，主張「當明政刑以節之」，〔註77〕對小民之「淫用非彝」，用「敢於殄戮，以義民也」，「敢於殄戮，而刑足以服人心」等。〔註78〕

　　原安石之本意是以教化為上、為本，但王道衰之後則本亡失，有所不足乃求其中，故以政教而行，是以政輔教或以政行教化之實。但仍有不足時，只得求之於下，以刑賞推行政令。他說《尚書》立政的精神是：

　　　　立政之意，始於知恤，而終於用中罰者，蓋知人而官，使之上下小大各任其職；不迪者，糾之以法。政之所以立也。〔註79〕

故而說「獄者，政之終」，刑法確是有所不足之時所施。他雖然認為「作新民之道」，需「敬明乃罰」，又說：

　　　　刑罰之有敘者，政而已，未及夫德也。故民之和，勉強而已，非其德也。惟導之以德，然後民應之以德也。畢棄咎，其康乂，所謂應之以德也。〔註80〕

備政刑故不及德，正所謂導之以政，齊之以刑，勉強使民致和；任德教則風化以成，民當應之以德。可知安石之理想在於王道之本的教化，以德導民，至政教則為其次，然猶可以立政行教，若至立政行法，則流於刑政而為「政之終」了。安石解經有關刑政諸條，屢受人非議，以為其倡法而背先王之德教，若照上面的分疏來看，安石何嘗不任德教而專行法治？不過是逐章句解經，不避諱立政行法耳！其教化、政教、刑政有很清楚的層次之分，並非僅高舉古聖先王之教為理想，亦重視實際人性的考慮。他說《書經》「惟天生民有欲，無主乃亂」為：「民之有欲，至於失性命之情以爭之，故攘奪誕謾無所不至。為之主者，非聰明足以勝之，則亂而已。」〔註81〕此處說人君當考慮人性之欲，或情動而亂，必順性之欲而教化，乃至以政教、刑政治之，如前述明政刑以節性等，也將是最後的手段了。

　　《周禮》〈天官〉強調太宰之職，在於掌建邦之六典，以佐王治國。其六典為治、教、禮、政、刑、事等，治、教、政三典外，禮典可與之教，刑、

〔註76〕見前揭《書義》，〈康誥〉第十一，頁159。
〔註77〕見前，〈召誥〉第十四，頁175。
〔註78〕參見同前，頁176、177。
〔註79〕見前揭《書義》，〈立政〉第二十一，頁204。
〔註80〕見註76，頁155。
〔註81〕見前揭《書義》，〈仲虺之誥〉第二，頁75。

事二典可與之政而爲政令，則安石治教政令之名或即本之《周禮》而來。他在〈禮樂論〉中更直截說先王之道，可以傳諸言，效諸行者，即在於法度政刑，這是指具體可見的，若要一德同俗，當也不免多表現在法度政刑了。

安石〈周禮義序〉以道之在於政事，其制而用之存乎法；其法可施於後世，見諸文籍則爲《周官》。他說：「以訓而發之之爲難也，則又以知夫立政造事追而復之之爲難」。〔註82〕這或可說明安石以《周禮》爲政教之典。在〈書義序〉中說「實始操之以驗物，考之以決事」，〔註83〕此爲《尚書》之可用，此驗物、決事，當指政刑之謂，而《書義》中論政刑處本亦甚多，可知安石應以《尚書》爲刑政之典。在〈詩義序〉中說：「詩上通乎道德，下止乎禮義，放其言之文，君子以興焉；循其道之序，聖人以成焉」。〔註84〕這是說詩關乎禮義道德，以風動教化之，則《詩經》殆爲安石言教化之典。若上述所指不算勉強，安石爲三經作新義，與他分教化、政教、刑政等三個層面，是有其意義的，也就是一德同俗的方法與標準；而其中《周禮》最爲安石所重，故言治教政令即爲先王之道的落實。

安石說《書》義「惟天生民有欲」，人主當聰明以勝之，這是原則性的說法，前面已言及在教化、政教、刑政三層面上都可以說「聰明以勝之」，不過安石說得不盡，所以遭致林之奇評擊，以爲大害義理，比之秦皇、魏武，〔註85〕實則安石思想中之人主決非如此，甚至唐宗、漢武之流也不爲其所取法，他理想之主乃堯舜聖王之類，這種聖王之論亦多不備舉，今引其〈洪範傳〉中一段說：

> 我取正於天，則民取正於我。道之本出於天，其在我爲德；皇極，我與庶民所同然也，故我訓于帝，則民訓于我矣。〔註86〕

這是以君法，成己成人，以德化天下的思想，也是安石之理想，但在現實人世中可以爲高遠取法之目標，作爲他所說「聖人之道，得諸己，從容人事之間而不離其類焉」，這種內求的境界，〔註87〕對於能明其道者而言，可以透過此作內省反觀的工夫，然對其餘大多數士民而言，還是須以政教、甚至刑政來使之學習或規範，仍可以達到一德同俗之理想，這應是安石基於其對人性

〔註82〕見前揭《禮義》，頁1，又見《全集》卷25，頁147。
〔註83〕見前揭《書義》，頁1。又見《全集》卷25，頁148。
〔註84〕見前揭《詩義》，頁1。又見《全集》同前。
〔註85〕參見同註81。
〔註86〕見前揭《書義》，頁116。
〔註87〕見註13，頁215。

之認識的考慮。

安石既以性為人生而自然具有之質，沒有先天的聖賢與不肖之分，也不可以善惡言，情亦無非如此，重要的是以情之動來決定，即情動之合理（道）與否。情也是習，如此則重於外在之客觀環境，也可說以實踐來應客觀之標準，則一德同俗即為此標準，情動之合理與否亦即據此種標準。性情本身具有不定向性，必須用各種方法使之定向於善，使情動合理則性善，以風化、政教、刑政都是不同層次的方法，其目的則一，而安石以治教政令總合為適於人人且最可行之方法。

四、結　語

陳師錫〈與陳瑩中書〉說：「安石之學，本出於刑名度數，性命道德之說，實生於不足」，朱子則以為二者相為表裏，原不可得而分。〔註88〕朱子所言頗有見地，但卻有貶刺之意；類陳氏之說則多處可見，舉凡以安石為法家者，多係此種意見。究竟安石之學是否不足於性命道德，而出之於刑名度數？照筆者之看法，則大有討論之餘地。

刑名度數是實際政治的一個層面，宋儒鮮有不談者；在安石而言，仍只是最低、最後的一層，不會是他的根本之學。言道德性命，安石有其宇宙論、人性論，在他多篇的文章及其說理思辨的表現上，都足以證明他對這方面濃厚的興趣與關懷，若所有不足，恐怕非出於主觀即出於學術之異而有所評論，當不至如陳師錫所言，謂刑名度數為安石之本，然考其說之緣由，當係安石變法設施及黨爭之故。

安石行新法，有一新天下之圖，頗有改造天下的意思，他以人才為根本，而人才之獲得與培養成為改造的動力，其方法簡單地說即以經術來造士，施之於學校與科舉上。經術以孔孟精義為準，由此躬教立道以禁私學亂治，然而傳統章句、傳注失之於勝質溺心，故須訓釋義理，為要化民成俗，尊德樂道。〔註89〕這不但說明其經術造士是以孔孟精義為依歸，而且也說明了重在義理而不在注疏，故而熙寧四年的貢舉新制裏，所要求的是「務通義理，不須盡用注疏」，〔註90〕可知

〔註88〕陳師錫之語見《宋元學案補遺》（台北：世界，民國63年）卷98，〈荊公新學略補遺〉，頁51下。朱子引陳氏語微有出入，謂「安石之學，獨有得於刑名度數；而道德性命，則有所不足」，見《全集》所附〈王安石遺事〉，頁7。

〔註89〕參見《全集》卷9，〈除左僕射謝表〉，頁80。

〔註90〕參見同註46。

安石不重漢儒之學，而其所倡義理之學殆爲宋學所標榜。至於《三經新義》之作，是爲義理之學的造士之經術；而後來朱熹之注《四書》，在「務通義理，不須盡用注疏」這一點上，其精神應是與安石一致的。

　　經術造士如何可能？一方面安石仍不免蹈襲傳統學者引用大量先聖之言作爲其根據，這是用道德模範來引發學習。另一方面另有其理論的部份，即安石之人性論。在人性論上安石有許多探討，其中文字也有不一致之處，他曾提出人性善、善惡混、無善無惡等三種觀點，但綜觀其說，他對人性之認識是主無善惡的。安石以爲人性本是天生自然之質，既無所謂善惡可言，也無所謂天生聖賢、不肖之別。人性不同於其他物性，自有其生理、心理的各種能力；其中也包括認理的部份，而性是借生表現，凡生亦必有其性，故重養生亦即重養性。性無善惡寓意有無定性之可能，後天可能成的性是安石所重，故人的天資之材與後天可成之性，是安石力倡禮樂之論的原因，這仍不脫所謂成德之教的精神。若就成德之教之所以成爲可能而言，畢竟性善還是提供了重要的依據。

　　在論人性時安石提出其性情互爲體用之論，以爲人性有情，情與性同樣無所謂善惡可言，但情動則見善惡，故性之善惡決定於情之善惡。情之善惡又在於其動之合理、不合理爲斷，而情也就是習，所指爲環境中的客觀標準而言，此標準則爲孔孟之仁義，如此，人性歸之於正性，亦即爲善性、復性。性情之動，安石又提出未發、已發之說作爲善惡之辨，未發之際在於「慎」，已發時則求之於「義」，這也是後來理學家所論的重要題目。

　　安石因性近習遠之說，以禮樂教化作爲習之規範，使所志所學在此。但恐諸說紛云，義理不明，故而要整齊道德以同俗。安石雖然注重自我擴充、內求等成德之途，但就其所論仍較偏重教化以成，故其一道德說多用力於此。他提出以教化、政教、刑政等三個層次來達到一德同俗的目的，依次而行，但兼有上下部份的重疊，其最理想者當爲教化，非不得已，乃用刑政，總合之可以治教政令來說明。安石一道德說實基於人才之培養及變風俗之用，自有其對人性之認識爲哲學基礎，但又與《三經新義》之作不可分離，這使他備受非議。以學術自由而言，安石雖未盡廢他說而代以己論，但他到底是借政治力量來推行新義，不免落人口實。因此，與其說安石有礙於學術思想之多元化，毋寧說他太執著於另一種理想之達成。

　　　　（原刊於《國際宋史研討會論文集》，台北：中國文化大學，1988 年）

宋初的反戰論

一、前　言

　　宋初建國時在國防上已有先天之缺點，此即五代時石敬瑭所割讓之燕雲十六州之地。當時稱契丹（遼）所得爲盧龍一道、雁門以北，其地有山前七州及山後九州；如此，在內地北方的國防上遂失五關（渝、松亭、古北、居庸、金坡）之險。

　　契丹控有十六州之地後，遂扼住北方國防之門戶，造成中原之朝廷極大的威脅。簡言之，長城一線的維持，攸關華北之安危，故（後）周與宋初皆致力於恢復，其目標即在於此。雙方和戰之關係，也成爲這時期歷史的一個重點。其實契丹夙有南進之政策，在得十六州之前即已積極展開，不過是在石敬瑭時贏得其空前之收穫。而後滅晉、入主中原，以至旋即退出北返，其南進政策始漸轉變。〔註1〕但以中原政權之立場而言，契丹爲強鄰，北方國防的缺失，終究是要設法彌補，於是遂有周、宋對契丹之戰爭。

　　宋初對契丹之戰爭以太宗時的數次北伐最著，其時雖對北方用兵，但非其始終之政策。至眞宗時，契丹南進，其後乃有澶淵之盟的訂定；本文所論之宋初即止於澶淵訂盟之前。由於燕雲十六州之陷，宋與契丹長期爲敵及戰爭，至眞宗的澶淵之役，通常多傾向於宋初皆主戰爭之論，關注所及也多在戰爭之分析與戰史之敘述，對於持反戰之說並未特別強調，故本交擬就此略加論述，以明其時對戰爭觀點之意見。其次，澶淵之盟的訂立，也常爲人所詬，指其爲城下之盟，視爲中原之恥，然衡諸當時實情，並無如所指視之嚴重。大體而言，諦約訂盟與宋初反戰論的發展有相當之關係。

〔註 1〕關於契丹至五代及宋初之關係，可參見拙作〈契丹與中原本土之歷史關係〉，《邊政研究所年報》第 9 期（台北：政治大學，民國 67 年）。

本文所指的反戰論並非全在思辨性的理論，也不全如在戰爭理論中的反戰爭理論，而是指透過觀念的表達、意見之陳述，集合起來的議論。諸如主張維持現狀，反對發動戰爭，以守禦替代攻擊，肯定和平的價值甚於戰爭等等，皆是本文所論之範圍。

二、反戰論的形成

宋史載神宗時問張方平「祖宗禦戎之要」，張方平說：

> 太祖不勤遠略，如靈夏、河西皆因其酋豪，許之世襲。環州董遵誨、西山郭進、關南李漢超，皆優其祿賜，寬其文法，諸將財力豐，而威令行，間諜精審，吏士用命，故能以十五萬人而獲百萬之用。及太宗謀取燕薊，又內徙李彝興、馮暉，於是朝廷始旰食矣！
>
> 真宗澶淵之克，與契丹盟，至今人不識兵革，三朝之事如此。〔註2〕

宋初三朝主守、主攻、和盟大體如上，但太祖主守亦非最初之決策。開寶二年（969）太祖出兵伐北漢，北漢係以契丹為後援，故攻北漢即需應付與契丹之戰，因之太祖亦佈署對契丹之攻防；但此次太原之戰宋軍失利而還。〔註3〕還是以張方平所言「太祖不勤遠略」命將分守等等為主要策略，不過這應是在太原之戰以後才確定的策略。

王偁在《東都事略》中說：

> 昔王朴陳用兵之略，以淮南可最先取，并，必死之寇最後亡。及宋興，并最後服，皆如朴言。是不然，昔太祖既平湖湘，嘗謂太宗曰：中國自五代以來，兵連禍結，帑藏空虛；必先取巴蜀，次及廣南、江南，即國用富饒矣。河東與契丹接境，若取之，則契丹之患，我當之也，姑存之以為我屏翰，俟我富實則取之。故即位之六年平蜀，又三年征太原，又二年平嶺南，又三年平江表；及太宗再北征乃克之。正廟謨雄斷施設先後之序如此，豈以并必死之寇而置之哉！誠非朴之所及也。〔註4〕

〔註2〕見脫脫，《宋史》（台北：藝文，廿五史本）卷318，〈張方平傳〉，頁5上、下。

〔註3〕參見《宋史》卷2，〈太祖本紀〉，頁7上～8上。戰事經過參見李燾，《續資治通鑑長編》，（上海：古籍）卷10，頁1上～9上。

〔註4〕參見王偁，《東都事略》（台北：文海，宋史資料萃編一）卷第23，卷末所論，頁405、406。又可參見江少虞，《宋朝事實類苑》（台北：源流，民國70年）卷1，頁8。

王朴所陳用兵之策具見於舊、新五代史，要言之即「攻取之道，從易者始」〔註5〕；先取淮南，後圖并州。此為王朴對周世宗之獻策，世宗雖喜其言，但顯然沒有採行；未平南方而揮師北伐。王俑說太祖對太宗的講話是在「既平湖湘」時提出來的，其時在乾德元年（963），若其時即已定好先南後北的策略，何以會在平蜀之後「又三年征太原，又二年平嶺南」等，所謂「又三年征太原」即前述開寶二年的對北漢及契丹之戰，可知太祖對太宗所言當是在征太原之後，重新調整過的策略，「廟謨雄斷、設施先後之序如此」，也是經過教訓後才決定的。而王朴獻策既末被周世宗所納，也末被後繼的宋太祖所用。

　　大體上是太祖修改策略後，對北方主守勢，一意平服南方，並以之告誡太宗之策，而後太宗繼續先南後北，將南方平服後，始從事對北方經略之戰。太祖因北守的防禦，乃任命十四名大將分別拒備契丹、北漢、西夏等。〔註6〕對燕雲之地的收復，太祖頗為在意，他曾取曹翰所策畫之幽燕地圖以示宰相趙普，趙普知其北伐之意，以為大將曹翰可攻取之，然則又問道：「翰可取，孰可守？」就此打消太祖積極主攻之心意。〔註7〕趙普反戰，至少考慮到宋初的國力問題，即使一鼓作氣可攻城略地，但面臨強敵全面戰爭時，宋初應付之能力恐須審慎考慮。事實上在太祖初即位時曾與弟光義（太宗）詢訪趙普，提出北征太原之舉，趙普以為「太原當西北二邊，使一舉而下，則邊患我獨當之」太祖且暫緩後圖，乃決定先對南方用兵之策。〔註8〕太祖平湖湘、蜀之後，仍不免要對北漢用兵，初並末貫徹與趙普所定之策。

　　同樣的情形也發生在太祖問右僕射魏仁浦時，太祖曾在宴中密論欲親征太原之意，魏仁浦僅答以「欲速則不達，惟陛下審思之」〔註9〕，是以仁浦盼太祖能緩圖太原，但顯然未被接納。及太原之戰失利，契丹大兵復至時，太常博士李光贊上班師之議，他以為征太原「重勞飛輓，取怨黔黎」，使百姓苦役，而北漢蕞爾之邦，「得之未足為多，失之未足為辱」，「國家貴靜、天道惡盈」，是不值勞師動眾取彈丸之地，同時恐暑雨致河津泛濫，道路阻難，輦運

〔註5〕見薛居正等編《五代史》（台北：藝文）卷128，〈王朴傳〉，頁2上。
〔註6〕參見《宋史》卷273，李進卿諸將之論，頁24上、下。另見《長編》卷17，開寶九年十一月所載，並作者自註，見19下、20上。
〔註7〕參見王應麟，《玉海》（江蘇，古籍）卷14，頁25下。另見李攸，《宋朝事實》（台北：中文）卷20，頁317。
〔註8〕參見《長編》卷9，頁6上。
〔註9〕參見《長編》卷10，頁8上、下。

將有稽遲之虞。當時太祖得此奏議，詢及趙普，趙普亦以爲然，於是有班師之議。〔註10〕

太原之役應給太祖深刻之教訓，又其牽涉遼、夏等國際關係，非可易取，此後不復主動攻北，改爲重兵防禦，委邊將大權並厚待之，而繼續經營南方。及太宗嗣位，仍秉先南後北之策。南方平服後，於太平興國四年（979）始有北伐之舉。

太宗決意北伐太原，曾詢及樞密使曹彬，問何以周世宗、太祖北伐未成之故，曹彬認爲周世宗因史超敗於石嶺關，致人情震恐而還，太祖因軍士腹疾而中止，並謂今兵甲精銳，必可摧枯拉朽以成。當時提出反對主張者爲宰相薛居正，他認爲北漢以契丹爲援，堅壁不戰，致世宗師老而返；太祖則破敵徙其民，致北漢危困已甚，得之不足以闢土，舍之不足以爲患，至今仍無需征討。〔註11〕但太宗以決意親征，臣下亦不敢再進言。

至此後宋與遼遂展開長期之戰爭或敵對之勢，直至澶淵之盟始告結束。其間的過程非本文所論之主題，暫不贅述。〔註12〕自太平興國四年三月宋軍北伐太原滅北漢，接著進攻幽燕，失利而還，但對遼戰事延續到本年十月。第二年的五月、十二月又發生二次遼軍報復的兩次戰爭，雙方各有一次勝負。在這段期間，宋廷仍有議論北征主戰之聲，但反戰之論也不時出現以相抗。

太宗太原、幽州之戰是其決策，反戰未被採納，將臣亦不敢多言，及幽州大敗之後，反戰論者始能借機大放其詞，甚至太宗在雍熙三年（986）再決意北征時，反戰論者仍然上疏抗議。這些都是在議論戰事時可見到的，其無戰事議論時，亦不乏因論邊事、論國政等而提出的反戰之議，直到眞宗時仍如此。是知宋初主戰最盛之時當在太宗時代，而反戰論的形成也正在此時。

三、反戰論的內容

太宗征幽州前反戰的論點多表現在「緩圖」這方面，如王朴在宋前所說「從易者始」，趙普認爲先南後北亦是此意，且北方牽涉到國際關係，非宋初國力所易應付者，魏仁浦說「欲速則不達」則正是緩圖。李光贊與薛居正更

〔註10〕 參見《長編》卷10，頁8下、9上。
〔註11〕 參見《長編》卷20，頁1上、下。
〔註12〕 宋太宗對遼之戰爭及其過程，可參見程光裕，《宋太宗對遼戰爭考》（台北：商務，民國61年）。宋遼對立的關係及其間的外交與政策等，可參見陶晉生，《宋遼關係史研究》第一、二章等（台北：聯經，民國75年）。

進一步，有暫時放棄北征、不值一戰的念頭，至少是緩圖，也可能是根本放棄。

幽州戰後，朝廷反戰聲起，太宗巡北邊，當時有竇偁抗疏「請休士養馬，徐爲後圖」，然太宗仍至大名始還。〔註13〕這又是緩圖的翻版。但不久得知契丹撤退之消息，朝廷復起出兵幽州之議，太宗因決議於翰林學士李昉、扈蒙，其上奏仍是以緩圖爲主，所舉之理由是大規模軍事行動轉餉的困難，而且華北地區「連歲飛輓，近經蹂踐，尤極蕭然」，恐怕經不起調發之苦；應該先整軍修武，廣積軍儲，府藏充溢之後用兵不晚。〔註14〕李昉等指出華北社會已因戰事至殘破蕭然，民力已難以負荷，此實際狀況足可爲反戰之理由。雖然太宗接納李昉等奏議，但朝中主戰聲勢仍強。接著左拾遺張齊賢上疏，再三強調發動戰事之非，他以爲對外戰爭未必因敵國而致，邊吏擾動也是主因，故「擇卒不如擇將，任力不如任人」，邊境安寧，則河北之民可獲休息，他又說：

> 家六合者，以天下爲心，豈止爭尺寸之事，角強弱之勢而已乎？
> 是故聖人先本而後末，安內以養外：人民本也，疆土末也。五帝三
> 王未有不先根本者也，堯舜之道無他，廣推恩於天下之民爾！推恩
> 者何？在乎安而利之，民既安而利之，則遠人斂而至矣！〔註15〕

張齊賢從安民、利民爲根本的角度，提出反戰的的言論；換言之，即爲修德安民，則近悅遠來的觀念。

張齊賢奏反戰論的次年，田錫又復上奏，他同樣以爲邊區糾紛常爲戰爭主因，若將帥能謹固封守，還所俘掠，許通互市，則可保持安寧，河朔之民亦可休息務農；治國之道不宜捨近求遠，勞而無功。〔註16〕田錫因任職河北南路轉運副使，對邊情當有相當了解，其主張亦是爲華北社會休息安定爲目的，不應爲恢復弔伐之名而輕啓戰端。在九年以後，太宗曾下詔求禦邊之策，田錫又提出長論，大體上與他人所論類似，在選將帥、行恩信、卹士卒、省費充餉、重情報及用諜，謹密軍情等等，但他的終結仍歸之於「邊上動，由朝廷動之，邊上靜，由朝廷靜之」，〔註17〕是由內而及外的本意，基本上仍是反對啓開戰爭。

〔註13〕參見《長編》卷21，頁10下。
〔註14〕參見同前註，頁11上、下。
〔註15〕參見《長編》卷22，頁12下、13上。
〔註16〕參見同前註，頁9下～10下。
〔註17〕參見《長編》卷22，頁9上～11下。

在雍熙三年（986），宋遼再度爆發大戰。太宗念念不忘恢復燕雲之志，朝中主戰氣焰未消，邊將亦有意立功疆場，如賀令圖，握兵在邊十餘年，「恃舊恩每入奏事，輒言幽薊可取，太宗信之」。〔註18〕而當時所得遼國情報，正是主少國疑，母后專政，權臣用事之際，國內有不安之現象，〔註19〕太宗則欲乘機北伐；雖然反戰奏疏紛上，但無能改變太宗之決策。

參知政事李至首上反戰之疏，其言上策是勿戰，中策為臨之兵威，下策即為親征北伐。〔註20〕刑部尚書宋淇，少年時長於燕薊，故對敵情頗有認識，提出相當多的分析，價值亦高，但他並不主張以戰爭解決問題，戰爭乃萬不得已而用；若能精選使臣，通盟結好，弭戰息民是為良策。〔註21〕而後當宋軍失利之際，老臣趙普及宰相李昉乘時分別上奏，大體以息兵為民而停戰說之，同時也指出自古夷狄在外，當置之不理為是，〔註22〕這樣使太宗因失敗而有台階可下。

自雍熙之戰後，朝廷主戰聲勢開始逐漸減少，迄於真宗澶淵之盟，其間約十六、七年。各方的議論幾乎都集中在對邊防守禦的討論，像過去積極主戰，動則調兵徵糧的言論已不成氣候。但在雍熙三年戰後的第二年，契丹常有侵邊的行動，這應是對太宗北伐的報復。而太宗有意再發大兵征討，京東轉運使李淮清三次上奏諫止；以為如是則「天下不耕矣」。接著宰相李昉等亦相率上奏，開封尹、陳王趙元僖復上疏，皆以安定息民為理由，勸阻太宗的徵發。〔註23〕太宗也因之再詢問朝臣的禦戎之策，其中殿中侍御史趙孚的奏議，提出不動干戈、不勞飛輓之法，即謹修戰備，通好和盟，則「各所收資，兩相無礙」，做出近悅遠來的結論；他以為興兵大舉之論實如漢代樊噲的空言。〔註24〕

端拱二年（989），朝廷又有禦邊之策的討論，戶部郎中張洎的長篇上奏中說，過去北伐失利的原因是分兵力、失地利、將從中御、士不用命四者，然後分析對此四缺失的修正，其最終目的是要練兵聚糧，嚴守邊防，「來則備

〔註18〕見《東都事略》卷 119，〈賀令圖傳〉，頁 1837。
〔註19〕參見《長編》卷 27，頁 1 上、下。
〔註20〕參見同前註，頁 1 下。
〔註21〕參見同前註，頁 1 下～5 上。
〔註22〕參見同前註，頁 11 下～15 下。
〔註23〕參見《長編》卷 28，頁 3 上～4 上。
〔註24〕參見同前註，頁 4 上～6 上。

禦，去則無追」，結盟好以息民安居等。〔註25〕張洎之論蓋與上述趙孚所言類
似，即一則修邊備，一則通盟好。右拾遺王禹偁在此次討論中，提出禦戎十
策，其基本原則係以仿漢文、景時外能任人、內修其德。其所論任人五事為
重將權、去小臣、行間諜、以夷制夷、感激邊民等，至於修德五事則為省官
吏、重選舉、信大臣、戒輕戰、開財用等。〔註26〕王禹偁此議頗得太宗贊賞，
又深得宰相趙普的器重，除去內外並重的守勢其中還蘊含有進取的態式，即
以夷制夷之策，但此一策略的開始運用及成熟，要到仁宗時期；如此則王禹
偁是較早提出這個觀點的。後來真宗時張齊賢及柳開論西夏邊事時，也提出
以夷制夷之策，〔註27〕這都對宋中期仁宗時的外交或禦邊之策有啓發作用。
王禹偁在淳化五年（994），論出兵西夏時，仍提出反戰之議，其中亦不乏以
夷制夷的策略，同時還顧及到西邊饋餉的困難，而北邊尚須守禦契丹；〔註28〕
他因顧及國際形勢與實際困難而反對出兵，以夷制夷則是其解決的方法。

太宗朝晚期對邊事的議論大體類似上述所說，於此不需多贅。在議論政
事時逐漸也可看出較偏重於內政問題，顯然修內待外也漸取得朝臣們的共
識，下面一段太宗與宰相呂蒙正的對話，正可以看出此訊息：

（太宗）曰……：且治國在乎修德爾，四夷當置之度外。朕往
歲既克并汾，觀兵薊北，方年少氣銳，至桑乾河絕流而過，不由橋梁，
往則奮銳居先，還乃勒兵殿後，靜而思之，亦可為戒。蒙正曰：兵者
傷人傷財，不可屢動，漢武帝及唐太宗俱英主，然用兵皆不免於悔，
為後世非笑，陛下及其未有悔也，而早辯之，較二王豈不遠哉！上曰：
朕每議興兵皆不得已，所謂王師如時雨，蓋其議也。今亭障無事，但
常修德以懷遠，此非清靜致治之道耶？蒙正曰：古者以簡易治國者，
享祚長久，陛下崇尚清靜，實宗社無疆之休也。〔註29〕

太宗頗思修正過去動則興兵之念，至於高麗遣使乞師，欲聯宋伐遼，太
宗卻不動干戈，〔註30〕可見其弭兵的決心。淳化元年（990）太僕少卿張洎的

〔註25〕 參見《長編》卷30，頁1上～5下。
〔註26〕 參見同前註，頁5下～8下。
〔註27〕 張齊賢之論，參見《長篇》卷49，頁11下～13上。柳開之論，參見卷43，
　　　　頁15下、16上。
〔註28〕 參見《長編》卷35，頁5上～6下。
〔註29〕 見《長編》卷34，頁13上、下。
〔註30〕 參見《長編》卷36，頁6上。

言論可以爲太宗朝的對外政策作一總括。他以爲歷代禦邊有三策，上策爲據險而守，來則備禦，去則勿追，中策爲和親通好，下策爲大張撻伐。張洎本人主張爲中策，蓋因失長城之險，故上策無法做到。〔註31〕中策的和親通好，在宋代只可能通好，和親之論則屬罕見。通好已見於張洎之前，而後馬亮、王禹偁皆亟言之，並以通好可息邊民爲最主要的關鍵。〔註32〕

通好或懷柔、羈縻的主張，以及修內待外的看法，在眞宗朝時已成爲反戰論的兩大主題，而且也成爲朝廷議論的重心。懷柔之策在太宗端拱二年（989）爲李至所提出。〔註33〕其實亦即通好之謂。眞宗時朱台符以修盟好、「利之貨財，許以關市」，則以安邊弭兵，息民以安社稷，〔註34〕這屬羈縻之論，但也是通好之策可以實行的。故基本上通好是有懷柔或羈縻之作用。前述的柳開、王禹偁等都是力言通好的反戰者。

修內待外之說沿太宗晚期而盛行，到眞宗朝時則有陳彭年在論國事時提出，〔註35〕復有張知白主之，以其夷夏觀言，「先內和人心，而後制四夷」；然其較重兵備。〔註36〕類似的看法如錢若水，他在論備邊五事時提出反戰的看法，認爲修邊備可召致外敵之來和，其言伐謀、用法等，是以敵來侵則禦抗，敵走則勿追爲原則的。〔註37〕

不論通好或修內待外之說，其於邊防之戰守都非常注重，基本上主消極守勢者居多，故而在太宗晚期至眞宗時，對於靈州的棄、守有著爭議，反戰論者仍多數主張放棄以息兵、休民，如張洎、田錫、李至、楊億、李沆等。〔註38〕而後靈州終至棄守，可見，反戰論的聲勢是有相當之影響力。及眞宗澶淵之役，終以和盟通好結束；於守而言，是反戰聲勢高漲，其目標達成的最佳說明。

澶淵之役時，持反戰論的呂蒙正、田錫等皆反對眞宗親征，〔註39〕但抵

〔註31〕參見《長編》卷31，頁4下、5上。
〔註32〕馬亮之議參見《長編》卷42，頁5下。王禹偁之議，見頁15下。
〔註33〕參見趙汝愚，《國朝諸臣奏議》（台北：文海）卷130，頁1下～3上。
〔註34〕參見《長編》卷44，頁3上～4下。
〔註35〕參見註33，卷145，頁19上、下。
〔註36〕參見註33，卷146，頁1上～2上。
〔註37〕參見《長編》卷46，頁14上～16下。以及卷45，頁16下～19上。
〔註38〕各人所論分別見於《長編》卷39，頁7上～9下。卷42，頁9上～11下，頁12下～15上。卷50，頁12上～15下，頁16上、下。
〔註39〕參見《長編》卷52，頁5上、7下。

禦遼大軍之入侵，亦勢在必行，所爭在皇帝親征與否的問題，故畢士安、王繼英等主兵以禦即可，若親征則緩進以圖，而寇準則積極催促親征之不可緩，〔註40〕又有王欽若請眞宗至金陵，陳堯叟請幸成都之議，但亦皆爲寇準所阻。〔註41〕反親征及議移駕者，未必都反對抵禦，事實上是較謹愼的考慮，但親征至前線亦有其抗敵之決心，而後眞宗果親征如寇準所定策。〔註42〕

四、結 論

宋初的反戰論起於太祖時代，其對象係對外而言，並不在對南方分裂的各國。宋前王朴與宋初趙普的看法相當一致，即先易後難或先南後北之策，當時是基於現實之考慮，猶恐國力不足，難以抗衡強敵之故。太祖初未守此策略，及北征失利後，始修正爲先南後北之策，以重兵禦守北方，這也是後來反戰論者引爲力據，即不需對北方敵國用兵，仍可保安定。但以北方國防安全問題，是宋初二朝念茲在茲之事，及太宗統一內地之後，可先南後北而北伐矣。

太宗幽州之敗，反戰論借機而起；雍熙北伐以後，反戰論逐漸盛行。至太宗晚期，反戰已然成爲主流，沿漫至眞宗朝，澶淵之盟係在此種議論氣氛之中達成。

反戰論的內容也是逐漸豐富的，初起時僅以緩圖愼重爲理由，恐怕末能成功；而後因太祖守北方之經驗，使反戰論者無慮於國防之憂。綜結其論點，大體如下：其一是轉餉軍需致民生蕭然，加之戰事破壞，華北社會不堪負荷。其二是修內待外，則近悅遠來之傳統觀念。其三是來禦去勿追的現狀維持，以守備爲主而相安無事。其四是懷柔通好，息民互利的善意關係。第一點所言是現實觀察的結果，就其他資料來看，華北社會的確受害頗重，河南之民逃命以避戰，〔註43〕至北方飢民、自然災害、賑災之記載頗多，〔註44〕民力

〔註40〕 參見《長編》卷57，頁5下。
〔註41〕 參見《長編》卷57，頁14下、15上。
〔註42〕 關於澶淵之役及其盟約達成，可參見蔣復璁，〈宋遼澶淵之盟的研究〉，收在《宋史新探》（台北，正中，民國64年），頁100～150。另見陶晉生前引書，頁15～42。
〔註43〕 太祖初「或言上將北征，大發民饋運，河南民相驚逃亡者四萬家，上憂之。」見《長編》卷4，頁27上。
〔註44〕 如建隆初，河北、京東、陝西旱蝗，河北尤甚，見《長編》卷3，頁9下、14上、下。其他如卷14，頁1下，卷18，頁14上，卷24，頁9上、11下、15下。卷36，頁10上、下，卷38，頁6下等。

困頓也在許多議論中經常言及。第二點所說是儒家傳統的觀念，所謂修文德以來之，含有道德化育天下的信念，但事實上，「有道未必服，無道未必不來」，〔註45〕純以修德可解決問題，恐怕是有點不切實際了。不過宋初反戰論者之修內尚包括不少禦邊的方案。第三、四點所言，也是傳統論邊策時常提及的觀點，其始大約在西漢時已成熟。來禦去勿追實際上是本於「分別論」而來，〔註46〕所謂「不與約誓，不就攻伐，……是以外而不內，疏而不戚，政教不及其人，正朔不加其國；來則懲而御之，去則備而守之」。〔註47〕至於懷柔通好，自先秦即有此說，於漢代已蔚為宏論。

　　宋初之反戰論並非凡戰爭即為反對者，其時初為國力不足而不欲輕啓戰端。攻太原固以北漢為目標，但北漢以契丹為後援，則須面對強敵，故而希望待府庫充足時，再容後圖；緩圖是當時穩重的看法。以後對外的戰爭則是為燕雲的國防問題，但其時的歷史經驗已顯示太祖未收燕雲之地，但國防無虞，若發動戰爭為國防，然則國防並無問題，戰爭將無意義；加之戰爭使華北社會殘破，民生困苦的現實，反戰論者必以為何需發起戰爭？於是和平共存並不是不可以追求的價值。

（原刊於《戰爭與中國社會之變動》，台北：學生，1991 年）

〔註45〕見歐陽修，《新五代史》（台北：藝文）卷 72，〈四夷附錄〉，頁 1 上。
〔註46〕參見拙作，《中國民族與北疆史論——漢晉編》（台北：丹青，民國 76 年），頁 90、91。
〔註47〕見班固，《漢書》（台北：藝文）卷 94 下，〈匈奴傳下〉，頁 24 下、25 上。

宋代之安南（交阯）記述及其朝貢關係

一、前　言

　　東南亞為二戰後出現之名詞，所指包括大陸東南亞的半島（中南半島）部份，以及海洋東南亞的島嶼（馬來群島或南洋群島）部份。全區在南中國海四周，中國向稱之為南洋或南海，在史書上常稱東南亞各國為「南蠻」或「南夷」，視之為四夷之地，雖然也有史書以外國來記載，但紀錄中仍視之為蠻夷；在正史中有十五部史書記載關於東南亞各國之資料。〔註1〕視東南亞各國為蠻夷係中國自先秦以來之傳統，源於以諸夏為核心往外推出的層層同心圓，建構出服制與朝貢關係之觀念，即諸夏核心的東、西、南、北四周，由封建之基礎與道里之遠近層層推出，屬於綏、要、荒服之地，或者屬於蠻、夷、鎮、藩之地；〔註2〕故對東南亞地區自然視之為南方之蠻夷。

　　《左傳》中已載有「南海」一詞，但應是泛稱中國南方之地，或稱東南部之東海〔註3〕。秦始皇卅三年立南海郡，治所在番禺（廣州），已合於實地

〔註1〕在正史上對東南亞各國視之為蠻夷傳記來記載，如《史記》列入「南越尉陀」尚視之為南方割據的藩國。《漢書》列入「西南夷」，《後漢書》列入「南蠻西南夷」，《晉書》列入「四夷」，《宋書》列入「夷蠻」，《南齊書》列入「東南夷」，《梁書》列入「諸夷」，《南史》列入「夷貊」，《隋書》列入「南蠻」，《唐書》列入「南蠻、西南蠻」，《新唐書》列入「南蠻」。到《宋史》、《明史》、《新元史》始列入為「外國」，而《元史》仍列入「外夷」來記載。

〔註2〕關於先秦形成之服制，參見韋慶遠《中國政治制度史》（北京：中國人民大學，1989年），頁41～44頁。服制與夷夏觀念，參見拙作《中國民族與北疆史論──漢晉編》（台北：丹青，民國76年），頁19～67。

〔註3〕《左傳》僖公四年載：「君處北海，寡人處南海」，則自稱寡人的楚王在南方之地，而稱齊王（君）之國處於北方；故說：「唯是風馬牛不相及也」。襄公

之近南海，而卅七年出遊，「上會稽，祭大禹，望于南海」〔註4〕，是以浙江所見之東海爲南海。元人陳大震作《大德南海志》，已將南海爲方志之書名，其中更言及東南亞各國，並以東、西洋地位區別其所在，〔註5〕其所指東、西洋之洋，當指今南海之海洋，約以菲律賓界分。至明代中期「南洋」已漸受重視與名稱的普遍運用，後來逐漸與南海、東南亞通用，所指亦形成共識。〔註6〕

中國對東南亞之認知較具體之早期記載爲《漢書・地理志》，其中記載船行時間、國名、物產、貿易貨品等，較《史記》、《漢書》所專載之南越國爲多；此後各史書專門記載東南亞各國之傳記漸多（除《晉書》、《南齊書》外）。但除去專傳記載外，散見史書其他處之東南亞各國史料仍多，以交通史之角度來看，中國與東南亞地區往來頻繁，而通使與貿易爲最主要原因。〔註7〕今以《漢書・地理志》（卷28下）所載當時對東南亞的認知情形爲例；

> 自日南障塞、徐聞、合浦船行可五月，有都元國；又船行可四月，有邑盧沒國；又船行可二十餘日，有諶離國；步行可十餘日，有夫甘都盧國。自夫甘都盧國船行可二月餘，有黃支國，民俗略與珠厓相類。其州廣大，戶口多，多異物，自武帝以來皆獻見。有譯長，屬黃門，與應募者俱入海市明珠、奇石異物，齎黃金雜繒而往。所至國皆稟食爲耦，蠻夷賈船，轉送致之。亦利交易，剽殺人。又苦逢風波溺死，不者數年來還。大珠至圍二寸以下。平帝元始中，王莽輔政，欲燿威德，厚遺黃支王，令遣使獻生犀牛。自黃支船行可八月，到皮宗；船行可二月，到日南、象林界云。黃支之南，有已程不國，漢之譯使自此還矣。

在東南亞與中國大陸相鄰且地理相接者爲中南半島，其中往來較頻繁、關係較密者應屬越南，古史中稱之爲交阯以及占城等地。越南早自漢代即與中國交通，但自宋代時海運大開，東南亞各國乘便往來中國，越南有陸、海之便則更形密切，加之地理歷史因素，政治上屢與中國糾結未清。越南係以

十三年載楚國乃「撫有蠻夷，奄征南海」，則指東南部靠東海之地，視之爲南海。見《春秋左傳正義》（十三經注疏本）卷12，頁10下，卷32，頁5上。

〔註4〕見《史記》（台北：藝文殿本）卷6，頁21上、26下。

〔註5〕見邱炫煜輯，《大德南海志大典輯本》（台北：蘭台，民國83年），頁99～101。

〔註6〕見邱炫煜，《明帝國與南海諸蕃國關係的演變》（台北：蘭台，民國84年），頁19～33。

〔註7〕參見方豪，《中西交通史》（台北：中華大典編印會，民國42年），馮承鈞《中國南洋交通史》（台北：商務，民國70年）。

交阯為中心，自宋以後擴張發展而立國，是以本文試就宋代時期（960-1276）中國對交阯之認知與記述，以及雙方之朝貢關係略作探討；但本文以其時越南北部之安南國（交阯）為主要對象。

二、宋前及宋朝之中國與交阯關係

自秦始皇在嶺南曾設象郡，一般以為包括有部分的越南北部，[註8] 然秦末之際，龍川縣令趙佗乘機併其地自立為南越王，至漢初自削帝號遣使朝貢，但為「外臣內帝」割據之國。武帝時遣兵滅南越國，置交趾（阯）等九郡而隸於交州，交阯郡即包括今北越河內地區，九真郡與日南郡包括北越、中越之東部地區。[註9] 自漢以後至唐朝，北越皆在中國州郡制度之下，期間雖有州郡之調整編置，亦有叛服不定之情形，但其實可視之為中國之領地未變。

宋英宗時曾問朝臣說交阯於何年割據？朝臣回答以唐至德中改安南都護府後，而於梁（後梁）貞明中土豪曲承美遂割據其地。[註10] 宋人以為北越脫離中國統治乃在唐肅宗至德中（756－758）改立為都護府後，始漸專權，演變至五代初形成地方割據勢力，一如藩鎮之坐大而形同獨立之政權。唐初以刺史領交州，高宗時（679）改交州為安南都護府，以其地偏遠，族類複雜之故。唐肅宗（758）更名鎮南都護府時，已形成藩鎮勢力，其領地包括越南之北圻平原、南迄橫山之安南北部平原。[註11] 唐代宗時（768）改回安南都護之名，然其割據依故。唐懿宗時（866）高駢大破侵凌安南之南詔及土蠻，鞏固安南之地，懿宗乃以高駢為靜海軍節度使領交州。其後繼者無能鎮服地方，嶺南各州自行割據，復有土豪諸酋之勢力，迄於唐末。[註12]

〔註8〕象郡之地理多有爭議，如馬思伯樂（H·Maspero），〈秦漢象郡考〉即以為象郡當在中國境內，不及於北越之地，見馮承鈞，《西域南海史地考證譯叢》（台北：商務，民國51年）第四編，頁53～58。本文則據譚其驤，《中國歷史地圖集》（北京：地圖，1985年），第二冊，圖11-12。

〔註9〕參見前註《中國歷史地圖集》，圖35-36。另參見陶維英著，劉統文等譯，《越南古代史》（北京：商務，1976年），頁273～290。

〔註10〕參見《續資治通鑑長編》（上海古籍，1986年，以下省稱《長編》）卷203，英宗治平元年十一月己卯條。

〔註11〕唐時安南都護所轄位於北越之州縣，參見馬思伯樂（H. Maspero），〈唐代安南都護府疆域考〉，《西域南海史地考證》，註8書，頁59～108，然該文未續完，僅及於北圻平原州縣部分。

〔註12〕參見吳士連、陳荊和（編校），《大越史記全書》（日本：東京大學東洋文化研究所，1986年），〈外記〉，卷5，頁169。

　　朱全忠建立後梁朝，授劉隱兼靜海軍節度使領安南都護、封南平王，已有稱王割據之形勢。後其弟龑繼立，自行稱帝，初建國號大越，復改國名爲漢（南漢）；其時嶺南各割據之勢力在交州即爲當地豪酋曲顥。〔註13〕曲顥通好於南漢，但當其死後，其子承美向後梁輸貢求節度之名，意爲以梁爲中央正統而視南漢爲僞朝；因之，南漢攻交阯。曲承美不敵南漢而降服，南漢以李進爲交州刺史，納入統轄之內。不久，曲顥部將愛州楊廷藝起兵逐李進自任爲節度使。〔註14〕楊廷藝於數年後爲其部將皎公羨所殺，但廷藝另一部將吳權發兵攻公羨，吳權擊敗南漢之援兵並攻殺公羨，進而自立爲王，建立吳朝。〔註15〕

　　吳朝政權內部篡奪，不久即亂，楊廷藝部將驩州刺史丁公著之子部領平吳朝末之亂，亦稱王建立丁朝。其後部領之子璉繼位，受南漢封爲南越王（969）說明南漢視丁朝爲藩國，是爲獨立自主之國的開始。交阯丁朝建立時正值趙宋開國征討之際，尤其當滅南漢時（971），交阯恐受攻伐，即遣丁璉來朝貢，宋太祖以其爲靜海節度安南都護，依唐之舊，又授部領爲交阯郡王。〔註16〕即宋朝廷以封號視交阯爲外藩，並未待之如獨立國家。及太宗時似有意開疆擴土，欲納交阯如收藩鎮割據於國土，劃其地屬嶺南道。〔註17〕然以丁璉仍入貢稱臣，雙方維持安定之局。丁朝因宮廷變亂，大將軍黎桓平亂，繼而擅權廢立奪取政權，建立前黎朝，〔註18〕宋朝以丁氏爲受封之藩臣，而黎氏擅權廢立，故出兵征討，但宋軍先勝後敗，黎氏又上表謝罪，並遣使來貢，宋廷亦就以安撫了事。〔註19〕此後交阯與宋始終維持朝貢關係，宋以安邊息兵爲主要政策，交阯實則爲獨立之王國，「外臣內帝」即爲交阯對宋之模式。至南宋孝宗時（1164）交阯李朝之李天祚改其國名爲安南國，〔註20〕而宋朝亦於十年後正式冊封其爲安南國王，以藩屬之外國待之，直至安南陳朝亦皆如此。〔註21〕

〔註13〕參見《新五代史》（北京：中華），〈南漢世家第五〉，頁 809～811。
〔註14〕參見前註書，頁 813。另見註 12，頁 170、171。
〔註15〕參見同前註。
〔註16〕參見《長編》，太祖開寶六年五月甲戌條、開寶八年八月甲辰條。
〔註17〕參見樂史，《太平寰宇記》（台北：文海，民國 82 年）卷 170，頁 471。
〔註18〕參見註 12 書，〈本紀・丁紀〉，卷 1，頁 184。
〔註19〕參見註 12 書，〈本紀・黎紀〉，卷 1，頁 190。
〔註20〕參見註 12 書，〈本紀・李紀〉，卷 4，頁 297。
〔註21〕交阯（安南）與宋朝之政治、外交關係可參考脫脫，《宋史》（北京：中華）卷 488，〈外國四・交阯〉，頁 14057～14072。

三、宋代之安南記述

宋孝宗淳熙戊戌年（1178）周去非撰《嶺外代答》，記載東南亞各國之情形，其中列敘「安南國」之專章，〔註22〕在卷首言百粵故地之地理，自秦始皇分南海、桂林、象郡至漢分九郡而以交州刺史領之，又以爲宋代之西廣（廣南西路）即秦之桂林，東廣（廣南東路）即南海，交阯即象郡；是以認爲象郡在越南北部，即宋代時交阯外藩。在「安南國」專章即呼應此種認知，並略述宋代時安南之歷史及彼此之關係，對於封安南國王與《宋史》所載時間有異，周去非以封國時李天祚已死，其子龍翰不報，冒其父名請宋封國王。又記載其國「母妻皆稱后，子皆稱太子」，證明安南是「外臣內帝」之型式。其他記載略分述於下：

1、政事制度：官分內、外職。內職治國，長官爲輔國太尉（宰相）。外職治兵，長官爲樞密使金吾太尉都領兵，及邊區設判安南都護府。有御龍、武勝等八軍，每軍二百人，橫刺「天子兵」於額，爲近衛之禁軍；又有雄略、勇健等九軍。其國入仕之途或任子、取士、入貲，而最重科舉，入貲先爲吏，敘遷至書狀，又入爲保義郎，即可任知州。官不支俸，付以民戶得屬役耕漁爲利。兵士每月一更，暇則耕種以自給，月給稻米十束，每年正月七日另給錢三百、紬絹布各一匹。

2、禮法規章：每年元旦以大禾飯、魚鮓犒軍，正月四日國王宴官僚。七月五日爲大節，人民相慶，官僚獻牲口於王，國王於次日宴酬之。在宮廷大門前有樓，樓置大鐘，爲民訴冤之用。爲盜者斬手足指，叛國逃亡者斬手足，謀叛者遭酷刑，即埋身露頭，旁植勁竹，挽竿繫首，以利刃割首，竹竿揭起其首高吊之。對於到來的使者（應指宋朝來使），防範甚嚴，不許其與民間交談，館之於驛亭，儘速遣之出境。

3、生活習俗：國人無論貴賤皆烏衣黑齒、椎髻跣足。其王但有金簪、珥，上著黃衣、下著紫裙。其餘人平日緊身上衣、蟠領皁衫，四裙如背子，下衣則皁裙，或有鐵簪、珥，或曳皮履，手執鶴羽扇，頭戴螺笠，又有紋身如銅鼓款式花紋。至於婦女則晳白，以香膏沐髮如漆黑，裹烏紗巾，頂圓而小，自額頭以上細褶如縫，上徹於頂，身穿大蟠領皁衫加於小蟠領衫之上，足穿鞵韈，與中國婦女無異，唯有其頭巾可爲分別。

〔註22〕見周去非，《嶺外代答》（台北：藝文，知不足齋叢書）卷 2，〈外國門上・安南國〉，頁 1～7 上。

4、朝貢之過程與貢品，記述南宋時兩次朝貢之情形，此部份留待後文再敘。

《嶺外代答》之記述可謂中國對越南之民情風俗較早之完整記錄，雖頗為簡略，但仍為難得之史料。可與之相較者，另有《宋史·交阯傳》所載，《宋史》雖為元代時所修，但所據之資料當為宋代所留下之實錄等，故亦可視之為宋代時之記載，而所敘之時間要早於《嶺外代答》之記述。

《宋史》載宋太宗淳化元年（990）加封交阯黎桓，並遣宋鎬等出使，次年歸國後，奏陳交阯之形勢及其國情。〔註23〕其中言路程與南越虛誇張勢之情節，以及與《嶺外代答》相同之處不再贅述。敘述南越城中有簡陋之木塔，城內並無居民，城門名明德，止有茅竹屋數十百區，以為軍警營，士卒約三千人（亦言及額刺「天子軍」事），日給禾穗，自舂為食，兵器止有弓弩、木牌、梭槍、竹槍，但弱不可用。遊宴之習有出臨海汊，以為娛賓之遊，當時安南國主黎桓跣足持竿入海標魚，每中一魚，左右皆叫譟歡躍。凡有宴會，眾人皆解帶冠帽，黎桓本人多衣花或紅色衣，帽飾以眞珠，自歌勸酒，但莫曉其詞。黎桓本人個性輕倨殘忍，昵比小人，腹心宦官數人錯立其側，好狎飲，以手令（划拳）為樂，凡官員善於此道者，則擢居為左右親近，但有小過亦殺之，或鞭其背一、二百下；賓佐小不如意，捶之三、五十下，逆黜之為閣吏，怒息，乃召復其位。安南國地無寒氣，十一月天猶夾衣揮扇等。又有待賓客以檳榔之禮。

宋太宗時出使安南國之使者所知之情況如上述，大部份集中在對黎桓之敘述。南宋時曾任市舶提舉之趙汝适，乘職務之便，閒暇時閱諸蕃圖，詢問諸胡賈，將所得列出各國名，「道其風土，與夫道里之聯屬，山澤之蓄產」，經翻譯與整理，作成《諸蕃志》；其時在理宗寶慶元年（1225）。〔註24〕書中分上卷〈志國〉，記載南洋五十八國概要，下卷〈志物〉記各國物產等；其中篇首即記載交阯國。所述交阯之地理、歷史遠不如《嶺外代答》、《宋史》，但關於風土民情及物產頗有可補充之處。

《諸蕃志》中言交阯國王為唐姓，飲食服色與中國同，但男女皆跣足。每歲正月四日，椎牛饗其屬，以七月十五日為大節，家相問遺，官僚則以牲口獻其酋，其酋於次日開宴以酬。不祭祖先而供佛，病不服藥，夜不燃燈。

〔註23〕參見註21，頁14061、14062。
〔註24〕參見楊博文校釋，趙汝适，《諸蕃志》（北京：中華，1996年），〈趙汝适序〉。

以蛇皮爲鼓樂。不能造紙筆，殆求之於省地（應指中國），國不通商。其土產爲沉香、蓬萊香、金、銀、鐵、朱砂、珠、貝、犀象、翠羽、車渠、鹽、漆、木綿、吉貝等。大體上所記述之情況與下述之《桂海虞衡志》相同，當引此志而作成。

《諸蕃志》所記「大節」與《嶺外代答》有異，而《桂海虞衡志》言其「大節」日則與《嶺外代答》同。《桂海虞衡志》爲范成大於南宋孝宗年間所記，其中有〈志蠻〉篇，爲《文獻通考》所引用，附於〈交阯〉傳記中。〔註25〕所記述爲交阯之歷史沿革，其餘爲風土習俗與制度等，然其中爲《嶺外代答》所引用者頗多，〔註26〕亦有爲《諸蕃志》所引用，其他不同之記述別列之如下：

1、軍政制度：內職部份尚有左、右郎司空，左、右郎相，左、右諫議大夫，內侍員外郎。外職部分尚有領兵使、同判安南都護府。屬禁軍的八軍名稱皆有記錄，除御龍、武勝外，另有龍翼、蟬殿、光武、王階、捧日、保勝之軍名；其餘充給使之九軍「如廂軍」。交阯城中除水晶宮、天元殿，安南都護府等建築外，又有其王所居之四層樓，上層爲王所居，由上往下之第二層爲宦官所居，第三層爲「箇利就居之老鈴下之屬」，第四層（即平面一樓）爲軍士所居。貨幣用中國銅錢，其國不能自行鑄錢。

2、民情風俗：其扇爲鸛羽，可以辟蛇，而螺笠爲竹絲縷織如田螺，最爲工細。婦女好著綠寬袖直領。其王出入以人輓車，貴僚坐幅布上掛大竹，由兩人抬行，名之爲「抵鴉」。上已日集會，男女爲行列，結五色綵爲毬，歌而拋之，謂之「飛駞」，若女受駞，則表示接受男子的婚定。若有客死於境外者，則受鞭屍，罵其背國。國人少通文墨，故凡有閩人來（貿易），往往厚待之，以求其助官府咨決政事。由於交阯人口少，常由中國販賣人口，誘賣之人口，先賣至州洞，一人值黃金二兩，州洞轉賣入交阯，一人值黃金三兩，每年販賣數百千人。若有藝能者，所值加倍，能知文書者，又加倍之。受販賣之人口是「面縛驅行，仰繫其首，俾不省來路」，販爲奴皆在額上刺四、五字，婦人刺胸乳至肋部，拘繫嚴酷，逃亡必殺之。又有秀才、僧道、伎術、配隸亡命逃奔者甚多。

〔註25〕 參見馬端臨，《文獻通考》（浙江古籍）卷330，〈四裔七〉，頁2593～2595。
〔註26〕 參見註22書，其序文中言「晚得范石湖《桂海虞衡志》，又於……」可確知周去非參引此志。

3、物產：除《諸蕃志》所載各物外，另有銅，果類有甘橘、香圓、檳榔、
扶留藤，盛產香類（料）。

以宋人記述交阯較全面之事蹟時間而言，當以《宋史》載太宗時宋鎬之
敘述為早，其次當為范成大《桂海虞衡志》之淳熙二年（1175），三年後即
有周去非《嶺外代答》，至趙汝适之《諸蕃志》則稍晚出近五十年。《宋會要》、
《文獻通考》所載交阯事蹟皆為其與宋之外交、和戰關係歷史，對於交阯之
儀制、風土民情等幾無言及，且《宋會要》所載止於南宋孝宗淳熙四年
（1177），〔註27〕《通考》則止於寧宗嘉定五年（1212）。〔註28〕《宋史》載
交阯事止於宋末度宗咸淳八年（1272），〔註29〕然三者所敘宋與交阯之關係
甚多雷同，唯記事或有詳略之異，因皆本於宋之〈實錄〉為主；〔註30〕不過
元修《宋史》時有宋末理、度二宗之〈實錄〉，雖可記述者稍多，然於宋末
事仍甚簡略。

四、宋與安南之朝貢關係

朝貢體制是中國自古以來對外關係之重要表徵，反映出對外國、外藩（臣）
之外交，其間涉及政治、軍事與經貿之關係；宋朝亦不例外。宋初平嶺南後，
交阯統治者丁部領即遣子丁璉內附來貢，宋依舊授節度使，並封部領為郡王，
視如藩鎮，前文已述及，宋與交阯始終保持朝貢關係，即如南宋時期為安南
國，仍以為外藩之國，自交阯郡王至安南國王皆如此；唯南宋時已視安南為
國矣！

安南自唐肅宗立為都護府後始漸成割據政權，然名義上仍為地方藩鎮。
五代時與南漢關係密切，亦受南漢之冊封。雙方維持以朝貢關係，丁部領自
立「大瞿越」之國，南漢亦封其子丁璉為南越王，是承認其立國，但視為外
藩屬國。至宋初時交阯稱臣入貢，宋並未承認其為獨立之國，如唐之藩鎮無

〔註27〕 參見徐松，《宋會要輯稿》（北京：中華，1987 年），〈蕃夷四〉，頁 7723～7742。

〔註28〕 參見同註 25 書，頁 2591～2593。

〔註29〕 參見同註 21 書，頁 14072。

〔註30〕 《宋會要》本於實錄及其官修各朝（種）《會要》參見湯中，《宋會要研究》（台
北：商務，民國 55 年）〈宋會要考略〉，頁 1～20。另見王德毅，〈兩宋十三朝
會要纂修考〉，載《宋史研究集》第 11 輯（台北：國立編譯館，民國 67 年），
頁 465～488。關於《文獻通考》之修纂，參見王德毅，〈馬端臨與文獻通考〉，
載《第三屆史學史國際研討會論文集》（台中：中興大學，民國 80 年），頁 313
～332。

異，即南宋認其爲國時，雙方朝貢關係並無改變，不過在名位、封賜上略差而已。

今據相關史料作成〈宋代安南（交阯）朝貢封賜表〉（見附錄），以概括雙方之朝貢關係。所得資料 129 筆，其中北宋 79 筆、南宋 50 筆，大體記錄朝貢之時間，朝貢使（遣使）、朝貢物品，封賜官爵、勳位、食邑、賜品等。對於朝貢制度之使館，朝覲、迎送、禮儀、行程等則不擬列論，僅就表中資料略述其間之關係。〔註31〕

宋代與海南諸國間之朝貢關係，要以交阯與宋朝往來最爲頻繁，以其最近中國，海陸往來便捷，復有貿易之商機，有利可圖之故。然以晚唐五代以來，與中國之政治關係特殊，既有藩鎮關係，又爲割據之政權，欲「內帝外臣」，又懼宋之勢力入侵。早此之前，即已與南漢建立朝貢關係，受南漢之冊封，承唐封之靜海軍節度，〔註32〕後梁封之交州節度，〔註33〕南漢時並加安南都護，〔註34〕以至於宋前即受封至南越王。〔註35〕交阯於唐末五代時與中原或其北方中國政權之關係，成爲對宋朝的概略模式，即以朝貢關係維持其「內帝外臣」之獨立政權，其間雖有和戰關係，但整體而言，交阯是達到其目的，且進一步得到南宋承認其爲獨立國家（安南國）。

出〈附錄〉表中知交阯於宋初首受封在乾德三年（965），時受南漢冊封爲南越王之丁璉遣使入貢內附，欲採行以往對中國之政策，以維持其政權。當時中國南方僅存吳越、南唐、南漢三國，宋朝爲北方新建之強國，代表中原正統之皇朝，交阯仿效以往對唐及後梁之例，自宜遣使通好。而對南漢因地理政治關係，自曲顥以來皆不免受制於其勢力；已見前文所述。故交阯既懼於南漢舊勢力，又恐宋朝新興之強權，丁璉即採行雙重朝貢政策，維持對兩強勢間之關係，對南漢爲受其所封之南越王，對宋則成爲唐以來之交州、靜海軍節度等，即宋朝仍視其爲國內之地，僅承認其爲地方節度，但爲示優遇則加散官、勳、爵，並食邑、功臣號等。

〔註31〕關於宋代朝貢制度中對南海各國貢使之對待及管理，可參見劉國明，《宋接待南海諸國朝貢使節團考》（珠海大學中國歷史研究所碩士論文，香港：珠海大學，民國 76 年）。該論文中載有交阯之朝貢年表，但略有漏列者。見頁 23～55。

〔註32〕參見同註 12。

〔註33〕參見同註 12。

〔註34〕參見《南漢書》（台北：鼎文，民國 68 年）卷 4，頁 23。

〔註35〕參註 12 書，〈本紀〉卷 1，頁 180。

　　宋初對交阯之賜封，大體成爲慣例。如檢校官爲太師，初封多爲太尉或太傅、太保，且多加寄祿官（散官）之特進，而後往往加升爲開府儀同三司最高的寄錄官階。特進與開府雖皆同從一品，但仍有區別，前者相當於尙書僕射，另須配合之檢校官銜爲太尉，且其檢校官兼官（帶憲銜）爲御史大夫，或者寄祿官第三階（正二品）之金紫光祿大夫，若加同中書門下平章事則相當於開府之最高階。檢校兼官爲加官，後爲武官及蕃官專用，到宋神宗元豐以後已廢去檢校兼官。在〈表〉中始終可見檢校兼官與散官階並存不一之現象，即散官最高階之平章、侍中、至南宋後皆未賜封，僅保存檢校兼官之御史大夫，而檢校兼官至北宋元豐後已廢，卻始終保存於對交阯之賜封，是視其爲「蕃官」之故乎？另檢校太尉於宋制爲皇子初授官時所加，使相則加太傅、太保，今交阯新王立位，宋對之初封皆爲檢校太尉，可見其間之關係。

　　在封交阯之節度使方面則相當一致，即承唐代以來之靜海軍節度觀察處置使、安南都護。勳官方面亦相當一致，即勳官最高之上柱國（正二品），但宋徽宗政和時廢除勳官制，僅授予蕃官時用，而至南宋時始終仍見交阯賜封之勳官，此與檢校兼官用於交阯之意或即相類。封爵方面宋制分等不一，但多沿唐、五代之制而有其變，除皇、宗親外，生前封爵至高爲郡王，宗室近親承襲皇室爵位則特旨封郡王、國公、郡公等。交阯初封幾全依例爲交阯郡王，而後進封爲南平王，死則追封南越王，直至宋孝宗封李天祚爲安南國王止。雍熙三年封黎桓爲京兆郡侯似乎較特別，以宋封爵制而言並無郡侯一級，或係以其篡丁朝自稱留後，故特置郡侯以示安撫之意。

　　在功臣號方面宋制有賜中書、樞密臣僚之推忠、佐理至保運、經邦等 11 句、22 字號，有賜皇親、文武官、外臣之推誠、保德至效順、順化等 19 句、38 字號，有賜諸班直、將士之拱衛、翊衛至男毅、肅衛等 10 句、20 字號，且初加字號之字數亦有規定，在「外臣」而言，初加爲四字，次加爲二字。〔註36〕丁璉初封時爲「推誠順化」四字，即取首一句、二字與尾一句、二字並爲

〔註36〕 參見《宋史・職官志》卷 169，頁 4062。並見王應麟，《玉海・官制》（上海：江蘇古籍，1990 年）卷 135，頁 2515。其中言：神宗後罷功臣號，紹興初後賜韓、張、劉三人功臣，此外，唯安南國王加功臣號。又《宋史》及《玉海》載賜皇親、外臣功臣號首列爲「推忠」，然《宋史》於校注 18 條中疑「忠」字當爲「誠」字之誤，見頁 4072。本文〈表〉據《宋史》、《宋會要》輯得之功臣號亦作「推誠」，故於此作「推誠」。

四字，黎桓初封時亦爲此四字，而後陸續加二字功臣號二次，故愈往後可能加賜之功臣號愈多。交阯於北宋時期功臣賜號最長者爲徽宗時之李乾德，爲12 句、24 字功臣號，然其中已出現原未在功臣號名稱者，南宋高宗初，追贈李乾德之功臣號全部爲 20 句、40 字，其中一半皆爲新增之名號，《宋史》功臣名號中亦皆未記載，此或與宋神宗時廢功臣號有關。〔註 37〕南宋時其交阯或安南國王仍依舊例，初封賜功臣號，以次續加其功臣號，然其名號除少數承北宋外，幾乎皆爲新制之名號；〔註 38〕南宋新制功臣號予安南，其意義則與北宋同。

在賜封食邑、食實封方面，宋制食邑由二百戶至萬戶，其間凡十四等級，每加食邑則由二百戶至千戶，共六等。食邑與爵配合，千戶以上始封侯。然爵與食邑爲虛榮，食實封則有少許月俸加給；實封一戶約折給廿五文，宋制食實封由百戶至千戶，分爲七等施行。〔註 39〕宋初丁璉來朝貢，受封食邑爲萬戶，其實食封亦同，爲最高之食封。黎桓奪權後遣使，宋則封三千戶，然未見食實，及後加封千戶，食實封四百戶，往後大體皆照此例，即加封千戶，食實即加四百戶，若加封七百戶，則食實加三百戶。交阯在南宋封安南國王前，依例由郡王增封至南平王，又累加功臣號，加食邑、食實等，其累計數額相當可觀，如李乾德總食邑達二萬五千戶，食實達九千八百戶，食實之金額爲月支 24500 文（245 貫），僅此部份即爲宋朝中級官員（正六品、朝議大夫）俸料錢（35 貫）之七倍，最高散官（從一品、使相或開府）俸料錢之二倍半。其他交阯各王之食邑與食實至少可知者如下表：

〔註 37〕 李乾德之功名號參見附錄〈表〉。徽宗所賜號中有「宣力」爲新增，「懷恭」或爲「協恭」之誤，又黎桓於咸平二年所加之「効忠」亦不見於《宋史・職官志》。李乾德死後宋高宗之追贈功臣號，其新增而不見於《宋史・職官》者，爲安信、謹度、承命、濟美、建勳、率義、敦禮、揭休等 8 句。

〔註 38〕 南宋新制之名號由〈表〉中可整理出者，除前註所列外，另有崇義、懷忠、保信、嚮德、安遠、承和、勤禮、歸仁、協和、繼美、導度、履正、彰善、守謙、秉信、守義、奉國、履常、懷德、思忠、勤禮、崇謙、安善等 23 句，若加前註 8 句，則共爲 31 句。

〔註 39〕 宋制食邑、食實封等，參見《宋史・職官》卷 170，頁 4076。另參見張希清等，《宋朝典制》（長春：吉林文史，1997 年），頁 95。龔延明，《宋代官制辭典》（北京：中華，1997 年），頁 27。

宋封交阯食邑食實表

王名	初封（戶）		加封（戶）		累計（戶）	
	食邑	食實封	食　邑	食實封	食邑	食實封
丁璉	10000	1000			10000	1000
黎桓	3000		1000、1000、1000、1000	500、400、400、400	7000	1700
黎龍廷	3000	1000	700、1000	300、400	4700	1700
李公蘊	3000	1000	1000、700、1000、1000、1000、1000、1000	400、300、400、400、400、400、400	9700	3700
李德政	不詳					
李日尊	10000	3800	1000	400	11000	4200
李乾德	不詳		1000、1000	400、400	25000	9800
李陽煥	3000	1000	1000	400	4000	1400
李天祚	3000	1000	1000、加……	400、加……	17000	6600
李龍翰	3000	1000	1000、加……	400、加……	16000	6200
陳日昊	3000	1000	不詳		不詳	
陳威晃	不詳					

　　丁璉為萬戶食實（250 貫），其父丁部領之食邑推測為萬戶，食實千戶（25 貫），黎桓之食邑為 7000 戶，食實為 1700 戶（42.5 貫），黎龍廷之食邑為 4700 戶，食實為 1700 戶（42.5 貫），李公蘊之食邑為 9700 戶、食實為 3700 戶（92.5 貫），李德政之食邑資料不詳，李日尊之食邑為 11000 戶，食實為 4200 戶（105 貫），李德乾之食邑為 25000 戶，食實為 9800 戶（245 貫），李陽煥之食邑為 4000 戶，食實為 1400 戶（35 貫），李天祚之食邑為 17000 戶，食實為 6600 戶（165 貫），李龍翰之食邑為 16000 戶，食實為 6200 戶（155 貫），以下二位安南國王則資料不詳。上述總計食邑與食實封之數字為累計之數。大體上初封皆為食邑 3000 戶、食實 1000 戶（25 貫），而後累加不一。李日尊繼位於仁宗至和二年（1055），未見始封資料，初見時已為神宗熙寧四年（1071），〔註40〕其間已過 17 年，故暫將初見其時食邑、食實記於初封；依例李日尊亦應如

其他交阯王同。加封之情形亦有其規例，即每加封則爲食邑 1000 戶，食實爲 400 戶（10 貫），亦即加封一次，約相當於宋朝縣的簿、尉（從九品）之俸料錢，但逐次加封其數亦相當可觀；雖然食邑、食實依制不能繼承，故須始封新計。

實際之利益尚不止此，散官階特進爲月支 90 貫俸料錢，開府儀同三司爲月支 100 貫錢，金紫光祿大夫爲月支 60 貫錢，節度使爲月支 400 貫錢，觀察使爲月支 200 貫錢，若將散官文、武並計或本兼並計，則月支之俸料錢即相當可觀，以節度使而言，即爲宋朝文武官員之最高俸額。此外，應尚有定額衣賜、公用錢等，如節度兼使相年給一、二萬貫，此頗合於交阯之定位，但未確知是否比照給發。其他於朝貢回賜之衣冠、甲馬、器幣、金銀帶、絹帛等等可見於附錄〈表〉中，其價值甚高，此即是傳統以來中國在朝貢制度中所需付之代價，亦是外蕃（國）前來朝貢之經濟利益。交阯來貢，宋則回賜，回賜錢往往超過其貢所值，如附錄〈表〉中，乾興元年（1022）交阯貢物計價 1682 貫，回賜爲 2000 貫，1700 貫則估價回賜，天聖六年（1028），交阯貢 3060 貫，回賜爲 4000 貫。此種回賜應爲慣例成規，故南宋高宗建炎四年（1130）載：「依自來體例計價，優與回賜」，紹興八年載「依例回賜」，淳熙四年載「計價優與回賜」等，可知凡貢方物，皆例有回賜，前舉乾興、天聖之例，俱見計價、回賜之具體情形大抵如此。然而在朝貢關係與外交禮節上，宋予交阯之回賜及收納貢物尚不止此。收納貢物自南宋高宗始常「免使人到闕」，建炎四年詔「所進方物，除華靡之物更不受，餘令界首交割，差人押赴行在回賜」，大體是南宋政權初立，戰亂之際不便受金銀珠寶華靡之物，其餘土產則押赴行在，並仍計價回賜，而其回賜係「令本路轉運提刑司於應管錢內取撥，依自來體例計價，優與回賜」，回賜錢責於地方監當首長應付，亦顯見「國難」時期之處置。此後於紹興八年（1138）、十四年（1144）、孝宗淳熙四年（1177）、五年、皆令「使人免赴闕」。由地方撥錢回賜則見於紹興時期，淳熙年間及其後則由廣南西路經略安撫司處理（孝宗初乾道元年已改爲廣西經略安撫轉運提刑司，是併經略安撫與轉運提刑爲一）。

宋納交阯之貢亦自南宋後有所變革，自建炎時即未全收納貢品，要「除華靡之物」，故孝宗淳熙三年詔收十分之一，四年及七年收十分之三、九年收十分之一、紹熙元年收十分之一，可見於孝宗初時始有此例，即收貢品

十分之一或十分之三爲率；其餘貢品之處理爲博買，即計價回賜。依宋制博買貢品屬市舶司之責，而市舶司本負有接待貢使與蕃商招徠之責，[註41]博買通常由地方市舶司或管內府司執行。北宋眞宗時即有博買貢品之擧，眞宗大中祥符二年（1009）詔「諸蕃貢物，並令估價酬如聞」，[註42]是對外國（藩）貢物之統一規定。九年依知廣州陳世卿建言，諸海外蕃國貢品，除撿選赴闕者外，餘納州帑估價聞奏，非貢品則收稅。另外，建議貢使人數，若有蕃客冒代者罪之，貿市雜物可免稅優待，私物則不在此例。[註43]可見北宋眞宗時已有對貢品、非貢品博買及貢使買貨購物之例。北宋中期神宗元豐元年（1078）詔熙河經略司，除赴闕貢品外，其餘貢品「依常進貢博買」，[註44]此雖是對于闐進貢時所下詔令，但仍合於對諸外國朝貢品之處理方式。南宋孝宗乾道三年（1167），福建市舶司言占城進貢品事，朝廷降敕書許貢物品十分之一，「餘依條例抽買，……左藏南庫聽旨回賜」，[註45]此皆可見宋朝對貢品赴闕、回賜、博買之情形。北宋眞宗時貢使市買之令例仍沿用於南宋，故乾道九年規定「及有所市買，並雙相交易，不得私便折博買賣」。由於使節團到中國朝貢，貢品赴闕則有回賜，回賜必超其所值，若由地方估價博買，可得貿易之利，朝貢之經濟利益於此可具體呈現。至於交阯對宋之貢品，見附錄〈表〉中所載，皆爲其地方特產及精細手工藝貴重物品，亦有馬、犀、象、異獸等動物及犀、象之角牙等珍貨，茲不贅述。

宋朝對交阯朝貢之回賜除計價折錢外，賜給之動物爲馬匹，餘亦皆爲精細手工藝貴重物品，但內容較爲複雜，大體爲衣著各類、器皿、鞍帶等，另有賜宴、羊、酒等。特殊情形下，另有所賜給，由附錄〈表〉中所載如下：1、加恩（加封），如眞宗天禧三年加恩，即遣使賜器幣、襲衣、金帶、鞍馬等。高宗紹興九年，「交阯郡王每遇大禮加恩，並依例給賜國信禮物」等。2、弔慰贈賜，如仁宗至和二年，李德政卒，遣弔贈使賜絹布、羊、麵、

〔註41〕關於宋代市舶司之建置與職責、功能等，參見石文濟〈宋代市舶司的設置〉、〈宋代市舶司的職權〉兩文，收於《宋史研究集》第五、第七輯（台北：中華叢書編審委員會，民國59年、63年），頁341～403，頁481～555。
〔註42〕參見註27書，頁7848。
〔註43〕參見註27書，頁7849。
〔註44〕參見註27書，頁7857。
〔註45〕參見註27書，頁7864。

酒、「賻賚甚厚」。高宗建炎四年，李乾德卒，亦遣弔祭使贈賜。紹興八年，李陽煥卒，亦如是。3、初封給賜，如孝宗淳熙四年，李龍翰嗣位，即有初封給賜禮物，衣帶、鞍馬等。嘉定八年，陳日昊嗣位，宋朝亦有初封禮物。除上述三種贈賜之外，尚有因交阯之請而賜物品，如真宗大中祥符三年，黎龍廷（至忠）上表求賜甲冑裝具，宋朝從其請而賜之。李公蘊遣使乞賜大藏經及御製八禮法書，宋從其請賜之。真宗景德四年，黎龍廷求賜九經及佛經一藏，宋仍從其請而賜之。天禧二年，李公蘊求賜道藏經，宋從其請賜之。哲宗紹聖二年，李乾德求賜釋典一大藏，宋亦印造賜之。然此前於神宗元豐五年時，宋曾賜李乾德大藏經，而於紹興時又復求賜藏經，宋仍印造賜之。

宋朝對交阯之封賜尚及於使節其人，如〈表〉中所列，始於太祖初年丁璉遣使，宋朝不止封賜丁璉，且以進奉使鄭琇、王紹祚並為檢校左散騎常侍兼御史大夫、上柱國，官、勳皆賜封。真宗景德三年別賜進奉使黎明提錢料。次年賜進奉使黎明昶官勳，並封京兆郡開國男、食邑三百戶，副使官、勳，尚書五品，賜金紫魚袋；蓋其時明昶為黎龍廷之弟，故封賜優厚。大中祥符四、五年，交阯進奉使、副亦皆封官、勳、賜紫金魚袋等。七年之使、副尚加封縣開國男之爵位。仁宗天聖九年，封進奉使、副為刺史，慶曆六、七年，進奉使、副則封為六、七品之官。景祐中及神宗熙寧二、六年之進奉使、副亦皆封官。英宗治平三年曾下詔「所有國信，依嘉祐四年進奉例支賜」，是則至少於仁宗時交阯之進奉使節人員皆有支賜之例。南宋高宗紹興廿六年，詳列出支賜使節各級官員之穿著、器物等，其中尚包括特賜之銀、絹，使、副加恩「依熙寧十年典故」各轉一官，朝見、朝辭皆有賜物等，可見北宋時典故仍沿用於南宋。進奉使節人員若不幸亡故，其所賜則附還其家，此見於北宋真宗大中祥符五年規定。南宋孝宗淳熙元年，賜封交阯為安南國，其進奉使、副皆轉一官，而使節人員身故者，依官階特賜孝贈 30 或 15 匹絹；此皆說明對道死於中國之安南節度官吏之照應。孝宗淳熙元年規定安南使副歸國回程，沿路批支、私覿、折送、貿易等銅錢、緣錢，「在法不許出界」，須依市價以銀兩或匹物折支，不得虧損；此可見宋朝不令銅錢出界之例。又徽宗大觀元年，朝貢使欲市買書籍，雖於法不許，但為「嘉其慕義」，除禁書、卜筮、陰陽、曆算、術數、兵書、敕令、時務、邊機、地理外，餘書可買，於此又見宋對外人買書之禁。

五、結　語

　　自《漢書・地理志》較詳細記載東南亞各國以來，而後諸史記載多未缺漏，足見自古以來中國與該地區往來頻繁，其中距離最近、往來不斷者厥為交阯之地。交阯自秦漢以來，內屬中國或成境外之地，亦是長期發展之結果，大體因中國國勢強弱而有其變化。晚唐藩鎮割據地方，邊區如交阯更為中央權力所不及，其與中央朝廷之關係，僅維持名義上屬於中國之地，實則形同獨立之政權。此情形延伸至五代時期，其與鄰近之南漢亦保持此種關係，而交阯之吳朝、丁朝建立，可視之為獨立建國之始。宋初丁朝遣使稱臣，宋朝廷依唐、五代之舊，仍視交阯之地為中國藩鎮，授以節度、都護、封爵、食邑等，並未視其為獨立之外國。宋朝無法收交阯於國土之內，即以朝貢關係維持名義上之君臣地位，交阯亦以「外臣內帝」為對宋之模式，及至南宋孝宗時始正式封其為安南國，待以藩屬外國。

　　宋代對安南之記載，除《宋史・交阯傳》專章之記載外，即為范成大《桂海虞衡志》，周去非《嶺外代答》，趙汝适《諸藩志》等。《宋史》與《宋會要》、《文獻通考》所記多重於政治、外交之關係與歷史發展，或有專章如〈朝貢〉言來貢之時間、貢品等，關於國情、風土等甚少言及，記述較多者仍以范、周、趙諸書為全。各書所載在於政軍制度、禮法規令、生活習俗、物產等，亦略及於道里行程、歷史沿革、朝貢情形等。各書不論其詳略如何仍嫌籠統，條理分類欠明，內容仍不夠詳盡豐富。

　　中國與外國（藩）之朝貢體制可表現部分之政治、外交、經貿關係。宋代與東南亞各國朝貢關係最為密切者為安南（交阯），一以地理接壤，二以安南戒懼強鄰宋朝之勢力；故平均二年餘安南即對宋朝貢一次。朝貢物品自為其地（國）之特產品，以香料（藥）、犀象角牙、綾絹、金銀器、象、馬等為主，宋朝則回賜器幣、衣帶、鞍馬、絹帛等貴物，往往皆超過其貢品所值，或計價折賜，若收納部份貢品，其餘則博買，形同貿易，顯見其朝貢之經濟利益。安南對宋朝為臣屬或外藩，宋有所封賜，封官職、勳、爵、食邑、功臣號等以示尊榮之意，即來貢之使節亦封官乃至於賜爵勳不等。所封官職等有其俸祿，所賜食實亦有其錢穀，往往又加恩封以優寵，故所得財利甚豐。朝貢對安南而言，藩臣為名義，財貨為實利，又可保境治民，何得不為？

附錄：宋代安南（交阯）朝貢封賜表

時　間	朝　貢　者	朝貢內容	封　賜	備　註
太祖 乾德三年	乾德初，丁部領號曰大勝王，署其子璉爲節度使。凡三年，遜位。璉立七年，聞嶺表平，遂遣使。	貢方物，上表內附。	制以權交州節度使丁璉以檢校太師充靜海軍節度管內觀察處置、安南都護、御史大夫、上柱國，封濟陰郡開國公，食邑一萬戶食實，賜推誠順化功臣。 詔以進奉使鄭琇、王紹祚並爲檢校左散騎常侍兼御史大夫、上柱國。（《會要》開寶六年）	5、6
開寶元年		（八月）來貢方物。		8
開寶六年	（四月）丁璉	貢方物。	以爲靜海節度、安南都護。聞嶺南平，懼而內附。	4
	（五月）交阯丁璉始遣使內附。		授以官爵。	
開寶八年	璉遣使。	貢犀、象、香藥，謝恩。	制授丁部領開府儀同三司、檢校太師、上柱國，封交阯郡王，食邑一萬實封一千戶。遣國信使鴻臚少卿高保緒賜封。	5、6
太宗 太平興國元年	太宗即位，璉遣使	以方物來賀。		5
太平興國二年	（十二月）璉遣使	貢方物，賀登極。		6、7、8
太平興國五年	黎桓遣牙校江巨湟、王紹祚	齎方物來貢，金銀器五百兩、通犀六株、連盤□物、犀牙四十株、象牙百株、絹萬疋。仍爲丁璿上表稱臣，修職貢。		5、6

太平興國七年	桓懼朝廷終行討滅，復以丁璿為名，遣使	貢方物，上表謝罪。		5
太平興國八年	桓自稱（權）交州三使留後，遣使軍將趙子愛等	貢方物，進奉通犀□五、牯犀二十九株、象牙百根、乳香二百斤、絹萬疋、孔雀尾百□，并以璿表來上。	帝賜桓詔，制授卿節旄。遣供奉官張宗權齎詔諭旨，亦賜璿詔書諭旨。（《會要》太平興國七年）	5、6
	（九月），桓又遣使	貢金酒器二十□具、犀角象牙各二十株。（《會要》太平興國七年）		6
雍熙二年	桓遣進奉使牙校張紹馮、阮伯簪等	賀乾明節，貢方物，金龜鶴銀爐、犀牙百株、絹萬疋，繼上表求正領節鎮。	賜使衣一襲、馬等。	5、6
雍熙三年	遣使牙將司馬常	獻金器一百兩、銀器五百十、株犀三十□。	制權知交州三使留後黎桓，金紫光祿大夫、檢校太保、使持節、都督交州諸軍事、安南都護，充靜海軍節度、交州管內觀察處置等使，上柱國、封京兆郡侯，食邑三千戶，仍賜號推誠順化功臣。命左補闕李若拙、國子博士李覺，充加恩官告國信使，遣使封賜。	5、6
端拱元年			（四月）黎桓進封開國公、檢校太尉，加食邑千戶，實封五百戶。命戶部郎中魏庠、虞部員外郎直史館李度，充官告國信使。	5、6
	（閏五月）黎桓遣使朝貢。			6、7

淳化元年			（正月）加桓特進，食邑一千戶，實封四百戶。遣使左正言直史館宋鎬、右正言直史館王世則。	5、6
	（十月）黎桓遣使都知兵馬使阮伯簪等來	貢寶裝龍鳳□倚子一間、金裝玳瑁檐十二、紅羅繡龍鳳傘一間、金裝玳瑁柄犀三十株、象牙四十株、絹萬疋、紬布各□千疋。		6、7
淳化四年			進封桓交阯郡王。命度支則順、□官國子博士王則順、殿中丞御書院祗候李居簡，充官告國信使。	1、5、6
淳化五年	桓遣牙校費崇德等來修職貢。			1
至道二年			命工部員外郎、直史館陳堯叟，充廣南轉運使，賜桓詔書。堯叟遣攝海康尉李建中齎往。（《會要》至道元年）	5、6
			太宗遣主客郎中、直昭文館李若拙齎詔書，充國信使，以美玉帶往賜桓。（《會要》至道元年）	5、6
至道三年			（四月）進封桓南平王兼侍中。	5、6
	（九月）桓遣都知兵馬使阮紹恭、副使趙懷德	貢金銀七寶裝交椅一、銀盆十、犀角象牙五十枚、絹紬布萬疋。	賜桓帶甲馬，詔書慰獎。	5、6
咸平元年		貢馴象四。		6
咸平二年			（十二月）制加黎桓效忠功臣，食邑一千戶，實封四百戶。	6

咸平四年	桓遣行軍司馬黎紹、副使何慶常。（《會要》成平二年）	貢馴犀一、象二、七寶裝金瓶一，謝加恩。	黎紹、何慶常各進象牙二。	5、6
		黎紹、何慶常各進象牙二。	優賜	6
咸平五年			制加黎桓保節功臣，食邑一千戶，實封四百戶。	6
景德元年	桓遣其子攝驩州刺史明提來貢		懇求加恩使至本道慰撫遐裔，許之。以明提爲金紫光祿大夫、檢校太保、驩州刺史、上柱國、京兆縣開國男，食邑三百戶。	5、6
景德二年			上元節，賜交州進奉使黎明提錢，令與占城、大食使觀燈宴飲。 從其請，賜黎桓印本藏經，令進奉使賷還本道。 遣工部員外郎邵曄，充交州安撫國信使。	5、6
景德三年			（三月）詔廣州，別賜交州進奉使黎明提筆錢十五□十斛，續給館劵。	6
	桓卒，龍廷自稱靜海軍節度觀察處置等使、檢校太尉、開明王，遂欲修貢。		諭令，削去僞官，方得入貢。	5、6
景德四年	龍廷稱權安南靜海軍留後，遣弟峰州刺史明昶、副使安南掌書記殿中丞黃成雅等來貢。	、	龍廷表乞賜九經及佛經一藏，從之。 詔拜龍廷特進、檢校太尉，充靜海軍節度觀察處置等使、安南都護，兼御史大夫、	1、4、5、6

			上柱國，封交阯郡王。賜推誠順化功臣，賜名至忠，給以旌節，食邑三千戶，食實封一千戶。贈故黎桓中書令，追封南越王，賜介帛、羊、酒爲之賻禮。進封使黎明昶爲金紫光祿大夫、檢校司空、使持節、峰州諸軍事、峰州刺史、兼御史大夫、上柱國、京兆郡開國男，食邑三百戶。副使黃成雅爲中丞、知安南支使、騎都尉，升尙書省五品之次，賜紫金魚袋。	
大中祥符元年			天書降，加至忠翊戴功臣，食邑七百戶，實封三百戶。東封畢，加至忠依前檢校太尉、同中書門下平章事，加食邑一千戶，食實封四百戶。散官勳如故。	1、5、6
大中祥符二年	至忠遣推官阮守疆	貢馴犀一、犀角二十、象齒四十、金銀器、紋綾等。	上以犀違土性，不可豢畜，卻不納。又以逆至忠意，使者既去，乃令縱之海澨。	5、6
大中祥符三年	遣使來朝		至忠表求賜甲冑具裝，詔從其請。 （《會要》大中祥符二年） 又求互市于邕州，詔令本道以舊制諭之。	5、6
	大校李公蘊，自稱留後，遣使貢奉。		遂用桓故事，制授權靜海軍留後李公蘊，特進、檢校太傅、安南都護、靜海軍節度觀察處置等	1、5、6

			使，兼御史大夫、上柱國，封交阯郡王，食邑三千戶，食實封一千戶，特賜推誠順化功臣。賜襲衣、金銀帶、器幣。	
	公蘊遣使表乞，賜大藏經及御制八禮法書。太宗御書		詔賜其請，賜太宗御製御書一百卷軸及降詔書，示諭。	5、6
大中祥符四年	公蘊遣節度判官梁任文、觀察巡官黎再嚴。 （《會要》大中祥符三年）	貢方物，賀親祀汾陰后土。	（正月）安南進奉使梁任文為朝奉大夫、殿中丞，充安南靜海軍節度判官、上騎都尉，賜紫金魚袋。副使黎再嚴為朝散大夫、大理寺丞，充安南靜海軍節度推官、飛騎尉，賜紫金魚袋。 （五月）汾陰恩，制加公蘊同中書門下平章事，食邑一千戶，食實封四百戶。又以梁任文為國子博士，黎再嚴為太子中舍人。	1、5、6
大中祥符五年	（四月）公蘊遣使，進奉使演州刺史李仁美、□□刺史陶慶文。	貢犀角三十柱、□□羅等。	進奉使李仁美為檢校□□、誠州刺史，陶慶文為朝奉大夫、太常丞，其從隸有道病死者，所賜附還其家。	5、6
			（十一月）聖祖降，加公蘊開府儀同三司，食邑七百戶，實封三百戶，賜翊戴功臣。賜器幣、鞍馬，遣使賚至境上，召公蘊子弟付之。	5、6

大中祥符七年			（二月）奉使制加公蘊保節守正功臣，食邑一千戶，實封四百戶。	5、6
	（七月）公蘊遣節度支使馮振、左都押衙李皋詣闕	貢馬六十疋，獻捷。	召見崇德殿，賜冠帶、器幣、馬有差。	6
	（八月）公蘊遣使知唐州刺史陶碩、副使節度副使吳懷嗣	入貢方物。	詔陶碩爲金紫光祿大夫、檢校司徒、使持節順州諸軍事、順州刺史，兼御史大夫、上柱國，充安南靜海軍節度行軍司馬，封德化縣開國男，食邑三百戶；吳懷嗣爲銀青光祿大夫□□司空、使持節澄州諸軍事、澄州刺史，兼御史大夫、上柱國，充安南靜海軍節度副使，封京兆縣開國男，食邑三百戶。	5、6
	公蘊或間歲或仍歲	以方物入貢。		5
大中祥符八年		貢方物。		7
天禧元年			進封公蘊爲南平王，加食邑一千戶，實封四百戶。	5、6
天禧二年			從其請，賜公蘊道藏經。	6
天禧三年	公蘊遣弟鶴	貢犀角、象齒泊方物。	加公蘊檢校太尉，食邑一千戶，實封四百戶。每加恩皆遣使將命至其境上，仍賜器幣、襲衣、金帶、鞍馬焉。	5、6

乾興元年			（四月）加公蘊檢校太師。	5、6
	（四月）公蘊遣進奉長州刺史李寬泰、都護副使阮守疆。	貢方物。		5、6
	（七月）交州進奉使李寬泰等各進貢方物。	白鍍紫礦、玳瑁瓶香等，賈人計價，錢千六百八十二貫。 又廣州納干桂心皮五千三百斤，價錢千七百貫文。	詔回賜錢二千貫，以優其直，示懷遠。 詔依估價回賜。	6
天聖二年			制加公蘊食邑一千戶，實封四百戶，賜忠亮功臣。	6
天聖五年			制加公蘊食邑千戶，實封四百戶，賜宣德功臣。	6
天聖六年	交州進奉人使	約賣香藥，價錢三千六十貫。	詔回賜錢四千貫。	6
	遣驩州刺史李公顯來貢		除敘州刺史	5、6
	其子德政自稱權知留後事，來告哀。 （《宋史。本紀》、《會要》天聖七年）		贈公蘊為侍中、追封南越王，命本路轉運使王惟正為祭奠使，又為賜官告使。除德政檢校太尉、靜海軍節度使、安南都護、交阯郡王。（《會要》天聖七年，詔遣廣南西路轉運使張頻為弔贈使。）	1、5、6
天聖八年			交阯郡王李德政並加賜功臣。	1
天聖九年	遣知峰州刺史李偓佺、知愛州刺史帥日新等來謝。		以偓佺為驩州刺史。日新為珍州刺史。	5

明道元年			恭謝，加同中書門下平章事。	5
景祐元年	李德政	獻方物及象二。		
景祐中	尋遣靜海軍節度判官陳應機、掌書記王惟慶來貢。		以應機爲太子中允、惟慶爲大理寺丞，德政加檢校太師。	5
寶元元年			進封南平王。	5
康定元年	遣知峰州刺史帥用和、節度副使杜猶興等來貢。			5
慶曆三年	又遣節度副使杜慶安、三班奉職梁材來。	交阯獻馴象五。	以慶安爲順州刺史、材爲太子左監門率府率。	1、5
慶曆六年	又遣兵部員外郎蘇仁祚、東頭供奉官陶惟來。		以仁祚爲工部郎中、惟爲內殿崇班。	5
	（十一月）交阯李德政遣其陪臣	獻馴象。（《玉海》十二月，獻象十。）	特令召見，賜紫袍、塗金帶，每野次，置酒勞從官，許預坐。	6、7
慶曆七年	又遣秘書丞杜文府、左侍禁文昌來。		以文府爲屯田員外郎、昌爲內殿崇班。	5
至和二年	德政前後累貢馴象，至和二年，卒。其子日尊遣人告哀	進奉遺留物及獻馴象十。	命廣南西路轉運使、尚書屯田員外郎蘇安世爲弔贈使，贈德政爲侍中、南越王。賜絹布各五百匹、羊五十口、麵五十碩、酒五十缾，賻賫甚厚。尋除日尊特進、檢校太尉、靜海軍節度使、安南都護，封交阯郡王。	5、6
嘉祐三年		貢異獸二	交阯貢麒麟，詔止稱異獸。初，本國稱貢騏驎，狀如牛身，被肉甲，鼻端有角，食生芻果，必先以杖擊	1、2、5、6

			其角，然後食。既至，而樞密使田況辨其非麟，詔止稱異獸。	
嘉祐五年	聽日尊貢奉至京師			5
嘉祐七年	聽交阯貢奉至京師			6
嘉祐八年	遣文思使梅景先、副使大理評事李繼先	貢馴象九。		1、5、6
			以大行皇帝詔及遺留物賜日尊，加同中書門下平章事。	5
治平三年			詔交阯郡王李日尊，差人進奉到闕，所有國信，依嘉祐四年進奉例支賜。	6
治平四年			（正月）賜交阯郡王李日尊衣一對、金腰帶一條、銀匣盛銀器二百兩、絹三百疋、馬二疋、金鍍銀鞦轡一副、纓複。 神宗即位，進封日尊南平王。	1、5、6
熙寧元年	交阯郡王李日尊上表，以進奉綱運，乞指揮水陸二路州軍，依舊例接待綱運。		詔日尊所言，進奉綱運司從使於水陸路前來赴闕，及指揮各處經過州軍，依舊例接待。 加開府儀同三司。	5、6
熙寧二年	（二月）南平王李日尊上表，占城國久闕貢，臣親帥兵討之，虜其王。	貢方物。	（九月）初朝貢特推恩，詔交州進奉使崇儀副使郭士安，特除六宅副使；東頭供奉官陶宗元，授內殿崇班。	5、6、8

熙寧三年	廣南西路經略司言：交阯使人李繼元上京進奉，令其兵丁劫掠省地。乞候送還所劫人口等，乃許進奉。		詔如交阯差人進奉到來依例，引伴赴闕。	1、6
熙寧四年			制推誠保節同德守正順化翊戴功臣、靜海軍節度觀察處置等使、開府儀同三司、檢校太尉、同中書門下平章事、安南都護、上柱國、南平王，食邑一萬戶，食封三千八百戶。李日尊加食邑一千戶，實食封四百戶，賜推誠忠亮保節同德守正順化翊戴功臣。	6
熙寧五年			熙寧二年，日尊自帝其國，國號大越。五年三月，日尊卒。命廣西轉運使康衛為弔贈使。	5、6
		貢象。		7
			予所奪州縣。詔今遣使修貢，廣源等賜交州。（《會要》元豐二年）。	5、6
熙寧六年		貢方物。	制交阯李乾德為靜海軍節度觀察處置等使、安南都護、交阯郡王，賜衣帶、銀器。	1、6、8
			交州進奉李懷素，加西京左藏庫；副使殷延壽，加內殿崇班，並從舊制。	

熙寧十年	乾德上表，乞修貢如初。		賜交阯郡王李乾德，詔願依舊入貢并奏謝，所請自今依入貢。	6
元豐元年	（正月）交阯郡王李乾德上表，伏蒙賜詔臣所請，自今復貢職，臣已奉詔，遣人獻方物，乞賜還廣源等州縣。（閏正月）聞交阯入貢使人，發遣赴闕。		詔候進奉人到闕，別降疆事處分。（五月）上批交人進奉赴闕。	6
	（九月）交阯	貢方物。		1、6
元豐二年			交阯歸所略二百二十一人，詔納之。廢順州以其地界交阯。	1、6
元豐三年			詔靜海軍節度使、安南都護、交阯郡王李乾德，以明堂禮成，加食邑實封。	6
元豐四年	（六月）交阯郡王李乾德上表，昨遣使人陶宗元等朝貢，遣禮賓副將使梁用律、著作郎阮文陪等水路入貢，乞降朝旨依舊進奉。		（七月）詔交人如欲水路赴闕，令須依舊行水道。（八月）交阯入貢百五十六人，舊制增五十六人。上批宜令據今已到人數赴闕。	6
元豐五年	交阯郡王李乾德	獻馴象二、犀角象齒百。（《會要》元豐五年，獻犀□、象齒各五十。《玉海》元豐五年六月，乾德貢犀二。）	詔賜交阯郡王李乾德釋典一大藏，所有示諭詔書□寫進納。	1、5、6、8
元豐六年	遣其臣黎文盛來廣西辦理順安、歸化境界。		經略使熊本遣左江巡檢成卓與議，文盛稱陪臣，不敢爭執。	1、5

			詔以文盛能遵乾德恭順之意，賜之袍帶及絹五百匹。 仍以八隘之外保樂六縣、宿桑二峒予乾德。（《宋史。本紀》元豐七年）	
元豐八年			加同中書門下平章事。	5
元祐二年	遣使入貢		進封南平王	1、5
元祐六年	交阯入貢		賜錦袍、束帶。	1、7
紹聖二年	交阯入貢			1
□□二年			交州南平王李乾德乞釋典一大藏，詔印經院印造賜之。	6
徽宗大觀元年			詔靜海軍節度觀察處置等使、開府儀同三司、檢校太師、同中書門下平章事、安南都護、上柱國、南平王李乾德，加食邑一千戶，食實封四百戶，賜推誠佐運保節忠亮同德崇仁宣力守正順化懷恭贊治翊戴功臣，勳封如故。 貢使至京乞市書籍，有司言法不許，詔嘉其慕義，除禁書、卜筮、陰陽、曆算、術數、兵書、敕令、時務、邊機、地理外，餘書許買。	5、6
政和元年	交州遣使入貢。			6
政和五年	交州入貢。		交州入貢，邕管遵用新禮，致陶信厚等不	6

			肯就位，可取會自邕至南京舊儀詳定以聞。詔今後交州進奉人經過州軍知州，更不授禮。	
重和元年			詔以交人自熙寧以來，全不生事，特寬和市之禁。	5、6
宣和元年			制南平王李乾德爲檢校太師、守司空、同中書門下平章事、安南都護，充靜海軍節度觀察處置等使、南平王。	5、6
高宗建炎四年	廣南西路經略安撫司言，安南都護府牒見，備方物綱運，取今秋上京進奉		詔令本司婉順說諭，爲遣事未寧免使人到闕，所進方物，除華靡之物更不受，餘令界首交割，差人押赴行在回賜。令本路轉運提刑司於應管錢內取撥，依自來體例計價，優與回賜。具方物名件并章表，入急遞投進候到，令學士院降敕書回答。南平王薨，差廣南西路轉運副使尹東□充弔祭使，賜絹布各五百匹，羊、酒、寓錢、寓綵、寓金銀等，就欽州授其國迎接人，制贈侍中，進封南越王，封其子爲交阯郡王，遇大禮，並加恩如占城國王。	3、5、6
紹興二年			乾德卒。制推誠佐運保節忠亮同德崇仁宣力守正順化懷恭贊治安信謹度承命	5、6

				濟美建勳率義敦禮揭休翊戴功臣、靜海軍節度觀察處置等使、開府儀同三司、檢校太師、守司空同中書門下平章事、安南都護、上柱國、南平王，食邑二萬五千戶，食實封九千八百戶，贈侍中，追封南越王。子陽煥嗣，授靜海軍節度觀察處置等使、特進、檢校太尉，兼御史大夫、安南都護、上柱國，封交阯郡王，食邑三千戶，食實封一千戶，特賜推誠順化功臣。	
紹興五年				加陽煥保節功臣，食邑一千戶，食實封四百戶。	6
紹興八年				詔安南進奉，令廣西經略安撫司說諭，免使人到闕，所有綱運，除華靡之物，更收受，餘令界首交割，差人押赴行在回賜。令本路轉運提刑司於應管錢內取撥，依例回賜。所有綱運名件并章表，入急遞投進候到，令學士院降敕書，諭其子天祚。 陽煥卒，差轉運副使朱芾充弔祭使，賜絹布各五百匹、羊五十口、麵伍十碩、酒五十瓶、紙五十束、冥錢五十辮、冥綵五十束、冥金銀五十雙。	5、6

			制賜贈陽煥開府儀同三司，追封南平王。制交阯郡王李陽煥男天祚，授靜海軍節度觀察處置等使、特進、檢校太尉，兼御史大夫、安南都護、上柱國，特封交阯郡王，食邑三千戶，食實封一千戶，賜推誠順化功臣。	
紹興十年			制加天祚崇義功臣，加食邑一千戶，食實封四百戶。	6
紹興十三年			制加天祚懷忠功臣，加食邑食實封。	6
紹興十四年	廣南西路安撫使司言，安南靜海軍牒，今兵戈已息，乞進奉詣行在所稱賀。	（六月）天祚貢方物。	本司契勘安南進奉，昨蒙朝廷指揮，免人使到闕，其所貢方物，只就界首交割，令本路轉運提刑司應付回賜。詔依所例施行，優與回答。加天祚保信功臣，加食邑食實封。	6、7
紹興十七年	廣南西路經略安撫司言，安南靜海軍牒，欲差正副使等部，押章表方物，詣行在所稱賀。	（九月）天祚貢方物。	詔令本路經略司，依紹興十四年已降指揮，優與回答。（十一月）詔加天祚嚮德功臣，加食邑食實封。（十二月）宰執言，交阯郡王李天祚，大禮加恩例，賜鞍馬等。上宣諭曰：給賜外國鞍轡，以示懷遠之意，令文思院如法製造，以賜天祚。	5、6、7
紹興二十年	交阯	貢馴象十。		6

紹興 二十一年			制加天祚安遠功臣，加食邑食實封。累加天祚崇義懷忠保信嚮德安遠承和功臣。	5、6
紹興 二十五年	（六月）禮部言，安南遣使進奉，許令赴闕。		今檢會典故，驛令以懷遠驛爲名，回賜例物，按定名件敕目宣賜。押伴官二員，乞令客省頒押。朝廷差官，所進方物表章，開諭□降詔回答，進奉物乞計價回賜。其人使在驛進大禮陪位稱賀，并專寫行表，四方館差丞受引押起居，從之。 （七月）進貢加恩，加天祚食邑食實封，進封南平王，賜衣一襲、大□、金花銀器二百兩、御仙花金腰帶一條、銀匣盛衣著二百匹、鞍轡一副、馬二疋。 （八月）禮部言，檢會元豐六年于闐國進奉人使赴闕，詔於起發前一日，就驛賜御筵。今來交阯入貢，欲依上件體例，於起發前一日，就驛賜御筵，從之。	5、6
紹興 二十六年			（二月）詔令優厚整肅，安南入貢使副所至州軍館舍飲食體例。 （三月）詔安南賀昇平綱常貢綱，每綱各許五十人到闕。 其朝見支賜件數，內	6

			使□改作履一十五兩、銀腰帶改賜金衣著五十匹、銀器三十兩、鞍轡，令造銀間鍍簇三、銀作子監綱絹一十匹、內錢五千，改作銀器五兩，並依占城判官例，賜一十兩金花銀腰帶、絹寬汗衫、小綾夾襪頭、褲襆頭、絲鞋。孔目官、防援官、行首都衙、常押衙，各絹七匹、內錢二千改作銀器五兩、絹汗衫、絹勒帛、絹夾襪頭、褲襆頭、麻鞋。 通引官、行首通引官、知客衙官、行首看詳公人各特賜絹汗衫、絹勒帛、絹夾襪頭、褲襆頭、麻鞋、絹五匹。其使副朝辭，並依占城使副已賜例；官、行首都衙、常押衙，並依防援官例。 其通引官、行首通引官、知客衙官、行首看詳公人，各特賜銀五兩、絹三匹。 （六月）將來安南人使到闕，其國王封爵、使副加恩、并回答禮物外，別有賜子等事，檢准天禧三年、乾興元年，交阯李公蘊貢方物加恩，今來李天祚見係推誠順化崇義懷忠保信嚮德安遠承和

功臣、靜海軍節度觀察處置等使、特進、檢校太尉、兼御史大夫、安南都護、上柱國、南平王，食邑一萬戶，食實封三千八百戶，合依公蘊典故，加檢校太師，食邑一千戶，食實封四百戶，更加功臣二字。

其合行給賜禮物：紫羅夾公服、熟白小綾勒帛、大綾夾褲、紅羅繡花夾抱肚三、襠金花銀二百兩、御仙花金腰帶一條，重二十五兩、五兩、銀匣盛衣著二百匹、鞍十轡一副、馬二疋。

其使副加恩依熙寧十年典故，各轉一官，并進奉物色候，見數計價回答。詔並依給賜禮，令有司製造。

（七月）詔加天祚食邑一千戶，食實封四百戶，加敦禮功臣。交阯進奉人見辭例物，朝見十五兩金帶一條、衣著五十匹、銀器三十兩；朝辭銀器五十兩、衣著三十匹。

今來遣使進貢賀昇平，與常貢事體不同，只止有正使一員見辭例物，理宜分別。詔朝見，金帶增作二十兩、銀器增作五十兩、衣著依舊；

			朝辭，衣著增作五十匹、銀器依舊。	
	（八月二十一日）交阯國王天祚遣太平州刺史李國、右武大夫李義、武翼郎郭應王	進貢金器一千一百三十六兩、眞珠百顆、沉香等一千斤、翠毛五百隻、盤龍等雜物綾絹五十匹、馬十、馴象九，賀昇平。（《玉海》二十六年八月，獻黃金器、明珠、沉香、翠羽、綾絹、馬十、象九。《宋史。五行志》紹興二十七年，交阯貢翠羽數百。）	（八月十一日）詔安南進宴人使到闕，除令賜宴設外，更於玉津園特賜一宴，差右司郎汪應辰充押宴官。 （八月二十六日）貢方物加恩，制加天祚檢校太師。加食邑一千戶，食實封四百戶，加歸仁功臣。 （九月）詔安南人使回程，差元押伴官伴送前去，令沿遣漕臣行下逐州軍，依來程應副，不得減裂。	2、5、6、7
紹興 二十九年			（三月）制加天祚食邑一千戶，食實封四百戶，加協恭功臣。 （四月）兵部言，交阯郡王每遇大禮加恩，並依例給賜國信禮物，寬衣一對二十五兩、金帶一條五十兩、銀匣盛細衣著一百匹、馬二匹、金花銀器二百兩、衣著一百匹、金鍍銀鞍轡，複全。詔依例給賜，令文思院如法製造，仍下廣南西路經略安撫司，一面應副馬二足給賜施行。	6
紹興 三十一年		安南獻馴象。	帝曰：蠻夷貢方物乃其職，但朕不欲以異獸勞遠人。其令帥臣告諭，自今不必以馴象入貢。	3

紹興 三十二年			制李天祚加食邑一千戶，食實封四百戶。加繼美功臣。	6
隆興二年	李天祚遣尹子思、鄧碩儼等	貢金器百兩、銀器百五十兩、象牙三十枝、熟香五百斤、箋香千斤。		1、5、6
乾道元年			（三月）廣西經略安撫轉運提刑司言，奉指回答安南方物價錢八千緡，檢照紹興二十五年，李天祚進貢不曾回賜，從之。 （六月）制天祚加食邑一千戶，食實封四百戶，加導度功臣。	6
乾道四年			制李天祚加食邑一千戶，食實封四百戶，加履正功臣。	6
乾道六年			制李天祚加食邑一千戶，食實封四百戶，加彰善功臣。	5、6
乾道九年	（六月）天祚復遣尹子思、李邦正。	貢沉水香等二千斤、馴熟牡象十八頭等方物，賀登極。	（十月）樞密院言，交阯差中衛大夫尹子思管押賀登極，及差承議郎李邦正等，管押進奉大禮綱，赴闕所有押伴官，并起發前一日，就驛賜御筵，押宴官依例合差內侍，從之。 （十一月）點檢閤門簿書公事趙友仁等言，被旨充交阯進奉大禮綱押伴官，今依體例條具，交阯使副等，如有押伴私覿乞令臨安府差市，令司看估價值回答，物帛臨時市買應副，送到	5、6

			私覿物色繳進。交阯使副如陳乞寺院燒香及觀者，臨時取旨。交阯使副自到驛至起發，遇有請覓物色，令監驛使臣審實約度應副，及有所市買，並兩相交易，不得私便折博買賣，從之。	
	（十二月）安南差使副尹子思等	進貢方物	到靜江府，依紹興二十六年例，差借兵級七十五人，及差防護兵級五十三人，往逐州交替，從之。	1、6
淳熙元年			（正月）引見安南赴闕，進方物綱運使，并押進奉大禮象綱使副。賜宴玉津園。	1、5、6
			（二月）詔安南入貢禮意可嘉，特賜安南國名，制南平王李天祚，特授依前官，封安南國王，加食邑一千戶，食實封四百戶。加守謙功臣。依大禮加恩例，給賜國信禮物，寬衣一對、金帶一條、銀匣盛細衣著一百匹、馬二匹、金花銀器二百兩、衣著一百匹、金鍍銀鞍轡複。	
			從禮兵部請，安南遣方物綱進奉人員，安南中衛大夫充赴闕進方物綱運使尹子思、進奉大禮象綱人員一員、安南承議郎充管押進奉大禮象綱使李邦正一員、安南忠翊郎充管押進	

			奉大禮象綱副使阮文獻，於見今官，上擬轉一官。詔安南進奉人，遇有監綱、書狀身故，特賜孝贈絹三十匹；都衙、通引以下身故，各特賜孝贈絹一十五匹，戶部支給。其逐人見辭分物，令祇候庫特與給賜。 （三月）詔安南使副回程，有沿路批支私覿折送貿易等銅錢、緣錢在法不許出界，令廣西經略安撫司，將安南使副應隨行見錢，並依市價，以銀兩或匹物折支，不得虧損。	
淳熙二年			安南國請印，乞以安南國王之印，六字爲文。詔依賜曆日禮例，令學士院修撰敕書封題給賜。 （《宋史。禮志》淳熙元年，賜安南國印，銅鑄，塗以金。）	3、4、5、6
淳熙三年	（六月）經略司言，安南國牒，蒙朝廷給降下安南國王牌印一複，并敕書一匣，並黃絹封表、御寶全。本國見已排備進謝章表、方物綱運，欲依例差人管押赴行在投進。		詔本司將入貢之物，以十分爲率，止受一分，就界交割，優與回賜。章表先次入遞前來候到，令學士院降敕書回答。 （八月）宰執奏：賜安南國曆日合降敕書，緣李天祚薨，其子未有封爵，欲作賜安南國王嗣子龍（榦、翰）敕書，從之。	5、6

淳熙四年	（正月）廣南西路經略安撫司言，安南國差朝散郎李邦正、忠翊朗閣門祇候阮公亮等管押遣進章表。		章表方物綱運，依紹興八年，前來欽州交割（方物二十兩、章表銀匣一副五十兩、金廝羅三面，共一百五十兩、銀廝羅一十三面，都共六百五十兩、象牙七十株，都共一千六觔、犀角三十座，都共三十五觔二兩。）本司已牒欽州，依自來體例，如法管待犒設發遣回本國。仍先次將章表專差人齎來本司，以況齎赴行在投進。其方物赴本司經撫庫寄納候到，計價優與回賜。續差人管押赴朝廷送納，從之。	6
	（正月）廣南西路經略安撫司言，安南國稱奉回降指揮，將入貢之物，以十分為率，止受一分，就界首交割，乞依例盡數差官管押赴行在投進。		詔廣西經略安撫司，以十分為率，收受三分。	6
			（三月）子龍（幹、翰）嗣位，授靜海軍節度觀察處置等使、特進、檢校太尉兼御史大夫、上柱國，特封安南國王。食邑三千戶，食實封一千戶。賜推誠順化功臣。賜物依紹興八年例，製造給賜。初封給賜禮物，衣帶、	5、6

			鞍馬等學士院封題，請寶降敕書交付所差使臣。寬衣一襲、紫潤羅夾公服一領、小綾寬汗衫一領、勒帛一條、熟白線綾寬夾褲一腰、紅羅軟繡夾三、襠一條、抱肚一條，三十五兩、御仙花金腰帶一條，一百兩、金花銀沙鑼二面，五十兩、銀腰帶匣一具、細衣著一百匹、盛告匣銀間金鍍銀□用銀一十二兩、金一錢三分、鎖鑰紅絲條全白絹面子一箇、槐黃絹夾複一條、鞍轡，金銀鍍作子一副，係一百兩料、金鍍平鈒花□尾一具，係二十五兩料、金鍍銀紅毛纓，五兩料、紫羅繡大小□面□一枚、乾紅地織成戲獸夾鞍複一條、渾銀裹鈑胎□□一副、打角夾絹黃複一條。舊來遇封拜交阯郡王，依格合賜四尺五寸以上馬二疋。廣南西路見係買馬去處，乞下經略安撫司一面排辦，同所賜物色前去給賜，從戶兵部申乞施行。	
淳熙五年		貢方物，上表稱謝。	詔使人免到闕，餘依淳熙三年六月一日已降指揮。	5、6
淳熙六年			加李龍（幹、翰）食邑一千戶，食實封四	6

			百戶。加秉信功臣，散官勳如故。	
淳熙七年		（五月）進謝表、方物。	詔收受三分外，所有章表續行投進。	6
		（十二月）謝賜國名牌印及謝襲封章表禮物。謝賜國名牌印綱，金廝鑼五面，共重二百五十兩、雜色綾紗絹五十四、沉香二十斤、熟香一千斤、箋香一千斤。謝襲封綱，迆鑼五面，共重二百五十兩、銀廝鑼二十面，共重一千兩。	令赴左藏庫送納，廣南西路安撫司以章表二函用黃羅絹護封，差人先齎赴行在投進外，方物送經撫庫寄放，喚集牙人估直紐計數目一。	6
淳熙九年			加食邑同，加守義功臣。	6
	（閏十一月）廣西經略安撫司言，安南國已排辦章表方物，稱以今多發使，赴行在投進。		上曰，象乃無用之物，經由道路，重擾吾民，不受。其入貢之物，以十分爲率，止受一分，就界上交割，厚與回賜。章表令入遞來，降敕書回答。	5、6
淳熙十二年			加食邑同，加奉國功臣。	6
淳熙十五年			加食邑同，加履常功臣。	6
淳熙十六年			詔推誠順化秉信守義奉國履常功臣、靜海軍節度觀察處置等使、特進、檢校太尉兼御史大夫、上柱國、安南國王。食邑七千戶，食實封二千六百戶。李龍（幹、翰）可依前特進、檢	5、6

			校太尉，充靜海軍節度使觀察處置等使、兼御史大夫、安南國王。加食邑一千戶，食實封四百戶。加懷德功臣，散官勳如故。	
紹熙元年	廣西經略司言，安南國修章表備□，宜賀今上皇帝登極，差官詣承平察。		詔入貢物，以十分爲率，止受一分，就界首交割。	5、6
紹熙二年			（五月）本司言，檢準舊例，紹興中壽皇登極，南平加恩，故隆興二年，彼國貢獻進謝物，朝廷盡行收受，今若來受十一之數，卻恐本國致疑。禮部勘當乞下本司，照應隆興體例，全行收受。從乾道元年三月十七日指揮，更不回賜，從之。 （十二月）詔靜海軍節度使觀察處置等使、特進、檢校太尉兼御史大夫、上柱國、安南國王。食邑八千戶，食實封三千戶。李龍（幹、翰）可依前特進、檢校太尉，充靜海軍節度觀察處置等使、兼御史大夫、安南國王。加食邑一千戶，食實封四百戶。加謹度功臣，散官勳如故。	6
紹熙五年			（九月）詔給賜安南國王李龍（幹、翰），寬衣一對、金帶一	6

			條、金花銀器二百兩、衣著一百匹、細衣著一百匹、馬二疋、金鍍銀鞍轡一副，以該過登極加恩依例給賜。 （十一月）登極加恩，詔推誠順化秉信守義奉國履常懷德謹度功臣、靜海軍節度觀察處置等使、特進、檢校太尉兼御史大夫、上柱國、安南國王。食邑九千戶，食實封三千四百戶。李龍（幹、翰）充靜海軍節度使觀察處置等使、兼御史大夫、安南國王。加食邑一千戶，食實封四百戶。加思忠功臣，散官勳如故。 明堂，加食邑同，加濟美功臣。	
慶元三年			加食邑同，加勤禮功臣。	6
慶元六年			加食邑同，加保節功臣。	6
嘉泰三年			加食邑同，加歸仁功臣。	6
開禧二年			加食邑同，加崇謙功臣。	6
嘉定二年			加食邑同，加功協恭臣。	5、6
寧宗 嘉定五年	廣西經略安撫司言，安南國牒，本國王李龍（幹、翰）於嘉定四年三月十三日薨謝。		詔差廣西運判陳孔碩充弔祭使，其弔祭儀□物，令本路轉運司照淳熙三年已加兩等支賜體例應副。詔推誠順化秉	5、6

			信守義奉國履常懷德謹度思忠濟美勤禮保節歸仁崇謙協恭功臣、靜海軍節度觀察處置等使、特進、檢校太尉兼御史大夫、上柱國、安南國王。食邑一萬六千戶，食實封六千二百戶。李龍（幹、翰）特贈侍中，依前安南國王餘如故。	
嘉定八年			詔安南國王李龍（幹、翰）男昊□，特授靜海軍節度觀察處置等使、特進、檢校太尉兼御史大夫、上柱國，特封安南國王，食邑三千戶，食實封一千戶。仍賜推誠順化功臣。賜物依淳熙四年例，製造給賜。初封禮物，衣帶、鞍馬，學士院封題，請寶降敕書，交付所差使臣。寬衣一襲、紫潤羅夾公服一、小綾寬汗衫一、勒帛一、熟白線綾寬夾褲一、紅羅軟繡夾三、襜一、抱肚一、御仙花金腰帶一、金花銀沙鑼二、銀腰帶匣一、細衣著一百匹、盛告匣一、銀間金鍍鎖鑰、紅絲條全白絹面子一、槐黃絹夾複一、鞍轡，金銀鍍作子一、金鍍銀平級花□尾一、金鍍銀紅毛纓、紫羅繡大小□面	5、6

			□一、乾紅地織成戲獸夾鞍複一、渾銀褁釟胎□□一、打角夾絹黃複一。舊來遇封拜安南國王，依格合賜四尺五寸以上馬二疋。廣南西路見係買馬去處，乞下經略安撫司排辦，同所賜物色前去給賜，從兵部所請。其後謝表不至，遂輟加恩。	
理宗 淳祐二年			詔安南國王陳日昊，元賜效忠順化保節功臣增「守義」二字。	5
淳祐三年	安南國主陳日昊來貢。		加賜功臣號。	3
淳祐 十一年	再來貢。			3
景定二年		貢象二。		4
景定三年	日昊上表貢獻，乞授其位於其子陳威晃。		詔日昊授檢校太師、安南國王，加食邑；男威晃，授靜海軍節度使、觀察處置使、檢校太尉兼御史大夫、上柱國、安南國王、效忠順化功臣，賜金帶、器幣、鞍馬。	5、3
度宗 咸淳元年			加安南大國王陳日昊功臣，增安善二字；安南國王陳威晃功臣，增守義二字，各賜金帶、鞍馬、衣服。	3
咸淳二年	復上表	進貢禮物	賜金五百兩，賜帛一百匹，降詔嘉獎。	3
咸淳五年			詔安南國王父日昊、國王威晃加食邑。	5

咸淳八年			明堂禮成，日昊、威晃各加食邑，賜鞍馬等物。	5

附註：備註中符號 12345678 爲資料來源代號。又原典文字缺漏者，以□記號。

　　1 表示《宋史・本紀》。

　　2 表示《宋史・五行志》卷 65、66。

　　3 表示《宋史・禮志・賓禮四》卷 119。

　　4 表示《宋史・輿服六》卷 154。

　　5 表示《宋史・列傳・外國四》卷 488。

　　6 表示《宋會要輯稿・蕃夷四・交阯》第 197 冊。

　　7 表示《玉海・朝貢》卷 153、154。

　　8 表示《宋朝事實・儀注二》卷 12。

（原刊於《中國中古史研究》，第 4、5 合期，台北：蘭臺出版社，2005 年）

宋代的角觝術
——兼論古代的角觝戲

一、前　言

　　角觝又作角抵，也稱相撲、角力，普通的俗稱是摔跤。在宋代官民活動中常可見到角觝的記載，大體在其時是相當流行的。《說文》言「角」：「獸角也，象形」。張舜徽說：「凡獸有角者，好以角相抵觸，故引申爲角力、角鬥之稱」，「觝」爲牴字之變體，牴即觸，常稱的牴觸，就是相對、相違的意思。〔註1〕角觝像牛一般以角相抵觸爲搏鬥，二人臂膊攀抓、或相撲抱搏，使對方摔倒受制就是角觝之術。它是種搏鬥的技藝武術，同時是健身的體育活動，也可以成爲表演性的武戲，即角觝戲之雜技；但古代稱角觝戲有時泛稱爲各類雜技之總名。通常認爲相撲、摔跤是比力取勝的力士，角力一詞就說明其中的意思，實際上除力之外，還需要特殊的技巧，進而能達到藝術性的美學，然則若作爲傷害性的搏擊之技，角觝武術仍足以害人性命；因此它是具有多種之目的與形態的武術。

二、歷史的考察

　　角觝的歷史淵源甚久，金啓孮曾有專文作過論述，而在宋代的《太平御覽》中即收錄了六條關於角觝的資料，〔註2〕第一條是《左傳》晉侯夢與楚子

〔註1〕見張舜徽，《說文解字約注》（台北：木鐸自印）第二冊，卷8，頁76、78。

〔註2〕參見李昉，《太平御覽》（北京：中華，1995年）卷755，〈工藝部〉12，頁5上。又關於角觝的歷史，可參見金啓孮〈中國式摔跤源出契丹、蒙古考〉，《蒙古史論文選集》5，（呼和浩特：1984年）頁314～362。黃華節於《中國古今民間百戲》中，以爲角觝與角抵（牴）不同，指前者爲雜戲，後者爲角力，

搏之事，以爲這就是二人角觝相搏，但其註爲「搏，手相搏」，手相搏可以是徒手技擊搏鬥，未必就是角觝相搏。若據顏師古註《漢書》中引蘇林說：「手搏爲卞，角力爲武戲也」，〔註3〕則手搏（卞）也可以是角觝（角力）的武鬥。

第二條爲《漢書》載武帝於元封三年（前108）舉行角觝之戲，三百里地內之人皆來觀看。這裡呈現的是遊藝活動的角觝戲，類似大型的運動會或演藝活動，但以角觝爲主題。註文中引應劭之說：

> 戰國之時稍增講之，以爲戲樂，用相誇示。至秦更名角抵者也，
> 武帝大復增廣之；至元帝元初（按：當爲初元）五年罷。

從文意中知道角觝在戰國時即受到注重，且作爲一種有誇示作用的游藝活動，稱爲「角抵」始於秦朝，漢武帝又大加推廣此種戲樂，到元帝時不再舉行角觝的表演活動。但根據顏師古的注解並無應劭罷戲的說法，顏注《漢書》武帝元封三年春，「作角抵戲」，注文說：

> 應劭曰：角者，角技也。抵者，相抵觸也。文穎曰：名此樂爲
> 角抵者，兩兩相當角力，角技藝射御，故名角抵，蓋雜技樂也。巴
> 俞戲、魚龍蔓延之屬也。漢後更名平樂觀。師古曰：抵者，當也，
> 非謂抵觸。文說是也。〔註4〕

顏注有三段，一是應劭的音義，二是引漢末魏初的文穎的說法，三是他個人贊同文穎的說法。文穎說角抵是指兩兩相互競賽比技，競比各種技、藝、射、御的總稱，並非指「角抵」一項，而是各種雜技之樂；角抵用作較技、競賽的總稱。又說是如同巴俞戲、魚龍蔓延之類，這些戲樂後來統改名爲「平樂觀」。巴俞戲據《漢書》所載爲武帝時所倡，當時曾設酒池肉林招待四夷之客，並設巴俞、都盧、海中、碭極各舞樂技藝，漫衍（延）魚龍、角觝等雜技表演。巴州、俞州之人爲賓人之族，勁銳善舞，隨漢高祖平定三秦之地；高祖

見頁15～22。可參看。又傅起鳳、傅騰龍，《中國雜技史》（上海人民，2004年）將角觝視爲雜技，並論述各時代之發展情形，可參看。林伯源，《中國古代體育史》（台北：五州，民國85年），視角觝爲先秦之手搏術發展演變而成，亦以角觝戲係以角觝爲主之雜技藝戲，可參看。

〔註3〕晉侯夢與楚子搏，參見孔穎達，《春秋左傳注疏》（台北：東昇，十三經注疏本）〈魯僖公二十八年〉，頁21下。顏師古注文，參見《漢書》（北京：中華。除另注明外，本文所用史書皆此版本）卷11，〈哀帝紀〉，頁345。

〔註4〕見《漢書》卷6，〈武帝紀〉，頁194。應劭音義說：「角者，角技也」，在裴駰的《史記集解》中所引爲「角者，角材也」，角技、角材類同，皆是角比材技之意，見《史記》卷87，〈李斯列傳〉，頁2560。

喜觀賞巴俞人之舞，令樂人學習而成巴俞之樂舞。都盧地方之人，善長緣竿表演各技藝，就是張衡〈西京賦〉中所說「都盧尋橦」。海中或是江海中的技藝，碭極亦是樂名。漫衍魚龍是作巨獸、魚龍的裝設道具，配合奇幻特技的舞戲表演。〔註5〕巴俞樂舞出於其勁銳、剛勇、趫捷善鬥，又因開國有軍功，故而是種武樂性質，在官方禮樂制度中還佔有「巴俞鼓」樂的一席之地；〔註6〕不過在漢代時也爲人指成「荊吳鄭衛」之聲；故角觝也成爲一種「不良」的活動。〔註7〕

文穎說巴俞、魚龍蔓延、角觝等雜技後來更名爲「平樂觀」，似乎指爲這些雜技的總名，但在宣帝元康年間曾會見匈奴使者及外國君長，「親臨平樂觀」，舉引大角抵。〔註8〕李尤〈樂觀賦〉有「設平樂之顯觀」，〈西京賦〉有「大駕幸乎平樂，……程角觝之妙戲」，李善注文說「平樂館，大作樂處」，東方朔曾作〈平樂觀賦獵〉之文，〔註9〕可見應是遊宴的場所爲平樂館。又在武帝元封六年，「京師民觀角抵於上林平樂館」，〔註10〕角抵表演的地點很明確，恐怕平樂觀就是因平樂館而得名。同時角抵是主題，或再配合巴俞、魚龍之類雜技穿插其中，以廣聲勢而極耳目之欲；故而常見到用角抵或大角抵來作爲活動的名稱。到東漢時，爲饗遣故衛士的儀典，在餐饗後要「觀以角抵」，地點仍在平樂館；這是禮儀典禮的一種節目。〔註11〕

《太平御覽》所載武帝元封三年的角觝戲，註文引應劭所說「戰國時稍增講之」的一段話，應是出於《漢書·刑法志》所記：

〔註5〕參見《漢書》卷96下，〈西域傳〉，頁3928。並見顏師古註文。張衡〈西京賦〉，見《昭明文選》（台北：東華，民國61年）卷2，頁28。關於巴渝舞，另可參見《通典》（杭州：江浙古籍，1988年）卷145，〈樂五〉，頁759中。關於漢代角觝與百戲，可參見孫景琛，〈漢代的角觝百戲〉，《古代禮制風俗漫談》（北京：中華，1997年），第三冊，頁214～219。

〔註6〕見《漢書》卷22，〈禮樂志〉第二，頁1073，並見顏師古註文。

〔註7〕參見《漢書》卷57上，〈司馬相如傳〉，頁2568。並見顏師古註文。另東漢仲長統也指出「目極角觝之觀，耳窮鄭衛之聲」，見《後漢書》卷49，〈王充王符仲長統列傳〉，頁1647。

〔註8〕參見註5，頁3905。

〔註9〕參見《漢書》卷65，〈東方朔傳〉，頁2873。李尤〈樂觀賦〉見李善注《西京賦》文。

〔註10〕見註4，頁198。

〔註11〕參見《後漢書》，〈志〉第五，〈禮儀〉中，3130，並見註文蔡邕引言：「見客平樂，饗衛士，瑰偉壯觀也」。

　　　　春秋之後，減弱吞小，並爲戰國，稍增講武之禮，以爲戲樂，
　　用相夸視。而秦更名角抵，先王之禮沒于淫樂中矣。〔註12〕

這是說武戲本來有先王之禮，春秋之後禮壞，戰國時所講武之禮已然成爲戲樂，角抵就是武禮所能表現的形態；雖說是武禮已沈淪爲戲樂，但也指出角抵原就是武術。不過武術能演變爲戲樂也應是其功用，不乏體能上美學的表現，以及肢體力學的運用，加上動作的節奏、聲樂、服飾、道具等等，頗具官感上與心理上的受用；然則這種變化被視之爲「淫樂」。

　　《太平御覽》註文言角觝於元帝元初五年罷，考元帝年號爲「初元」非「元初」，又未見五年罷角觝之記載。在《御覽》的第五條載《西京雜記》所言：「三輔人俗用以赤刀爲戲，漢朝亦取以爲角觝之戲焉」。所說爲民俗傳聞，即指東海黃公，能以幻術制蛇御虎，佩赤金刀，以紅色布束髮，可作法起雲霧山河。因衰老後氣力不足，又飲酒過度，不能再作法施術。當秦朝末年時，東海出白虎，黃公挾赤刀往收服之，因法術不濟，而爲白虎所殺。〔註13〕這段故事後來就成爲漢初的「黃公戲」；在角觝活動中也往往配合演出。如同上文所說巴俞、魚龍各種雜技一般，都可在角觝中出現，就是爲「用相夸視（示）」，尤其在武帝富厚多欲的時代，更是著力於大角觝之會，以誇示外邦各國。史書上記載當時爲覽示漢朝的富厚：

　　　　於是大觳抵，出奇戲諸怪物，多聚觀者，行賞賜，酒池肉林，
　　令外國客徧觀各倉庫府藏之積，見漢之廣大，傾駭之。及加其眩者
　　之工，而觳抵、奇戲歲增變，甚盛益興，自此始。〔註14〕

這進一步說明了在角觝會中有各種奇戲怪物的表演，尤其在招待外國客使時，場面更爲盛大，兼作其他誇示富強的活動，流露出享樂奢靡的狀況。角觝會最能滿足令人驚奇目眩，故而特別在表演內容上發揮巧構奇思，以至於年年增變不同，有愈來愈盛之勢。

　　《御覽》的第六條載《漢武故事》所說，武帝於未央宮中設角抵戲，以爲角抵出於戰國時，秦統一天下後兼加增廣。漢初曾廢除此活動，但仍未絕止。武帝時恢復活動後，並用四夷之樂，間雜奇幻鬼神的表演；而所謂角抵

〔註12〕見卷23，頁1085。此段文字或爲應劭所採，後裴駰《史記集解》時引爲註文，
　　　　見註4。
〔註13〕參見葛洪，《西京雜記》（台北：新興，筆記小說大觀）卷3，頁1上。
〔註14〕見《史記》卷123，〈大宛列傳〉，頁3173。

就是使角力相抵觸之意。角抵形成於戰國時與《漢書·刑法志》所言相同，其本身是種武術，因「講武之禮」而演變成技藝表演的戲。秦朝的增廣情形不詳，但史書上記載秦二世在甘泉宮作「戲抵優俳之觀」，〔註15〕可見當時角觝與戲樂已然並作為類似的演藝活動。

角觝源於戰國是一種說法，另一種說法是《述異記》中所載秦漢間的傳說：

> 蚩尤氏耳鬢如劍戟，頭有角，與軒轅鬥，以角觝人，人不能向。
> 今冀州有樂名蚩尤戲，其民兩兩三三，頭帶牛角而相觝。漢造角觝戲，蓋其遺製也。〔註16〕

傳說中的一種對敵抗鬥之法，未必是蚩尤天生異種，倒可能是蚩尤的武裝兵器，故而流傳裝扮成武戲。漢代盛行角觝或出於此種流傳，抑或與之無關。應該是人類的爭鬥抗衡自然產生的攻守武技，如同拳腳刀劍，經有心人的研究實驗逐漸發展出來的武術，因為要「講武之禮」，遂有些規則範式出現，使之以文明的方式呈現，導令武術文化化，就中尚可觸及武學的精神與意義。以角觝而言，原為徒手相搏的武術之一，武術禮化後，既可以為練武的攻守技術，又可為強身體育的活動，自然也可以為娛樂性的表演項目。戰國時武力相向，攻戰伐國乃當時歷史常事；秦滅六國而統領天下，尚武之風熾烈無比。漢初雖然稍事休息，但外受強鄰匈奴的威逼，內有諸侯王的勢力，武風不能絕止；如角觝類的武術應仍然流行。漢武是雄才之君，又多欲誇示，理應喜好此術，故而可以集練武、體育、娛樂的角觝之會盛大開展。

《御覽》的第三條載王隱《晉書》所說：

> 潁川、襄城二郡，班宣相會，累欲作樂，襄城太守責功曹劉子篤曰：卿郡人不如潁川人相撲，篤曰：相撲下技，不足以別兩國優劣，請二郡更對，論經國大理，人物得失。

以相撲作樂消遣，但為對方視作武人下技，而以談論經國道理、人物得失為優劣比賽。所指相撲就是角觝，如《史記會注考證》引中井積德說「角觝蓋今相撲之類」，同時指出角觝不是統其他技藝射御的總稱。〔註17〕相撲在晉朝

〔註15〕見《史記》卷87，〈李斯列傳〉，頁2559。
〔註16〕見任昉，《述異記》（台北：藝文，龍威秘書本）卷上，頁2上。
〔註17〕見瀧川龜太郎，《史記會注考證》（台北：漢京，民國72年）卷87，〈李斯列傳〉，頁1043上。

時已用來稱角觝，後來在宋代時也稱角觝爲「今相撲也」，〔註18〕就是因角觝爲相撲抱纏鬥之狀，直截來稱呼它，猶如晚清王先謙在注解角觝時說「蓋即今之貫跤」，〔註19〕貫跤更通俗的說法，就是摔跤；而相撲反成爲日本一種特殊的技藝。

《御覽》的第四條載《唐書》裴矩之事：

> 帝幸東都，矩以蠻夷朝貢者多，諷帝大徵四方奇技，做魚龍曼延、角觝於洛邑，以誇諸戎秋（狄），（終）月而罷。〔註20〕

所指爲隋煬帝受裴矩建議，作角觝之會，如同漢武帝「用相夸示」於四夷一樣；也是與魚龍曼延之類的雜技同時演出，是大角觝的活動。

由《太平御覽》所載的六條資料大體可看出角觝的歷史，不論是單獨的角觝武術或大角觝之會的活動，都由戰國歷秦漢至隋唐沿襲下來，差別在於歷朝各帝是否有意舉辦及場面的大小而已。在宋代之前仍可舉例些資料來看其情形，也可稍補《御覽》的記載不足之處。

前文言及傳說中角觝源於黃帝與蚩尤之戰，春秋戰國之時已漸講究此種「武之禮」。在《韓非子》中記載有段角力之士的美談：

> 少室周者，古之貞潔愨者也，爲趙襄主力士，與中牟徐子角力，不若也⋯⋯。少室周爲襄王主驂乘，至晉陽，有力士牛子耕與角力而不勝，周言於主曰：主之所以使臣騎乘者，以臣多力也，今有多力於臣者，願進之。〔註21〕

類似的記載也出現於《國語》中，言「少室周爲趙簡子右，聞牛談有力，請與之戲，弗勝，致右焉⋯⋯」。〔註22〕「請與之戲」即角力之戲，比武之意，而非搏命拼鬥，應是「講武之禮」的作爲。少室周與中牟徐子、牛子耕（當即牛談）有角力之競比，未能得勝，因之推荐對手於其主，盛傳爲美事。

在三國時記載有將角觝變相爲荒誕遊樂的例子。東吳孫皓素爲兇殘淫逸

〔註18〕見高承，《事物紀原》（北京：中華，1985年）卷9，「角觝」條，頁350。

〔註19〕見王先謙，《漢書補注》（台北：藝文）卷6，〈武帝紀〉，頁27下。王氏補注頗爲詳細，所引各書在本文中也都曾討論過。

〔註20〕見劉昫等，《舊唐書》（北京：中華）卷63，〈裴矩傳〉，頁2407。《御覽》引載《舊唐書》之文有缺漏，「戎秋」當爲「戎狄」，「終月而罷」漏「終」字，或爲刻板之誤。

〔註21〕見陳奇猷，《韓非子集釋》（台北：河洛，民國63年）卷12，〈外儲說下〉第卅二，頁682。

〔註22〕見《國語》（台北：河洛，民國69年）卷15，〈晉語〉九，頁496、497。

之主,《江表傳》描述當時在宮廷中的享樂事情。他令宮人著配金製各種髮飾,相撲爲樂,一日間自然多所損壞,再命工匠製作,用來著配相撲。〔註 23〕孫皓的荒淫無道,必然使府庫空虛,國政毀亡。

若以漢代大角觝之會的雜技百戲而言,宋代前各朝都有所承襲,角觝成爲宴樂雜藝之一,而大概說到百戲、散樂等都是屬於角觝之會的名目。〔註 24〕以體育運動與技藝休閒來看,有其功能及意義,而對角觝之會有所批評者,無非是在兩個方面,其一是君主注重享樂,尋求耳目之欲,以致放縱無度,影響政風國事,其二是誇示富盛,好大逞強,以致勞民傷財,導使府庫空虛。兩漢以來的角觝之會已成風氣,而且是朝廷文武官員共同觀賞的活動,甚至是開放給社會民間的同樂活動,已然成爲政府主辦的遊藝項目,大約頗受朝野的歡迎。活動的內容既包含雜技百戲,自然深得各階層的共鳴,對於招待外國賓客,更能體現富厚廣大之貌,幾乎成爲歷代各朝重要的活動。至於宮廷舉辦的宴樂也不免於這類性質,雖然依制度有所謂雅正之樂,典禮之制,但由於帝王喜好,就不免有各種大小的角觝之戲,若非放縱無度,如孫皓之流的帝王,通常不致有太大的影響。倒是爲誇示富強,至於勞民傷財,則易引起批評,如北周宣帝時,樂運指出其過失,其中就說:

　　　豈容朝夕徵求,唯供魚龍爛漫,士民從役,只爲俳優角觝,紛

　　　紛不已,業業相顧,無復聊生,凡此無益之事,請並停罷。〔註 25〕

周宣帝是荒淫無道之主,自然沈湎於角觝之會,過份經營享樂,角觝就背負了罪名,成爲不正當的活動。

北齊武成王(高湛)之子高綽,受誣告謀反罪,後主(高緯)與高綽爲兄弟,不忍公布誅戮,於是命與胡人力士「相撲」後園之中,因而搤殺之。〔註 26〕這就是用角觝武術殺人的例子。(關於北方民族「胡」的角觝容他文再論)。

南北朝時其他的例子如:《隋書》記載北齊的警衛組織中即有角觝隊的部份,且說此乃「循後(北)魏之舊」。〔註 27〕同樣又載南朝梁武帝時侍衛,其

〔註 23〕 參見《三國志》卷 50,〈妃嬪傳第五〉,頁 1202,裴松之注引《江表傳》。

〔註 24〕 相關資料參見註 5《通典》(杭州:浙江古籍),頁 763,《文獻通考》(杭州:浙江古籍)卷 147,〈樂考〉二十,頁 1287。

〔註 25〕 見《周書》卷 40,〈顏之儀附樂運傳〉,頁 723、724。

〔註 26〕 參見《北齊書》卷 12,〈武成十二王傳〉,頁 160。

〔註 27〕 參見《隋書》卷 12,〈禮儀志〉七,頁 280。

中亦有角觝之士，並說是循前朝南齊舊制。〔註28〕可見北朝、南朝皆沿舊制，有依循的傳統，並且已成為侍衛組織中的隊伍部份，雖其人數應不至太多，但納入儀衛侍警則已制度化。

　　北齊文宣帝「溺於遊宴，……後益沈湎，或入諸貴戚家，角力批拉，不限貴賤」，〔註29〕文宣的遊樂似特別喜愛角力之趣，也足見角力在當時貴族生活中的普遍。繼北朝政權的隋朝仍襲此風，而且在都市中形成特別顯著的節慶活動。每當正月十五日時，城市百姓要作角觝之戲，相互競誇，奢靡耗財。文帝時名臣柳彧為此特別上奏，對當時的景況有極生動之描寫：

> 竊見京邑，爰及外州，每以正月望夜，充街塞陌，聚戲朋遊。
> 鳴鼓聒天，燎炬照地，人戴獸面，男為女服，倡優雜技，詭狀異形。
> 以穢嫚為歡娛，用鄙褻為笑樂，內外共觀，曾不相避。高棚跨路，
> 廣幕陵雲，袨服靚粧，車馬填噎。肴醑肆陳，絲竹繁會，竭貲破產，
> 競此一時。盡室并挈，無問貴賤，男女混雜，緇素不分。〔註30〕

柳彧所言是民俗節慶在都市社會的活動，包括其他的各種娛樂表現出的風氣狀況，但仍以角觝之會為主要活動項目，可見當時民間社會角觝之風靡。而柳彧之看法與北周宣帝時樂運之批評相同，皆以為過份奢靡之風應予以禁止。

　　隋唐時之角觝會未必在固定的地方舉行。煬帝大業六年（610）的角觝大戲是在端門街舉行，說是「天下奇伎異藝畢集，終月而罷」，煬帝本人也數次微服前往觀賞；〔註31〕一個月之久的大角觝，集天下奇技的表演，場面之浩大可知。唐代穆宗皇帝初即位時，曾觀角觝、倡戲於左神策軍，又曾在魚藻宮觀看競渡角觝，〔註32〕這種角觝恐怕是較為小型的活動。敬宗皇帝觀驢鞠、角觝於三殿，〔註33〕是宮中的遊藝活動，這應為單項的競技表演。敬宗本人善於擊毬，又好觀角觝，所以有上面的例子，由於皇帝有這種喜好，一些擅長於這類技藝之徒，皆因緣進入宮廷之中；這些人不是出於神策軍的兵卒，就是街坊惡少年。甚且「四方聞之，爭之趨勇進于帝」，至於在三殿舉行的角

〔註28〕參見同上註，頁 279。
〔註29〕參見《北齊書》卷 6，〈孝昭紀〉，頁 80。
〔註30〕參見《隋書》卷 62，〈柳彧傳〉，頁 1483、1484。
〔註31〕參見《北史》卷 12，〈隋本紀下〉，頁 454。
〔註32〕參見《新唐書》卷 8，〈穆宗本紀〉，頁 222。
〔註33〕參見同前，〈敬宗本紀〉，頁 229。

觝是「有碎首斷臂，流血廷中；帝甚歡，厚賜之，夜分罷」。〔註34〕宮廷專爲帝王舉辦的角觝，是以武術拼搏的競技，所以有傷亡流血的場面，敬宗未免嗜血，不好遊藝性的表演，而酷愛殘忍拼命猶如召集鬥士來做拼命之搏。穆宗觀賞神策軍所舉行角觝，此本爲軍人角技練武之常。而在軍中的宴會也見有角觝戲的表演，主將興起時還可「盱衡攘臂助其決」，〔註35〕這些角觝競技武術性強，但應不至於皆有流血場面。

角觝爲勇壯者的武術，唐代自天寶以後，六軍宿衛多市井之徒，當時說：「富者販繒綵，食粱肉，壯者爲角觝、拔河、翹木、扛鐵之戲」，〔註36〕壯者的本事像是武術團中的各專業項目。而善於角觝者往往能靠著這種武術發跡，如李載義家世素以武力著稱，他本人即善長於角觝，爲幽州節度使劉濟所賞識，因而從軍征伐，位至將相。〔註37〕又有五代時期的後唐莊宗善長角觝，常在宴會中與將領王郁「角觝鬥勝」，莊宗屢勝而「自矜其能」，於是向善於此術的李存賢挑戰，並說：「與爾一搏，如勝，賞爾一郡」，結果李存賢獲勝，得到蔚州刺史的官位；〔註38〕君臣善好此術，以一郡之地爲獎賞，未免荒唐，實在也不多見。立國於兩廣一帶的南漢，國主劉玢荒淫無道，輔政的兄弟洪熙有廢立之意，暗中養勇士數人，「習爲角觝以獻玢」，劉玢於宴會中觀賞勇士角觝，酒醉之餘爲勇士們所殺。〔註39〕以角觝術作爲宮廷政變的工具，確實不易防範。

三、宋代的角觝

角觝或角觝戲在宋代以前之記載尙有些許，此處不再一一臚列。通常言及角觝或摔跤、角力方面，中國古代體育或百戲之論著，多有所述。將角觝直接視爲摔跤者，在漢代已有數種類型，由考古上之發現而言，其一爲戰國時透雕中之摔跤法，即一手抱對方之腰，一手扳對方之腿，其二爲 1975 年出土於湖北江陵秦墓木筲漆畫中之方式，使用擊、打、摔、拿等無固定方法，其三是吉林集安洞溝出土之高句麗角力，以固定摟抱對方腰部之摔法，此三

〔註34〕見《新唐書》卷 208，〈宦者傳〉，頁 5883。
〔註35〕見《新唐書》卷 148，〈田弘正傳〉，頁 4783。
〔註36〕見《新唐書》卷 50，〈兵志〉，頁 1327。
〔註37〕見《舊唐書》卷 180，〈李載義傳〉，頁 4674。
〔註38〕見《舊五代史》卷 53，〈李存賢傳〉，頁 722。
〔註39〕見《新五代史》卷 65，〈世家第五・劉隱〉，頁 814。

種角力者皆上身裸露，著長、短褲之裝著。〔註40〕

宋代將角觗正式列入禮樂制度之中，禮制的嘉禮、賓禮都有這項活動。在「冊命親王大臣儀」這種重要的禮制，有各種儀隊迎引，其中就有「百戲、蹴鞠、鬥雞、角觗」的隊伍；〔註41〕如同漢唐以來，視角觗爲百藝雜技的喜慶項目，所以列入嘉禮之中。在賓禮的「金國使副見辭儀」中，有南宋的規定，宮中召集，「相撲一十五人」，先教習演練，供隨時差遣表演。〔註42〕樂制中的「教坊」之制，角觗也是其中的一項。當春秋聖節宴會時，共有十九節項目，角觗則安排在最後一節，然後宴會即告結束；此前已有百戲、雜劇、蹴鞠、舞樂等項目，角觗是單獨一項的演出。〔註43〕南宋時「教坊」曾有廢置，但在「御前忠佐司」仍負責備「相撲等子二十一人」，如北宋之制；〔註44〕這是官方的常設機構。

官方角觗的管理、訓練有其定制，由軍頭司負責按閱格鬥，此軍頭司即宋初的軍頭引見司，後改爲御前忠佐軍頭司，屬於宮廷禁軍系統。〔註45〕相撲等子據趙昇《朝野類要》載，等子原是諸州所解發強勇之人，傳送至京師，後來則在殿前司軍中揀選，俟勞績授官出職，〔註46〕類似軍中選出的人手，由軍頭司編管訓練，有勞動功績後再差遣出職；這些都應是武藝之人，相撲或爲其特長，是屬於專業人才。

吳自牧的《夢梁錄》記載南宋都城杭州之情況，有專記官方與民間的角觗，他說「角觗者，相撲之異名也，又謂之爭交」，朝廷在大朝會、聖節、御宴的第九盞時，按例要以左、右軍相撲，這些相撲手號爲「內等子」，隸屬御前忠佐軍頭引見司所管，並非一般市井之徒。原來就由殿前步軍中選有膂力者充任，當時號爲虎賁郎將。每遇到郊拜、明堂大禮、四季車駕親饗時，在旁駕車前載有頂帽，鬢髮鬖鬆，握拳於左右兩行者，就是這些相撲手。這些

〔註40〕 參見任海，《中國古代體育》（北京：商務，1991 年），頁 57。另可參見劉秉果，〈從角觗到布庫〉，《歷史文物》（台北：國立歷史博物館，民國 88 年），第 73 期，頁 44～49，有多幅出土文物之角觗圖，可參見。

〔註41〕 見《宋史》卷 111，〈志第六十四〉，頁 2669。

〔註42〕 見《宋史》卷 119，〈志第七十二〉，頁 2812。

〔註43〕 參見《宋史》卷 142，〈志第九十五〉，頁 3348。

〔註44〕 參見同前註，頁 3359。

〔註45〕 參見孟元老，《東京夢華錄》（台北：世界，民國 62 年）卷 4，頁 124，〈軍頭司〉條，另卷 1〈外諸司〉條內亦載「軍頭引見司」，頁 47，並參見鄧之誠註文，頁 51。「御前忠佐軍頭司」，見《宋史》卷 140，〈兵志一〉，頁 4601。

〔註46〕 參見前註，頁 125，鄧之誠註引文。

「內等子」名額爲一百二十人，正常的編制是管押官十將各二名，上、中等各五對，下等八對，劍捧手五對，其餘人員則爲備額，隨時俟命應對。通常三年一次考選，編入上、下名額。管押官以下，額內等子還需三年一次當殿呈試其相撲武術，領受恩賞銀絹。至於出職的管押官，分發到各地方軍府，可充任管營軍官。宋代在宴會中角觝的盛況，曾有詩作描述道：

> 虎賁三百總咸獰，急颮旗催疊鼓聲。
>
> 疑是嘯風吟雨處，怒龍彪虎角虧盈。〔註47〕

至於民間社會的角觝爲市井相撲，有的是爲表演營利，聚集人手賺取錢財，往往先由幾對女相撲手表演套路招式來吸引觀眾，然後才開始爭交武技。在護國寺南高峰設有露台爭交比試，就是擂台方式的競技，各地膂力高強，天下無敵者，才能奪得頭賞。其頭賞有旗帳、銀盃、綵緞、官會（銀票）、馬匹、錦旗等財物，如宋理宗景定年間有溫州人韓福，曾得到頭賞，因而也獲得官方招爲軍佐之職。當時著名的角觝之士在杭州有周急快、董急快、王急快、賽關索、赤毛朱超、周忙憧、鄭伯大、鐵稍工韓通住、楊長腳等人；還有女性角觝士賽關索、囂三娘、黑四姐等人。〔註48〕

同樣記載南宋資料的《武林舊事》，列出角觝的名家有四十餘人，還有「喬相撲」的名家九人，這大約是喬裝模仿相撲動作以取樂，而後相沿至清代稱爲「假人摔跤」（跤人子）之取樂雜技，此外，又記女相撲手十餘人。〔註49〕另外在《都城紀勝》中說南宋的角觝戲，還有使拳者「自爲一家，與相撲曲折相反」，是在角觝表演時配合拳術的活動，以盛場面之觀。〔註50〕南宋都城的大宴會如《夢粱錄》所說有左、右軍的集體相撲表演，與北宋都城的情形一樣，「左、右軍相撲」沿襲至南宋。〔註51〕民間社會的角觝也同樣盛行，當時已出現一批以此爲職業的摔跤手，不但有女性相撲者，還有「小兒相撲」，也出現在市井的技藝表演中。〔註52〕故而在民間團體、行會中，就有「相撲

〔註47〕參見吳自牧，《夢粱錄》（台北：古亭，民國64年）卷20，〈角觝〉條，頁312。

〔註48〕參見同前註。

〔註49〕參見周密，《武林舊事》（台北：古亭，民國64年）卷6，〈諸色伎藝人〉，頁463，所列「女颼」9人，當係女相撲手，又於〈聖節〉壽誕的「祇應人」中列有「女廝撲」張椿等10人，也是指女相撲手。見頁357。「喬相撲」之表演，參見傅起鳳、傅騰龍前揭書，頁202。

〔註50〕見耐得翁，《都城紀勝》（台北：古亭，民國64年），〈瓦舍眾伎〉條，頁97。

〔註51〕參見註38，卷9，「宰執親王宗室百官入內上壽」，頁55。

〔註52〕參見註38，卷5，「京瓦伎藝」，頁30。

社」之名，與「香藥社」、「川弩社」等一樣是屬於民間的行會、社團。〔註53〕
游藝百戲的競技在民俗節典中相當盛行，各種職業性團體紛紛出現，都有其
專業與組織，如「齊雲社」即為蹴毬之業，「緋綠社」是為雜劇團，「角觝社」
就是相撲專業人等等；〔註54〕大概如角觝類的體育相關行業，在南宋有近二
十項，體育技藝人士達一百五十多名。〔註55〕

　　南宋行會、社團較北宋發達許多，說明其時社會經濟的進展與商品行為
的繁榮，以及生活文化的發展，分工專業也愈趨於細密；以大類來分有手工
業、商業、服務業性質的行會。〔註56〕像角觝就是服務業的體育類，用作表
演的競技，北宋未發現有行會、社團性質的角觝社，到南宋時的首都臨安（杭
州）才出現。將角觝武術普及民間社會，轉變為體育、休閒型態，又成為專
門職業而結為社團是在南宋時確立，北宋當為醞釀時期；但職業相撲手北宋
時應已存在。

　　相撲角力是「壯士裸袒相搏而角勝負」的競技，在演畢時原應有軍雷大鼓
的震動聲勢，是「古者習武而變」的技藝。〔註57〕在山西晉城南社的宋墓中，
墓室南頂部繪有相撲圖一幅，描寫出當時相撲的概況。圖中繪有四位相撲手（見
附圖一），全都是赤膊光腿，梳髻綁上頭巾，穿短袴著靴，左、右兩人為旁觀者
或裁判，中間二人正角觝相搏，一人挾住對手的頭頸於右臂脅下，而其右腿則
被對手抱住，這正是常見的角力場面，「裸袒相搏」由繪圖中可看出。

附圖一：本圖轉引自楊弘〈京瓦伎藝〉

〔註53〕參見西湖老人，《繁勝錄》（台北：古亭，民國64年），頁113。
〔註54〕參見註41。卷3，頁377。
〔註55〕參見張元，〈南宋城市體育簡析〉，《內蒙古師大學報》，1993年第1期（呼和
　　　　浩特：內蒙古師範大學），頁25。
〔註56〕參見黃純怡，《宋代行會之研究》（台中：中興大學歷史研究所碩士論文，民
　　　　國84年），頁29～36。
〔註57〕見《文獻通考》卷147，〈樂二十〉，「角力戲」條，頁1288中。

　　另外在河南省博物館有陶質相撲俑（見附圖二），二人裸體赤腳相撲，頭
繫髮髻，身束腰帶，跨間護襠，二人皆弓步俯身，上下相搏，居上者有線圈
紋飾的紋身圖案，仰面張口，皺眉瞪目，右手扒對方臀部，左手抱腰。居下
者面朝內，以雙手緊扒對方左右股，拼力奮爭；整個陶俑繪描出相撲力爭的
狀態。描繪宋代相撲的繪圖在敦煌莫高窟藏經洞中也曾發現。至於女子相撲
當不至於坦胸露乳，應是穿著緊身背心於上，或著長短褲，但雙臂及腿部應
裸露於外，故而爲知識份子所指責，有敗壞風俗的意思，如司馬光於仁宗嘉
祐七年（1062）特別寫狀，指上元燈會時有民間女子相撲，頗以爲不當，說
是諸色藝人表演的場所宣德門，象徵國家大門，有天子、萬民、后妃共同觀
賞，「使婦人臝戲於前」，實在是有瀆盛名，取譏四遠，宜頒令禁止。〔註 58〕
司馬溫公爲衛道之士，對於市井婦女相撲的穿著頗形裸露以爲不雅，自然要
上章寫狀指出有礙觀瞻。

附圖二：本圖轉引自邢宏玉〈介紹一件宋代相撲俑〉

　　較早的相撲未必皆是赤膊上陣，如漢代就有著衣角觝，在山東臨沂金雀
山的九號漢墓中，有彩繪帛畫圖，畫中左側一人，小帽寬衣，拱袖立觀，像

〔註58〕　參見楊泓，〈京瓦伎藝〉，《古代禮制風俗漫談》，二集（北京：中華，1997 年），
　　　　　頁 308～314。河南博物館宋代相撲俑，參見邢宏玉〈介紹一件宋代相撲俑〉，
　　　　　載《中國考古集成・華北卷・宋元明清》河南，山東省卷（中州古籍），頁 345。
　　　　　司馬光狀文，見《司馬溫公全集》（台北：藝文，正誼堂全書）卷 3，〈論上元
　　　　　合婦人相撲狀〉，頁 23 下。

是裁判之流。在側之人頭戴箭形茨菰葉飾，雙腕戴紅鐲，中間一人戴長冠，繫赤帶、穿寬袍，兩人都是手臂伸張，怒目相逼，下頷高揚，像躍然相撲之勢。〔註59〕如果解讀這幅帛畫不誤，則漢代的相撲有著衣競武的記錄，但不敢斷言。

宋人相撲在《水滸傳》裡有段詳細的描述，那是燕青與任原的擂台大賽。三月二十八日為天齊聖帝降誕生辰，泰安州（山東泰安）辦有慶典活動，一如其他城市，總有官民辦理的各種項目，如百戲雜技、進香市集等。當時有太原人任原為相撲名家，身長一丈，自號擎天柱，又自稱「相撲世間無對手，爭交天下我為魁」，在廟會中連續兩年未逢敵手，吸引不少人士前往參觀盛會。浪子燕青自幼在盧員外（俊義）處學得相撲，在江湖上也未曾遇過敵手，因之有意往泰安州與任原打相撲擂台。宋江以任原貌若金剛，有千百氣力，恐燕青瘦小，不是敵手，燕青說「相撲的有力使力，無力鬥智」，要「臨機應變，看景生情，不怕輸給任原那呆漢」。李逵自願與燕青為伴，前往挑戰擂台賽，因李逵的粗壯樣貌，在旅店裡被誤認為是「爭交的爺爺」，而看燕青則是「任原吞得你在肚裡」。

擂台賽開始，有一年老「部署」拿著竹批，上獻台參神，此即為裁判。任原上台說兩年奪魁，「今年必用脫膊」，似乎前兩年比賽是著裝相撲。他解了胳膊，除了中幘，虛籠著錦襖，喝聲參神喏，再脫錦襖。這時他的競賽打扮是：頭上用紅巾縮髮，腰繫條紅羅翠帶子，有三串繩帶拴起十二個玉蝶牙子扣，主腰以上著數對金鴛鴦踅褙襯衣，護膝中有銅襠銅褲，繳臁內有鐵片鐵環，扎腕牢栓，踢鞋緊繫。這身打扮耀眼威風，直是「世間架海擎天柱，岳下降魔斬將人」，倒不像是光著上身的赤膊、僅著短褲的樣子。而燕青脫膊下來，似光著上身，除去頭巾，髮梳成兩角，脫下草鞋，赤著雙腳，還解了腿繃護膝。兩人穿著大不相同，看來是除去赤膊雙臂，不著外衣，仍可以有任原那種緊身短衫的穿著，也可以有燕青那種光腳、腿，光上身的裸露裝扮。

相撲競搏前，先由裁判要了像生死自認的文書之類，再宣讀相撲社條，諸如不許暗算之類的規約，並吩咐雙方小心在意，然後叫聲「看撲」開始。任原在左邊立個門戶，燕青蹲在右邊不動，任原見他不動，看看逼到右邊來，燕青直瞅著任原的下盤，任原心中知道，暗忖用腳踢下燕青。任原逼入，虛將左腳賣個破綻，打算燕青撲來時，左腳踢出；不意燕青卻在任原奔來時由

〔註59〕參見註40，劉秉果文中圖一。孫景琛前揭書，頁315。

左脇穿將過去。

任原性起，轉身要拿燕青，燕青虛躍一躍，又從右脇下穿了過去。任原
是高壯大漢，轉身頗爲不便，三換兩轉就亂了腳步。燕京借機穿近，右手扭
住任原，左手插入任原交檔，用肩胛頂托他胸脯，直將任原托起，頭重腳輕，
借力旋個四、五旋，到了台邊，把任原頭下腳上給攧攛下台去。這招叫「鵓
鴿旋」，引得數萬觀衆，齊聲喝采。沒有幾個回合，燕青就贏得這場相撲競技。
不論是任原的奔、轉、拿、換，或是燕青的蹲、穿、躍、扭、插、頂、托、
旋、攧等，都有相撲的路數招式，正如描述的「這個相撲，一來一往，最要
說得分明，說時遲，那時疾，正如空中星移電掣相似，些兒遲慢不得」。〔註
60〕這是講究速度的遲疾運用與變化，相撲有理論上的套數、招式，還有練武
功夫與實戰經驗，加上才智靈巧，始能臻於高明，像燕青的穿近任原，繼之
扭、插、頂、托、旋、攧，幾乎一氣呵成，「些兒遲慢不得」，其「鵓鴿旋」
正表現出武術的力學與美學，自然令人驚嘆喝采。《水滸傳》中還有一些記載
相撲的故事，如高俅、李逵也是有相撲武技，但都非燕青這種高手之敵；而
對相撲競技的描述仍要以燕青與任原之戰最爲詳細生動。

宋代的角觝在民間社會已相當普及，這是漢唐以來社會的發展，宋代的
社會生活尤其是休閒方面，許多地方都呈現出雅俗共賞的情形，加上經濟的
發達，商品市場的形成，像角觝術已不限於軍人武士的特殊技能，而發展爲
職業性的競賽或表演。如宋人楊萬里描寫角觝的詩中說道：

　　廣場妙戲鬥程材，未得天顏一笑開。

　　角觝罷時還宴罷，卷班出殿戴花回。〔註61〕

這種場面是官方舉辦的宴會，百戲雜技的表演爲搏得君王與官僚的歡顏；角
觝看來是最爲刺激精彩。但宋代社會在民俗節慶、生活休閒中已經普遍爲民
間表演的技藝項目，不再是官方獨佔的活動。又約在宋初有《角力記》一書
的出現，收集些許書史雜記有關的角觝記載，其內容分述旨、名目、考古、
出處、雜說五項，其名目項中列出相搏、相撲、相嫚、角觝、角力數種不同稱
呼。此外史料中又有相喬驕、相權、校力、拍張、爭交、攛交（跤），至於布

〔註60〕　參見前註。關於燕青與任原之相撲情節參見施耐庵，《水滸傳》（濟南：齊魯，
　　　　　1991年），第74回，〈燕青智撲擎天柱、李逵壽張喬坐衙〉，頁1335～1347。
〔註61〕　見〈正月五日以送件借官侍宴集英殿十口號〉，《宋全詩》（北京大學：1998
　　　　　年），第42冊，卷2302頁26455。

庫、摔跤等幾種稱呼，所指則相同。〔註 62〕可以說明宋代及其之前習稱相撲技術的普遍流行，而有專著記述的必要了。

四、結　語

角觝術在漢民族的歷史發展來看，不論是民間傳說黃帝與蚩尤之戰而演成鬥戲，還是戰國時因講武之禮，將武術文明化而形成的競技；角觝在先秦時已成為一種專門的武術項目。它既是肢體手腳相搏為主要形式，故應是人類自然的本能。若沒有規範的放手相搏，重則致命，輕則傷殘，有所規範可以成練武強身的體育運動，或作為娛樂休閒的表演，這三種形態要看其目的為何而定。

秦漢以來角觝是官方的活動，或在宮廷舉行，或在外較廣的場地舉行，有為君王獨「樂」而辦，有君臣、民眾共同觀賞之舉，前者如秦二世的宮中角觝，後者如漢武帝的大角觝，往往大角觝之會是娛樂與誇示的表演，故而都有其他百戲雜技的節目在其中。宮中角觝的型態不一，有為節慶而辦的項目，有帝王個人的喜好享樂，若心理不正常的帝王，還要看到傷殘流血的場面；至於宮廷政變、角觝殺人，則是不易防範的「利器」。而由於角觝之會的娛樂與花費，不免時或受到縱欲與奢侈的批評。

角觝武術在軍中應有特別講究，但大概不只是軍人戰守陣仗的基本武術，而且是為特殊任務如護駕、表演才加以習練考校。善長角觝者如同善射、善騎成為一種特殊武技，可以投軍自效，可以發跡受得青睞；又有些君王將臣往往還是角觝高手出身。

宋代正式將角觝放置在禮樂制度中，於是成為國家的典禮，它的普遍性就更加顯現，或許影響了民間社會的推廣；官方有專司管理的機構，民間也形成專門的職業團體。宋代社會經濟的發達與城市生活的豐富性，民間以角觝為生的人漸多，其中不乏兒童、婦女在內。有固定的演藝場所，有應召為節慶的表演，也有街頭賣藝，或者擂台競技，這種情形由北宋到南宋更形發

〔註 62〕 《角力記》作者署名「調露子」，其人不詳，見其書中記載的內容止於五代時，疑其為宋初人，該書有琳瑯秘密叢書本（藝文）、四部叢刊初編本（商務）。翁士勛有《角力記校註》（北京：人民體育，1990 年）。另參見郭希汾，《中國體育史》（台北：商務，民國 59 年），頁 25。吳文忠，《中國體育史圖鑑及文獻》（台北：中華民國大專院校體育總會，民國 82 年），頁 191～198。二書中列出角觝諸多不同之稱呼。

達。而宋代角觝的民間化，又普及成表演技藝，毋寧是較好的一種發展。

　　角觝術不論在攻防傷人、體育練武、娛樂表演的不同，目的與形態上，基本講究則同在於武術。體能上的技巧不止在力，尚需智的配合，力學原理是理論上的發揮與運用，巧技則是智的作用，加上演練與實戰經驗，可以將武術的美學表現得淋漓盡至，則不失爲武學上的眞義。

（原作於 2001 年。2005 年發表於研討會，
刊於《近世中國的社會與文化研討會論文集》，台北：師範大學，2007 年）

北宋都城汴京之城市型態

一、前　言

　　汴京爲中國七大古都之一，在城市史及建築史之研究上備受矚目，而在歷史上之研究重點則爲經濟地位與國防形勢。戰國時魏國遷都於大梁，即汴京地區，然毀於秦軍之水攻而魏亡，秦漢以後爲一般州郡轄地，北周時因城臨汴水乃有汴州之稱。〔註1〕自唐初設爲總管府後，稍重其地，中、晚唐時爲節鎮之所在，地位益重，蓋以控扼漕運之故，尤以藩鎮據地，漕運之通暢爲中央所仰賴，故汴州之節鎮亦爲朝廷所重。朱溫以汴州爲其龍興之地，建國後梁時乃升之爲東京開封府，以爲其國都。雖其後之後唐復置之爲汴州宣武軍，因唐之舊，然至晉、漢、周建國，皆仍以汴京爲其國都，趙宋建國亦沿之爲都，直至北宋之亡。除戰國時爲魏都外，近世以來汴京爲五朝國都，歷時兩百餘年。

　　汴京古都之研究論著頗多，如較全面之學術專著有周寶珠、劉春迎、鄭壽彭等。〔註2〕其他有著重探討各方面之不同者，如關於汴京考古探測之研究報告，對於汴京內、外城牆與城內有所發掘。〔註3〕如關於城市之建設、規劃、

〔註1〕參見李吉甫，《元和郡縣圖志》（北京：中華，2005 年）卷 6，〈河南道三〉，頁 175。

〔註2〕參見周寶珠，《宋代東京研究》（河南大學，1999 年），該書探討汴京城市之建設外，對於北宋都城之行政、工商業、社會、文教、生活等方面皆有論述。劉春迎，《北宋東京之研究》（北京：科學，2004 年），該書以汴京城市之建設爲主，兼論各建築、園林之分佈，考古發掘與技術之運用，以及相關汴京之論題。鄭壽彭，《宋代開封府研究》（台北：中華書局，民國 69 年），所論主旨在於歷史與行政及制度爲主，故未多論城市本身。

〔註3〕參見丘剛，〈北宋東京外城的城牆及城門〉，《中原文物》，1986 年第 4 期。丘剛、孫新民，〈北宋東京外城的初步探勘與試掘〉，《文物》，1992 年第 12 期。

佈局方面者。〔註4〕如關於汴京地理、河流方面者。〔註5〕此外，言城市或建築之作，常論及汴京，如上所言，既爲七大古都，則總不免述及，於此不再列舉；又有關於簡介開封之史蹟、概貌等亦不贅列。

城市之研究有多種之取向與目的，如有重歷史地理與沿革，有在於城市規劃之取向，有在於城市之建築者，有在於城市之生活文化者等等。本文之作在於城市型態學（City Morphology）角度爲討論之取向，此概念係由生物學中型態學（Morphology）而來，主要在於觀察城市之外貌與構造關係，將城市作爲整個有機體來看待，由城市建立之時間、地理、行政等級諸背景因素，加之其周遭環境，外形、城防設施、格局與建築等型態綜而論之。

二、汴京城及其建都之背景

（一）開封及其行政等級

汴京開封府爲北宋之國都，其地望爲今之開封市，古時魏都大梁。開封地區一帶於新石器時代已有文化遺存，大體上以夷、夏、商三族文化勢力之交替與接觸之地。春秋時鄭莊公於地區內修築有「啓封」之城，地在今開封南方朱仙鎮附近之古城村，距今已有二千七百餘年，啓封城於戰國時爲韓所得，於漢代因避諱故改名爲開封，此爲古開封城。宋汴京所在之開封爲先秦時稱爲浚邑、儀邑或浚儀，原屬衛國之地，後爲魏所得，魏惠王遷都於此而

上二文又收在《中國考古集成・華北卷・河南省、山東省》（中州古籍）〈宋元明清〉上冊。（以下省稱《集成華北卷》）。開封宋代考古隊，〈北宋東京內城的初步勘探與測試〉，《文物》，1996 年第 5 期。徐伯勇等，〈北宋東京外城的勘察〉，《中國古都研究》，第 3 輯。

〔註4〕參見董鑒弘，〈宋東京的改建擴建規劃〉，《城市規劃》1982 年第 1 期。吳濤，〈北宋東京城的營建與佈局〉，《鄭州大學學報》，1982 年第 3 期。孔憲易，〈北宋東京城坊考略〉，《宋代研究論文集》，1982 年。周寶珠，〈北宋東京的園林與綠化〉，《河南師大學報》，1983 年第 1 期。李良學，〈宋都御街考論〉，《宋史研究論文集》，1992 年。李合群，〈北宋東京皇宮二城考略〉，《中原文物》，1996 年第 3 期。E. A. Kracke, "Sung K'ai-feng: Pragmatic Metropolis and Formalistic Capital，in J. Winthrop Haeger (ed.), Crisis and prosperity in Sung China.（台北：虹橋，民國 65 年）pp. 49-77。梅原郁，〈宋代の開封と都市制度〉，《鷹陵史學》第 3、4 號，1997 年，頁 47～74。加藤繁，〈宋代都市的發展〉，《中國經濟史考証》（台北：華世，民國 65 年），頁 263～307。

〔註5〕參見黃守性，〈開封之史蹟及其地理之沿革〉，《地學雜誌》，第 8 卷第 4 期。黎沛虹等著，〈北宋時期的汴河建設〉，《史學月刊》，1982 年第 1 期。凌申，〈清明上河圖與北宋開封城市地理〉，《人文地理》，1990 年第 4 期。

建爲大梁城，歷一百卅年後爲秦所攻滅。大梁城之遺址與規模尚未探明，據考古探查其地在今開封偏西北，部分與今城重疊，其城門十二座，以夷門最著，城之東西長約 5.8 公里，南北長約 6.4 公里，其城之規模可見。〔註6〕大梁城之周長約 44 里，此較宋汴京城之周長略小，但大梁毀滅後，秦、漢時期僅於此地設爲浚儀縣，分屬於三川郡、陳留郡，古開封城則於秦、漢時分屬於三川郡、河南郡之地。〔註7〕浚儀於東魏時置爲梁州，北周宣帝時改置爲汴州，隋大業年間廢汴州，改屬鄭州，唐武德年間重置爲汴州。至於漢時屬河南郡之古開封縣，於晉時屬滎陽郡，東魏時置爲開封郡，北齊時廢置，隋開皇年間復置開封縣而屬於汴州，大業年間廢汴州，以開封縣屬鄭州，唐武德年間重置汴州，開封屬之，貞觀年間復廢縣併入浚儀，延和元年（712）於汴州城內別置開封縣，管理東界。〔註8〕古開封與浚儀因相近之地理關係，其間約五十里之隔，〔註9〕故常有分合置廢，然唐延和年以前之開封實爲古開封城，即秦漢時之開封，至唐貞觀年廢縣後，即漸淪沒至古蹟廢墟之所，延和年復置之開封爲新縣，置之於汴州城內，元和年又將浚儀縣治亦遷入城內，即與浚儀縣共爲州治所在，併爲州之倚縣，開封管東界，浚儀管西界。五代時以汴京爲都之朝代大體因之，以開封、浚儀爲赤縣，其餘屬縣爲畿縣，似仍因唐之舊。〔註10〕至宋初建都於汴京則沿五代之舊，京城開封府仍以二縣爲治所，但於眞宗大中祥符二年（1009），改浚儀縣爲祥符縣，並爲赤縣而同爲治所依舊。〔註11〕

宋汴京爲古浚儀之地，戰國時魏於此建都爲大梁城，是五代前首度建爲國都者，距五代後梁再度於此建都相距已近 1270 年（前 361～907）。自大梁毀敗後，其地即爲浚儀縣，歷代以來或爲一般州、郡屬縣，或爲治所，而又

〔註 6〕 參見註2，周寶珠書，頁 2～6。劉春迎書，頁 1～7。

〔註 7〕 參見班固，《漢書》（北京：中華）卷 28 上，〈地理志八上〉，頁 1556～1559。

〔註 8〕 參見李吉甫，《元和郡縣圖志》（北京：中華）卷 7，〈河南道三〉，頁 176、177。

〔註 9〕 參見劉昫等，《舊唐書》，（北京：中華）卷 38，〈地理志一〉，頁 1432、1433。

〔註 10〕 參見王溥，《五代會要》（台北：九思，民國 67 年）卷 19，〈開封府〉，頁 307。又薛居正，《舊五代史》（北京：中華）卷 150，〈郡縣志〉，歐陽修、宋祁，《新五代史》（北京：中華）卷 60，〈職方考〉，對於汴京之沿革及治所、轄縣等皆未詳。

〔註 11〕 參見脫脫，《宋史》（北京：中華）卷 38，〈地理志一〉，頁 2107。又王存，《元豐九域志》（北京：中華）卷 1，〈東京〉條，載東京開封府之治所爲開封、祥符二縣，見頁 2。

與古開封縣互有分合廢置之變更。唐時往往爲節鎮之所在，地位日重，延和年新置開封縣於汴州城內，似應爲其時之州治，及後元和中，復將浚儀縣治遷入城內，併爲汴州之倚縣，迄於五代建都於汴時，北宋因仍不改，僅改浚儀之名爲祥符。二縣均爲縣級最高等級之赤縣，開封轄有 6 鄉 1 鎮，祥符則轄有 8 鄉 4 鎮之地，開封府原轄有 17 縣，北宋末爲 16 縣，是所謂京畿區。〔註12〕汴京開封府爲國都所在，爲輔衛京師故於四周之地擇州郡爲輔郡，初以京東路之曹州，京西之陳、許、鄭、滑爲輔郡，並隸於畿內，與開封府所轄，共爲 42 縣之行政區，並置京畿路轉運使及提點刑獄總之，其後京畿路與輔郡又有廢置，故北宋末有所謂四輔，即南輔穎昌府（許州）、西輔鄭州、北輔開德府（澶州）、東輔拱州，然此四輔於後亦廢除，各還舊隸之路，則京畿仍以原開封府所轄之地。〔註13〕

　　汴京既爲國都，爲朝廷之所在，故中央政府各級單位與機構皆在京師，有其政令及行政體系。汴京城之實際行政管理在於開封府，據史載開封府之首長爲牧、尹，但不常置，因太宗、眞宗爲帝前曾任府尹，則之後任府者不便稱之，僅以權知府爲銜而任首長，由待制（從四品）以上官員出任，其僚屬有判官、推官四人，原分左、右廳辦事，後爲三人管刑獄訴訟，一人領南司管賦稅戶口；京府兼爲行政與審判法院之位階。司錄（錄事）參軍一人管理戶婚及通簽書六曹案牒；類似地方之民事法院。府中設有六曹辦事，即功、倉、戶、兵、法、士六單位，類似六部分掌職事；各設參軍一人主其事。左右軍巡使、判官各二人，分別掌理京城爭鬥及推鞫之事，類似地方之刑事法院，但亦管獄政。左、右廂公事幹當官四人，掌檢覆推問，凡鬥訟事輕者由其論決之。在府中供任使之吏員有六百人之多。開封府轄有 16 縣，關於各縣之令佐、訓練、征榷、監臨、巡警之官皆由知府率統而隸之，則各知縣衙門恐僅餘勸農桑及協助處理府之行政而已。〔註14〕由開封府之行政體系與執掌來看，顯然較重於刑獄司法及治安巡警方面，其次則幾乎直接掌控所轄各縣

〔註12〕開封府轄縣據前註《元豐九域志》所載爲 17 縣，103 鄉、31 鎮，而前註〈地理志一〉所載爲 16 縣，其中襄邑縣原屬開封府，於徽宗崇寧四年（1105）建爲拱州，其後有所廢置，於政和四年（1114）復爲州，隸京東西路，故北宋末時開封府轄縣爲 16、97 鄉，29 鎮。見頁 2107、2111。〈職官志六〉載開封府下「領縣十有八，鎮二十有四」，則與上述所載不同；有待進一步考察。見卷 166，頁 3742。

〔註13〕參見註 11，〈地理志一〉，頁 2106。

〔註14〕開封府之行政體系及各官職等參見註 12，〈職官志六〉，頁 2941、3942。

之大部分行政，此應是京城安全與秩序之考量，使得汴京在繁華宏壯之面貌中，隱約有嚴肅之氣氛。又司錄參軍類似民事法庭，判、推官，左、右軍巡使類似刑事法官，則民、刑法院俱備，復集檢查、審判二者之法院功能，為開封府司法之特色。汴京對治安與警戒之重視，又可於軍巡制中見及，城內各坊皆設軍巡鋪，每鋪有兵五、六人，以京城內之 120 坊計，則有六、七千軍兵之徼巡，其職責在於夜間巡警、收領公事、防火、報時等，每坊之上又設有廂，廂置巡檢、虞候（都所由）、所由、街子、引官、廂典、書手等，在廂之上設四名都巡檢總其事，而又曾別置左、右廂管勾裁決斷事，如此則都廂（都巡檢）亦負責汴京城之警巡安全事務，而與開封府有分庭抗禮之勢；但都廂等單位較類似警察之機構，府院則類似法院之功能。大體上汴京城坊、廂之設置為行政區劃單位，但廂都巡檢之派任與人事卻不由開封府主其事，而是由馬軍司兼舊（內）城裏都巡檢，步軍司兼新（外）城裏都巡檢，則開封府似未能掌轄都巡檢事務，而都巡檢分東京城部份關於治安警巡之權責，似乎京城之行政機構實際上形成開封府、都廂、廂、坊四級；但此仍有待探討。〔註15〕開封府為京城國都所在，其地位、權責高於各類之府、州地方政府，其組織、行政亦異於各地方政府，較之其他京府、次府等顯得重要及複雜，加之皇室所居及中央朝廷所在，其城市型態則更為特出，即大型城市當有之規模、設施外，又有京師所在之特色及其相應之結構。

（二）汴京之形勢與建都

　　汴京之地理為華北平原與黃淮平原之交，為整體華北大平原之中西部，西面接近豫西山地，北臨黃河，成為黃河南岸之平原地帶。其地理位置之形

〔註15〕汴京都廂之設置及其人員、人事等，參見徐松，《宋會要輯稿》（北京：中華，1987 年），第七冊，〈兵三〉，「廂巡」條，頁 6802～6807。汴京軍巡鋪，每坊巷三百步許設一所，鋪兵五人。其職責等參見孟元老，《東京夢華錄》（台北：世界，民國 62 年，鄧之誠注本）卷之三，「防火」條，頁 120。對都廂之簡述可參見周城，《宋東京考》（北京：中華，1988 年）卷 9，〈官治〉，「都廂」條，頁 168。又註 2，周寶珠前揭書，言神宗熙寧三年開始，京城之行政機構為開封府、都廂、廂、坊四級，然都廂應為中央之馬、步軍司所派任，似開封府無直轄之權，府所轄之警巡治安為軍巡司，不過京城中有中央政府，些許機構之權責與府有重疊之處，都廂當即屬此，此外，皇城司亦有其責，皆為在加強京師之安全，緊密控制治安之故，故言四級行政有待進一步探討。關於開封府之組織、制度及其行政、司法等，鄭壽彭有較詳之論述，參見註 2，前揭書。

勢特徵，戰國時張儀即言：「魏地四平，諸侯四通，條達輻輳，無有名山大川之限」，並特別指出爲「固戰場也」，〔註16〕即所謂自古以來四戰之地。除黃河可爲北方屏障外，汴京之地理無山川形勢之險阻，而汴京距黃河甚近，乃豁露於河南岸之平地，渡河立即可抵，地理形勢條件上極爲不利。在國防形勢條件而言，宋之敵國爲北方之遼及西北之夏，夏之威脅不強，遠不如北方之遼，危及國家安全者在遼而不在夏，故論宋之大敵實爲遼朝，而國防之患即在於北方。遼於宋前五代時期即爲北方強敵，影響中原之政局甚深，威脅中原之朝廷甚鉅，如讀史者所知契丹之援晉滅後唐，復滅晉而入主中原，其獲有燕雲十六州之地，佔取長城之險，至中原門戶洞開，國防堪慮。宋承五代之緒，雖能一統南北，但無以收復燕雲之地，仍如五代時之國防隱憂，造成遼朝長期擁有之戰略優勢。宋朝爲彌補其國防缺失，惟有駐重兵守禦，河北、河東以禦遼，陝西則防夏，三邊尤以河北爲重，如仁宗時宋祁所言：「天下根本在河北」，〔註17〕蓋以河北之地爲華北大平原，無險阻可言，地理平川，極利於敵騎之奔馳，若無能禦之於河北，則極速可抵黃河邊，渡河即京城難守，此爲其國防形勢之不利。

　　地理形勢與國防形勢皆爲不利，則建都選址於汴京之原因何在？即當有其立地條件之利，否則自五代以來除後唐外，皆選址建都於汴，宋又沿之爲國都，應有其考量之因素，其因素主要在於經濟與漕運之利，即以東南財賦由江、淮沿運河供給京師，由京師轉輸河北之地，則京畿無虞，駐軍糧餉亦得以完備，尤其宋之國策爲強本弱末，京畿之本自有大軍衛守，則需財賦以維持。故宋人言議建都時，雖其地理形勢與國防形勢皆爲不利，但因東南財賦與漕運爲現實之利，遷就現實而毋須更張另籌，殆爲宋初建都之觀點。宋承五代建都，五代時後梁立國而首創都於汴，梁末帝未即位時爲東京留守，臣下有請往洛陽立位定都，末帝答云：

　　　　夷門，太祖創業之地，居天下之衝，北拒并、汾，東至淮海，
　　國家藩鎮，多在厥東，命將出師，利於便近，若都洛下，非良圖也。
　　　〔註18〕
是以後梁太祖龍興之地而言，其於唐僖宗中和三年（883）三月授爲宣武節度

〔註16〕見司馬遷，《史記》（北京：中華）卷70，〈張儀列傳〉，頁2285。
〔註17〕見《宋史》卷284，〈宋祁傳〉，頁9596。
〔註18〕見《舊五代史》卷8，〈末帝紀上〉，頁115。

使，其地即在汴州，〔註19〕亦即史載「帝（太祖）初建節於夷門」，〔註20〕夷門即戰國時魏大梁城之東門，〔註21〕所指即唐之汴州。朱梁建都頗考慮其為創業之地，並衡量其為「天下之衝」及「命將出師，利於便近」，似以政軍之考量而都於汴，故梁太祖即位之制中言：

> 古者興王之地，受命之邦，集大勳有異庶方，霈慶澤所宜加等。
> 故豐沛著啓祚之美，穰鄧有建都之榮，用壯鴻基，且旌故里，爰遵
> 今典，先示殊恩。宜升汴州為開封府，建名東都。〔註22〕

雖以政軍考量，但財賦仍為其時所重，如河朔重鎮羅紹威，「置水運自大河入洛口，歲漕百萬石，以給宿衛」，其原因即「京師軍民多而食益寡」，〔註23〕仍有漕運之便而能濟京師之用。又如唐末時楊行密雄據淮海，其地「塵賤刀布，阜積金玉」，宣州節度使田頵移書諷劾行密輸財賦入京，行密怒而言：「今財賦之行，必由於汴，適足以資於敵也」，〔註24〕足見東南財賦之盛，而漕運必至於汴州然後行。是以汴京之地，朱梁因有其政軍考慮，而財賦、漕運之利顯然亦為其時必要因素。

後唐建國，欲復唐之舊，乃都於洛陽，以為其繼唐室之正統，未見其關於建都之議。史載莊宗同光三年（925），「天下大水，國計不充」，李琪提出入粟授官之法，並賞酬官民轉運物至京師之法，〔註25〕當時因水患致戶口流亡者十之四、五，京師供饋不足，軍士乏食，至於「鬻子去妻，老弱採拾於野，殍踣於行路者。州郡飛輓，旋給京師」，中官李紹宏既奏「請且幸汴州，以便漕輓」，〔註26〕可見逢河患之時，當需轉糧供京師，而便於轉漕仍以汴州較利於洛陽則甚為明顯，此種「軍儲官俸，常汲汲于供須，夏稅秋租，每懸懸于繼續」之情形，〔註27〕至唐末帝時仍然存在，漕運轉財為其時重大問題，

〔註19〕 參見前註，〈太祖紀第一〉，頁 4。《新五代史》卷 60，〈職方考三〉，載「汴州，唐故曰宣武軍」，見頁 737。

〔註20〕 見前註，〈太祖紀第四〉，頁 61。

〔註21〕 戰國時魏之隱士侯嬴曾為大梁夷門監者，司馬遷對大梁之墟，求問所謂夷門，知為大梁城之東門。參見《史記》卷 77，〈魏公子列傳第十七〉，頁 2378、2385。

〔註22〕 見《舊五代史》卷 3〈梁太祖紀第三〉頁 48。

〔註23〕 參見《舊五代史》卷 14，〈列傳第四〉，頁 190。

〔註24〕 參見《舊五代史》卷 17，〈列傳第七〉，頁 232。

〔註25〕 參見《舊五代史》卷 58，〈列傳第十〉，頁 783～786。

〔註26〕 參見《舊五代史》卷 33，〈唐莊宗紀第七〉，頁 463。

〔註27〕 參見《舊五代史》卷 69，〈列傳第二十一〉，頁 920。

攸關其國計民生。

後晉之建都於汴，高祖天福三年（938）十月御札言：

> 爲國之規，在於敏政；建都之法，務要利民。……當數朝戰伐
> 之餘，是兆庶傷殘之後，車徒既廣，帑廩咸虛。經年之輓粟飛芻，
> 繼日而勞民動眾，常煩漕運，不給供須。今汴州水路要衝，山河形
> 勝，乃萬庾千箱之地，是四通八達之郊。爰自按巡，益觀宜便，俾
> 升都邑，以利兵民。汴州宜升爲東京，置開封府。〔註28〕

觀御札所言，除山河形勝乃略爲誇張之美言外，其餘所言皆合於當時之實際
狀況，亦是後梁建都於汴之考量，爲漕運供需以利兵民，汴州實爲四通八達
之郊；可免前述後唐苦於漕運之困境。

後漢建國仍因後晉都於汴，其詔書曰：

> 浚都重地，汴水名區，控襟帶於八方，便梯航于萬國，眷言王
> 氣，允稱皇居。其汴州宜仍舊爲東京。〔註29〕

此亦言汴州爲交通及漕運之便，復爲前朝舊都之故。

後周太祖郭威於澶州兵變，先爲後漢之監國，而後受禪即帝位，仍以汴
京爲都。及世宗繼立，於顯德二年（955）欲於京城四面別築羅城，其詔書中
言及都汴之利：

> 惟王建國，實曰京師，度地居民，固有前則，東京華夷臻湊，
> 水路會通，時何隆平，日增繁盛。〔註30〕

周世宗再度強調汴京之利在於「水路會通」。至此，五代建都於汴，其所重者
可一語以概括，即交通漕運之便。

宋太祖建國，其初有意都於洛陽，再西遷長安，即以汴京地理形勢不利，
而國防形勢亦不利，其情形已如上文所述，然亦因漕運之利遷就於現實，但爲
解說心理上對國防形勢之不安，乃有「以兵爲險，以德爲固」之說，然兵是否
可恃以爲險守？德是否可依爲安固？則需就其實際狀況加以檢討，既政軍之策
略與實踐之措施能否一致，故可知其「兵險德固」之說在理想與實際間之關係。
〔註31〕汴京既以交通漕運爲數代以來所重，其水路交通網則爲輻湊之地，城市

〔註28〕見《舊五代史》卷77，〈晉高祖紀第三〉，頁1020。
〔註29〕參見顧炎武，《歷代宅京記》（北京：中華，2004年）卷16，〈開封〉頁224。
〔註30〕見前註，頁225。
〔註31〕關於北宋時建都之討論及相關說法，參見拙作，〈兵險德固—論北宋之建都〉。

呈現為交通都會型，又為東南財賦所聚之地，其城市型態自當有所影響。

三、城牆及其設施

大部分城市皆修築有城牆為其必要條件，城牆不僅具體勾勒出其城市之範圍，亦顯示出其城市形狀及其格局之情形。此外，城牆構築之材料、工程，城門之開設，附加設施如甕城、馬面、城樓、護城河壕、水陸交通等皆為城牆修築之內容。城牆全係人為之工程，為城市之安全防禦所依賴，又需考量城市實際之功能與生活之所需，故而城牆之修築不僅為城市外觀之面貌，亦為整個城市有機聯繫之部分，並與內部結構及城市全盤規劃有關。

（一）城牆之修築與城形

城市城牆之修築，首先即可界定城市本身之範圍，因之而見城市大、小之規模，其城市之等級亦可略知。唐代開封地境為汴州，已為華北東方之重鎮，前此，隋代時已頗殷盛，隋文帝祠太山，過汴州「惡其殷盛，多有姦俠」，乃以令狐熙為汴州刺史，命其行「禁游食、抑工商」等措施，〔註32〕足見其時汴州城為工商發達之都市。其後汴州雖有廢置，但其地始終因運河之開建後，仍為工商薈萃之地。唐代汴州多為節鎮所在、東方軍政重鎮，同時為維護運河、轉漕通暢之經濟要衝。汴州城市之規模擴張應至德宗建中二年（781）開始，其時駐汴州者為永平軍節度使李勉，擴張之原因是汴州「以城隘不容家，請廣之。至是築城。」〔註33〕所謂「築城」，就其文意可知是擴建而新增築其城牆，即加增一層外擴之城牆，此即為當時之羅城，形成其城周20里155步之規模；汴州則成為重城之城市。五代後周太祖於廣順二年（952）修補此羅城，工程不小，動員55000人，「版築旬日而罷」。〔註34〕世宗於顯德三年

〔註32〕參見《隋書》（北京：中華）卷56，〈令狐熙傳〉，頁1386。

〔註33〕見《舊唐書》卷12，〈德宗紀上〉，頁328。李勉官職《舊唐書》記載不一，〈德宗記上〉載建中二年時，其為「永平軍節度使，汴、滑、陳等州觀察使」，見頁327。〈李勉傳〉載其於建中元年時為「檢校左僕射，充河南汴、宋、滑、亳、河陽等道都統，餘如故」，其「餘如故」，當有前此之官職，即「汴宋節度使，移理汴州」，見頁3635。《新唐書》（北京：中華）卷7，〈德宗記〉，載建中二年，「永平軍節度使李勉為汴、滑、陳、懷、鄭、汝、陝、河陽三城、宋、亳、穎節度都統」，見頁186。〈李勉傳〉所載則與《舊唐書》同，見頁4508。諸書記載雖職名不齊，但永平節度使應無問題。及後建中四年，李希烈反，攻汴州城，李勉即棄城而走，見前〈李勉傳〉。

〔註34〕參見《五代會要》卷26，〈城郭〉，頁417。

（956）又加築一層城牆，此即爲新城，其城周圍 48 里 233 步，〔註35〕如此則形成三重城之形態，後爲北宋建國時所沿用，於是唐時雙重城之羅城此時即成爲裏城（內城、舊城、闕城），而後周時加築之新城乃成爲外城（羅城），原汴州之裏城即成爲宮城大內（皇城）。北宋沿用汴京爲國都以後，對於三重城之城牆皆有所修築，但以修繕爲多，增築較少，〔註36〕計外城約有十餘次修築，較大規模之修築工程有三次，分別爲眞宗、神宗、徽宗時期，其中以神宗熙寧八年（1075）時工程規模爲大，以三年時間增築外城之周長，成爲 50 里 165 步之廣，即增加 2 里左右，牆之高、厚度亦增，附屬戰守設備亦修治完善等。外城之周長經考古證實爲 29120 公尺，此與文獻所載大致相符。〔註37〕內城即唐代李勉所築之羅城，由於城區範圍擴大，已將汴河圈入城區，周太祖郭威曾修補此羅城，宋代繼之修築，有仁宗三次，英宗一次之修補，但未擴增，其城周長史載仍爲 20 里 155 步，經考古證實爲 11550 公尺，二者亦相符。〔註38〕皇（宮）城之修築先是後唐明宗、周世宗稍加營繕，繼之爲宋太祖初擴展東北角外，又以洛陽宮城圖式修汴京之宮城，使皇城之周圍到達 5 里之規模，其考古探測爲 2520 公尺。至眞宗時又以磚疊築皇城，使城愈爲堅固，而徽宗時又向北增建延福宮等宮殿，使皇城範圍擴大，成爲 9 里 13 步廣之區域。〔註39〕

〔註35〕參見同前註，又見王應麟，《玉海》（上海：江蘇古籍，1990）卷 174，〈宮城・城下〉，頁 3198、3199。

〔註36〕關於汴京城牆之修築，整體之記載參見《宋會要輯稿・方城一》（北京：中華，1987 年），第八冊，頁 7324～7329。

〔註37〕參見劉迎春前揭書，其〈東京外城修繕一覽表〉中，列出北宋修築汴京外城共十四次，以及文中論述三次較大規模之修築，見頁 100～105。周寶珠前揭書亦論述外城之修築，並特別敍述宋神宗之大規模工程，見頁 44～49。文獻所載外城之周長見同註 35，頁 3199，又見《宋史》卷 38，〈地理志一〉，頁 2102。考古探測發現參見丘剛、孫新民，〈北宋東京外城的初步勘探與試掘〉《集成・華北卷》，頁 1～8。

〔註38〕參見劉春迎前揭書，頁 145～148。內城之周長見開封宋城考古隊，〈北宋東京內城的勘探與測試〉，《文物》1996 第 5 期，頁 69～75，接頁 16。文獻所載，見同註 35，頁 3198，又見前註，〈地理志一〉，頁 2102，載李勉所築羅城爲 20 里 155 步，而北宋對內城之修補有仁宗天聖元年（1023）、皇祐元年（1049）、嘉祐四年（1059）、英宗治平元年（1064）數次，或言修築，或言貼築，且多與外城同時修築，見註 36，頁 7324～7328。劉春迎書所記爲皇祐、嘉祐二次，及徽宗時備修而未詳結果。

〔註39〕汴京皇（宮）城之周圍與面積有五里、七里、九里十三步之説法，又有將皇城、宮城區別成二城説，實則皇、宮城僅爲一城，不過皇城西北區爲大內宮

　　汴京三重城以外城之修築整繕爲多，內城與皇城修繕較少，大體在北宋中期後基礎城牆本體已完成，其城形亦已大致確定。外城東牆長度約爲 7660 公尺，西牆約爲 7590 公尺，南牆約爲 6990 公尺，北牆約爲 6940 公尺，今城形由外城視之爲東、西牆略長於南、北牆之南北向稍長之長方形，其方向爲 190 度，〔註40〕故非南北向整齊之長方形而稍有所偏，成爲西北角與東南角略突出之菱形狀。（參見附圖一）城牆之擴建亦是城市擴張及城形之塑造，汴京外城之形成菱形狀是在何時未能確知，但史載：

　　　　（眞宗）大中祥符九年增築，（神宗）元豐元年重修，（徽宗）

　　　政和六年，詔有司度國之南，展築京城，移置官司軍營。〔註41〕

經眞宗、神宗、徽宗三次修築，除徽宗時明言有向南擴展外，皆未知其餘二次修築之狀況，似乎外城向東南突出延伸之形狀，應在北宋末年時造成。至於西北角之突出及最終造成 190 度之菱形係逐漸修築時形成？抑或於北宋末時始形成？甚至宋初重修擴展後周時之新城即已造成？皆有待進一步考察。

　　城形與立地條件有關，如地勢、河流等影響。汴京有四河入城，五大河、金水河、汴河皆由西北入城而往東南，蔡河雖自西南來，亦往東南而去，大體上河流走向由西北往東南傾斜，此與汴京城形之略爲傾斜頗有符合之勢。配合河道走勢之外，又有風水相地之說，即以姓氏歸屬於宮、商、角、徵、羽五音，五音又有所屬之五行，再依五行生剋定方位之凶吉，宋朝趙氏於五音中屬角音，於五行中屬木，故以其最吉方位爲坐壬朝丙，即木坐水之位，汴京城成爲西北向東南之長軸而成菱形方向一致，故造成外、內城呈菱形之主軸相反，適形成兩城平面達到美學之平衡。五音及相宅吉凶爲古久之術，〈漢志〉、〈隋志〉中皆載有其書，然漢代王充有〈詰術〉篇，評圖宅之術甚屬，斥爲虛妄之學。但形法相宅之術確已流傳且廣爲人所信，即成爲社會普遍存在之居宅風水之說。〔註42〕

　　　　室區，餘爲中央各機構等，皇城範圍之擴大爲七里、九里十三步，係因宮室建築增建之結果，故「皇城」之周圍應爲五里，而「皇城區」之範圍於北宋末時擴爲九里十三步左右。關於皇城之周長及範圍與城周之爭議、分析等，參見劉春迎前揭書，頁 202 及 216～226。皇城之周長《宋史》載爲五里，參見〈地理志一〉，頁 2097。又見同註 35 書，頁 3198。

〔註40〕參見註 37 丘剛、孫新民文。

〔註41〕見《宋史》卷 38，〈地理志一〉，頁 2102。

〔註42〕關於汴京河流流向與城形，以及五音五行相地對城形之影響等，參見黃建軍，《中國古都選址與規劃布局的本土思想研究》（廈門大學，2005 年），頁 178、

茲將汴京城城牆之修築情形列簡表以明，表中僅取有修築數據者列入。

表一：汴京城牆修築表

時　間	修築項	城　周	面　積
魏都大梁時期	築城	東西 5800m，南北 6400m，（唐宋里計周長 44 里，唐小里計 66 里，大里計 55 里）	37 m²
唐建中二年	增築羅城	20 里 155 步（實測 11550m）（26 里，31 里）	8.3 m²
後周顯德三年	增築新城	周長 48 里 233 步。	46.4 m²
宋太祖初年	擴展皇（宮）城	周長 5 里（2520m4.5 里）	0.4 m²
宋熙寧八年	修築外城	周長 50 里 165 步（合 28251m），（實測 29180m），（29120m）52 里，58 里。	53.2 m²
宋徽宗時	增築皇城宮殿	9 里 30 步（5130m）	1.6 m²

〔註 43〕

179。文中以「坐丙向壬」爲吉利之方向，似應爲「坐壬向丙」，形成西北往東南之長軸。《漢書》卷 30，〈藝文志〉載有五行家之〈五音定名〉等書，形法家之〈宮室地形〉，見頁 1769、1774。《隋書》卷 34，〈經籍志三〉載〈五音相動〉、〈宅吉凶論〉、〈相宅圖〉等書於五行家，見頁 1027、1039。王充〈詰術篇〉，見劉盼遂，《論衡集解》（北京：古籍，1957 年）卷 25，頁 499～503，並參見劉氏集解「圖宅術日」文。

〔註 43〕本表除依前文所述外，另城周數據有其異同，文獻所載或實測數列出外，又有折算長度之差異。如步之單位，唐宋制 1 步爲 5 尺，隋制 1 步爲 6 尺，隋初 1 尺爲 29.5cm，後爲 23.6cm，即大、小兩種，唐 1 尺爲 31.1cm，宋 1 尺爲 30.7cm，然唐依隋制之大、小二尺，實際上又增於隋尺之長度。宋尺依唐大尺之度，有些微差異，短於唐尺 1 分，因之，依所據標準不同以折合今之尺度，將出現不同之長度數據。上述參見吳（承）洛，《中國度量衡史》（臺北：商務，民國 59 年），長度標準見頁 64～66，步畝尺數見頁 76，隋、唐、宋之大、小尺及、其相沿關係，見頁 217～234。根據梁方仲〈中國歷代度量衡變遷表〉，收於《中國歷代戶口田地田賦統計》（上海人民，1980 年），頁 540～547。綜合羅福頤、吳承洛、劉復、楊寬、萬國鼎等人論著作出各表，唐尺有二十種尺度，隋尺有二種，宋尺十三種，又有其他各家對各種尺之推算，得知其同異頗多。梁方仲所列唐尺合今公尺在 0.28m～0.32m 之間，平均數爲0.3m，宋尺在 0.25m～0.33m 之間，平均數爲 0.29m。楊寬所列唐尺在 0.29m～0.3m 之間，平均數爲 0.29m，宋尺在 0.27m～0.37m 之間，平均數爲 0.31m，又列有唐小尺爲 0.25m。萬國鼎所列唐尺在 0.29m～0.31m 之間，平均數爲

汴京三重城之修築沿革大體如上，由其各面牆長或總周長估計其面積，則皇（宮）城面積約爲 0.4 或 1.6 平方公里，內城約爲 8.3 平方公里，外城約爲 53 平方公里，三城之比例約爲 1：21：133 之概數，若將北宋末年擴大之皇城面積計爲約 1.6 平方公里，則三城之比例概數約爲 1：5：31，大體是由內往外每層（城）做五倍之擴大，而外城爲內城之六倍餘面積。三重城之面積各以其邊長而計，外城面積白將皇、內城包括在內之總面積。以汴京之總面積 53 平方公里來看，皇城面積佔總面積 1.3%，內城則佔 6.4%。除宮城面積爲其生活空間外，內城之生活空間應爲 7.9 平方公里或 6.7 平方公里，外城之生活空間應爲 44.7 平方公里。〔註44〕（參見附圖二）

北宋末崇寧年間開封府有 261117 戶，口數爲 442940 人，〔註45〕此爲汴京城及開封府所轄區內各縣之戶口數，汴京城內居住人口無法確知，而在城外周圍又有居民且納入與城內相同之廂坊管制，此外，另有駐軍及其家眷人口，官員家庭、僕役戶口等；欲得出汴京城之確切人口數恐難達成，今據研究推算大約汴京之人口數當爲 150 萬左右。〔註46〕以城內面積及人數來看，其人口密度爲每平方公里平均 28000 餘人，若扣除宮城區以及官府建地外，

0.3m，又列有唐小尺爲 0.25m，與楊寬所言相同，唐大尺爲 0.29m。以上取平均數而言，唐尺約合 0.3m，宋尺亦約在 0.3m，此與吳承洛所計列相當，即0.31m。楊鴻年以唐之 1 步爲 1.47 公尺，見《隋唐兩京考》（武昌：武漢大學，2005 年），頁 172，此係以隋尺之 29.51cm，而以唐步 5 尺計所得，若以唐步尺計當爲 1.56m，以隋步尺計則爲 1.77m。魏都大梁爲周長 24400m，以唐宋尺計爲 44 里，據丘剛、孫新民前揭文，宋 1 里約 559.87m，見頁 2。而李作智〈論遼上京的形制〉，《集成東北卷‧遼二》，頁 1086，謂唐大里爲 444m，小里爲 371.25m，則大梁城城周爲 66 里、55 里之長。據之則唐建中二年之羅城爲 20.62 里，與文獻所載可謂相和，但若以唐之大、小里計，則爲 26 里、31 里，與文獻所載差距較大，故李作智所說在此恐有待商榷。宋代擴展外城，實測城周數爲 29180m，（丘剛、孫新民前揭文記爲 29120m），合宋里數爲 52 里餘，較文獻所載略長，若以文獻所載里數折合當爲 28251m，其間略有差異可見。劉迎春記周長爲 29120m，以宋太府尺合 0.311m 計，折合宋里約 50 里左右，謂與文獻所載基本吻合，見頁 114，然其以宋太府尺折合計則有不足 50 里之情形。周寶珠前揭書謂合於 58 里，恐係折合成今之里數。至於皇城實測數與文獻所載亦大體相合。

〔註44〕 汴京城之面積，以城周 50 里 165 步計，以及實測周長折算已如上述。但趙岡於《中國城市發展史論集》（台北：聯經，民國 84 年），謂汴京之總面積爲 34.6 平方公里，此與本文所訂頗有出入。

〔註45〕 見《宋史》卷 85，〈地理志一〉，頁 2106。

〔註46〕 參見周寶珠前揭書，頁 319～324。

城內之居住空間應相當擁擠無疑；〔註47〕不過，城內人口分佈不均，其密度亦有不同。

（二）城牆之設施

城牆設施是指牆體本身須有之城門，防禦工程之樓櫓（門樓及角樓）、牆垛、甕城、馬面、護城河壕等。外、內城城牆本體工程及所用之材料爲夯土版築而外包砌磚，甕城之施工亦相同。外、內牆之牆基底部均墊有一層磚瓦層，牆壁下端有磚砌成之下水漕，用於排水之工程可見。外城之寬度約爲 15 至 20 公尺，高度爲 10 公尺上下，內城寬度應在 10 公尺左右，高度約在 8 公尺餘。甕城有長方形或半圓形，長寬面積不等，自數 10 公尺至 100 餘公尺，牆寬 10 餘至 20 公尺。〔註48〕文獻所載汴京外城之高度爲 4 丈、寬爲 5 丈 9 尺，〔註49〕其寬度與考古發掘大體相合，高度則略有差距。汴京之城牆夯土包磚之情形與唐洛陽相似，而長安則無包磚之發現。外城之厚度汴京與洛陽相近，而略厚於長安。牆之高度方面，唐代長安、洛陽皆爲皇、宮城高於外城，在 12 至 16 公尺，外城則在 6 公尺左右，汴京則外城高於內城，亦高於長安、洛陽之外城。在面積方面，汴京外城整體面積小於長安而大於洛陽，內城大於長安、洛陽，宮城則不如長安、洛陽之面積，唐宋都城之形式大體情形如此。〔註50〕

1. 護城河。汴京外城之護城河（壕）又稱「護龍河」，「闊十餘丈，壕之內外，皆植楊柳，粉牆朱戶，禁人往來」。〔註51〕據史料所載宋眞宗時之護城河可通舟船，神宗時浚治壕塹，又有增闊河壕之計畫，至哲宗時大體完工；期間尚有關於整治河壕寬狹之若干意見。今考古探測，河壕之深度約爲 11 至 13 公尺，寬度近 30 公尺，亦有樹木根莖物之發現，河岸植柳木之說當屬可信，

〔註47〕 汴京人口密度，根據趙岡之研究計城內毛密度爲每公頃 164 人，此數目係以新、舊城內 10 廂 121 坊之人口爲 56 萬 7 千人，而以城內總面積爲 34.6 平方公里，其面積係以文獻所載之 50 里 165 步而來，但所推算之數恐有所誤；其所估計汴京全部人口約 140 萬。參見前註趙岡，《中國城市發展史論集》，頁 58、59。

〔註48〕 參見丘剛、孫新民，開封宋城考古隊前揭文。

〔註49〕 參見《長編》卷 293，「元豐十年十月丁未條」，直學士院孫洙所撰記，頁 7148，此與《宋會要輯稿》所收李清臣撰記相同，見〈方城一〉，頁 22 下。

〔註50〕 參見拙作，〈遼上京中京與渤海上京唐宋都城之都市型態〉，《興大歷史學報》，第 17 期（台中：中興大學），頁 67～103。

〔註51〕 參見孟元老，《東京夢華錄》卷之 1，〈東都外城〉，頁 1。

其既能防風固堤，又美化環境，對汴京城之外觀與生態環境確有費心之處。〔註52〕汴京內城亦有護城河，但四面河壕未能完全溝通，不如外城之形成環狀水道。不過，眞宗時爲修玉清昭應宮，所需各地材料之運輸入京，有「令自新城壕由廣濟壕入舊城壕抵宮門」，是內、外城可由城壕相通。由廣濟入當有渠通金水河，運至內城天波門，或至此爲止，或循內城河壕至目的地，蓋玉清昭應宮位景龍門西北，天波門外。而後北城壕遂與所開景龍江合一。〔註 53〕汴京外、內城皆有其護城河，以防禦城守而言，可謂雙重鞏固，以城市型態而言，加重河水交通網道，又有水鄉都城景觀之呈現，且與汴京城其他河水交相印輝，形成具有特色之城市面貌。

　　2. 城門。按《宋史》所載，汴京外城南面有 3 門，東面有 2 門，西面有 3 門，北面有 4 門，共有門 12，由於有河流入，又有若干水門，汴河上、下水門各有 2，惠民河水門有 2，廣濟河水門有 2，又有上南水門，其水門共 9，若水、陸門共計則有門 21。內城之城門東面有 2，南面有 3，西面有 2，北面有 3，共有門 10；另有汴河流經之東、西二角門，此當爲水門。宮城之城門南門有 3，東面有 2，西、北面各 1，共有門 7；總三重城之陸門爲 29，正如周邦彥〈汴都賦〉中所言。〔註 54〕城南面皆設 3 門，整齊畫一，城門之門道多寡不一，外城正南面之南薰門至少有 3 個門道，內城麗景門亦有文獻載爲 3 個門道，正南門之朱雀門應爲 5 個門道，而宮城正南之宣德門（乾元門）亦有 5 個門道，且其門樓亦極盡雕琢，其情形如《東京夢華錄》所述：

〔註52〕 關於汴京之護城河，參見周寶珠前揭書，頁 49～53。劉春迎前揭書，頁 108、109。

〔註53〕 參見劉春迎前揭書，頁 147、148。內、外城濠相通部分，見李攸，《宋朝事實》（京都：中文，1969 年）卷 7，〈道釋〉，頁 108。《長編》卷 71，眞宗大中祥符二年六月，亦載其事，謂「可直抵宮門」者當指天波門，見頁 1617。玉清昭應宮之位置，見李濂，《汴京遺跡志》（北京：中華，1999 年）卷之 10，〈寺觀〉，頁 1660。王應麟，《玉海》（上海：江蘇古籍，1990 年）卷 100，頁 1825。內城北城壕與景龍江合一，參見周寶珠前揭書，頁 42。

〔註54〕 參見《宋史》卷 85，〈地理志一〉，頁 2097～2103。內城之水門見《東京夢華錄》，頁 26，東角門子在汴河南岸，西角門子在舊鄭門（宜秋門）之北。另楊寬，《中國古代都城》（上海：人民，2003 年），言西角門在宜秋門南之汴河北岸，然其採梅原郁之東京復原圖，圖示西角門乃在宜秋門之北，見頁 311、313。周邦彥〈汴都賦〉，見呂祖謙，《宋文鑑》（台北：世界，民國 56 年）上冊，卷 7，頁 5～23。

　　　　門皆金釘朱漆，壁皆磚石間瓷鑴鏤龍鳳飛雲之狀，莫非雕甍畫
　　棟，峻桷層榱，覆以琉璃瓦，曲尺朵樓朱欄彩檻，下列兩闕亭相對，
　　悉用朱紅杈子。

此為宣德門之木門形制，以及門樓之建築與裝飾，又述及朵樓與門前所立
之雙闕，以及闕下相對立之闕亭，門禁之朱紅色杈子等。宣德門的形制照
宋徽宗所畫「瑞鶴圖」中是平面呈凹字型，門樓、朵樓、廊均為單簷頂，
綠色琉璃瓦、用鴟吻、獸頭、走獸，門樓斗拱為六舖作一抄二昂重拱，木
構無彩繪。又據北宋銅鐘上所刻鑄之宣德門情形是：有五門道之門樓，兩
側由斜廊通朵樓，其前列三重子母闕、闕下城門兩側有對立懸山頂小亭各
一，大體與《東京夢華錄》所述相符。又宣德門立五門及雙闕可見於周邦
彥〈汴都賦〉，以及李長民〈廣汴賦〉文中。〔註55〕可見宮城正面門樓之氣
勢宏壯與雕飾之華麗。宣德門五門道，上築有門樓，往往為上元觀燈之所，
如：「紫禁煙光一萬重，五門金碧射晴空」。〔註56〕徽宗於元宵節時，宴於
宣德門，命以「五門瑞闕」為題作詩，時王安中即席詩有「五門瑞闕初元
夕，萬歷宣和第二年」之句。〔註57〕汴京各城門當以宣德門最為華麗壯觀，
其餘各門限於史料難以知其狀況，是否各門皆置有門樓未能確知，但若據
元人所繪汴京城圖，則內、外城門為一門洞以及皆設門樓，樣式頗為一致，
僅外城四面正門之門樓樣式略異於其他各門，內城南（朱雀）、外（紫龍）
二正門門樓樣式也異於其他各門，似為雙層門樓。〔註58〕（參見圖三）除
門樓外，宮城四角設有角樓，而宮城有角樓即始於汴京，後金朝修汴京大

〔註55〕見《東京夢華錄》卷之 1，〈大內〉，頁 30。南薰門之三個門道，見丘剛前揭
　　　　文，又見於樓鑰，《北行日錄》（台北：藝文，知不足齋叢書）卷上，頁 16 上。
　　　　又記宣德門列五門道，兩旁立朵樓，其時雖為金朝時之汴京城，若依舊留宋
　　　　制，當可參考。朱雀門有五門道，參見宋繼郊，《東京志略》（開封：河南大
　　　　學，1999 年），19，〈河陂〉，頁 669，「州橋」條。宣德門之形制及「瑞鶴圖」，
　　　　北宋銅鐘等所見，參見傅熹年，〈宋趙佶瑞鶴圖和它所表現的北宋汴梁宮城正
　　　　門宣德門〉，收於《中國古代建築十論》（上海：復旦大學，2004 年），頁 231
　　　　～243。周邦彥〈汴都賦〉言：「兩觀門峙而竦立，眾罳邈望而相吞」。李長民
　　　　〈廣汴賦〉言：「立觀兩隅則眾罳儼以並飾」，見王明清《揮塵餘話》（津逮秘
　　　　本）毛晉附跋文。
〔註56〕見劉昌詩，《蘆浦筆記》（北京：中華，1997 年）卷 10，〈上元詞〉，頁 76。又
　　　　按語云上元詞，「備述宣政之盛，非想像者所能道，當與夢華錄並行也」。
〔註57〕參見宋繼郊，《東京志略》，頁 151，引《張氏可書》所載。
〔註58〕參見陳元靚，《事林廣記》（北京：中華，1999 年），頁 294。

內，依宋舊制，則「故宮宮牆四角皆有樓，高五丈，每樓一所」〔註59〕其餘內、外城似未見有關角樓之紀錄。

城門皆有其名，名皆各有意義，如外城有（新）鄭門（順天門），以其通往鄭州之故，北有（新）酸棗門（通天門），以其通往舊酸棗縣（延津縣）之故，〔註60〕原汴京於唐代為雙重城時，其羅城西牆即有鄭門之名，北牆亦有酸棗門之稱，五代、宋朝時皆更改其名，然舊名仍為其俗稱。〔註61〕汴京城門名稱一則取其典故所依，如宮城北門有拱辰門，當係依「居北辰而拱之」之典，又如內城正南之朱雀門，當依五行風水術之南朱雀而來，此與唐長安皇城正南之朱雀門相同。二則依設門之方向、目的取吉利之名，如東牆各門，因其方向則取朝陽、含輝、望春、麗景、東華等文義之名，南方又有南薰門。西方、北方對夏、遼二國，則北牆有安肅、通天、永泰、安遠等門，西方有開遠、順天之門。南牆方向為坐北而面南治理之意，取宣德、保康、宣化、安上等名，至於水門之名，亦可看出皆與水有關，如宣澤、通津，善濟、廣利等。命名取號有其含意與象徵，原即為中國文化之特色，國都之門當更重於此，應不待言。至於設門之數，依《周禮》所言，王城應為 12 門，汴京外城即設 12（陸）門，應是依此，而宣德門外立闕，亦是依《周禮》象魏之制。〔註62〕然若依《周禮》，應是四面平均皆為 3 門，而汴京則為東面 2 門，北面 4 門，餘兩面皆為 3 門，雖總為 12 門，但未平均分設。〔註63〕

3. 甕城。據《東京夢華錄》所載之汴京外城：

> 城門皆甕城三層，屈曲開門，唯南薰門、新鄭門、新宋門、封

〔註59〕 見宇文懋昭，《大金國志》（台北：商務，民 57 年）卷 33，「汴京制度」條，頁 245。謂宮城設角樓始於北宋之汴京，見楊寬，《中國古代都城制度史研究》，頁 311。宮城角樓見《東京夢華錄》卷 2，「東角樓街巷」，頁 67。

〔註60〕 參見周城，《宋東京考》（北京：中華，1998 年），所引《愚見記忘》之語，見頁 4。

〔註61〕 五代至宋三重城各城門之名稱皆有其更改，可參見周寶珠前揭書，頁 56～58。

〔註62〕 參見《周禮》（台北：東昇，十三經注疏本）卷 41，〈考工記〉，頁 24 下，謂：「匠人營國，方九里，旁三門」。卷 2，〈太宰〉謂：「正月之吉，始和布治於邦國都鄙，乃縣治象之灋于象魏」，鄭玄注云：「象魏，闕也」，見頁 16 上、下。

〔註63〕 據《事林廣記》所載圖示中，汴京外城東面有三門，其以水門善利門為陸門，故所見外城為十三門。其舊城圖即為宋之內城，城門各面皆三，共十二門，然其東、西二角子門亦計入，此當為水門，且圖中外城繪出入京之四水河道，內城卻未繪出，故二角子門為水門之情形不顯，見頁 294。另參見圖三。

丘門，皆直門兩重，蓋此係四正門，皆留御路故也。〔註64〕

即四面各門皆往外增設甕城，但四正門之門與其外甕城之門成直線貫通，是為皇帝出入的御道之故，其餘各門之甕城門則由側門開門，雖是「屈曲開門」但何以能「甕城三層」？當亦是兩層（重）城，或兩層（重）門。就考古發掘而言，甕城有長方形、半圓（弧）形，甕城門與牆城門是「屈曲開門」，四正門之甕城門是「直門兩重」；則「三層」之意則不能確切解釋。近年來發掘西牆固子（金耀）門，其甕城為長方形，但卻開設西、南兩個門，與其他發掘之甕城僅開一個門情形不同，則「甕城三層」是否即指此二甕門與一牆門？此於《武經總要》所繪之「城制」圖中可見。〔註65〕（參見圖四）否則即應是甕城內又設築一小甕城，始能為「甕城三層」。南宋乾道五年（1169）時樓鑰曾奉使金國，十二月入汴京故都時有所描述，其由東面朝陽門入京，所見之情形為：

> 城樓雄偉，樓櫓壕塹壯且整，夾壕植柳如引繩然。先入甕城，
> 上設敵樓，次一甕城，有樓三間，次方入大城，下列三門，冠以大
> 樓。〔註66〕

金朝依宋制修整汴京，樓櫓之外，護城河壕植柳依舊，朝陽為東面正門，有3道門，另所見之甕城為雙層，即兩個甕城，是「甕城三層」又有可證之資，然與考古發掘卻未合，此有待進一步探討。

汴京甕城之築始於何時難以確定，大約神宗熙寧年間已有甕城之出現，其後之發展為哲宗元祐三年（1088）十月之修京城，〔註67〕當時修城預定開展護城壕為深1丈尺、闊251步，時為右諫議大夫范祖禹所反對，同時亦反對增築甕城，於元祐四年六月言：

〔註64〕見同註51。

〔註65〕參見劉春迎前揭書，頁139〜141。「城制」圖見於曾公亮《武經總要前集》（台北：商務，四庫珍本初集）卷12，〈守城〉，頁5、6。

〔註66〕見註55，樓鑰，《北行日錄》卷上，頁15下。

〔註67〕甕城之建置及其沿革，參見韓品錚、楊國慶，〈中國古代甕城初探〉，《中國古都研究》第十五輯（西安：三秦，2004年），頁239〜246。宋於神宗熙寧七年（1074年）有「買木修置京城四御門及諸甕城門，封築團敵、馬面」之記載，可知其時已建有甕城，但應非全面性，故哲宗時又增築其餘各甕城。見《宋會要輯稿》，〈方城〉十之18，頁7327。哲宗之增修京城參見《長編》卷415，哲宗元祐三年，十月庚子，頁10089。主其事者為將作監丞李士京、宣德郎潘适。

又京城外門，正門即爲方城，偏門即爲甕城，其外門皆用鈍鐵裹之，此祖宗時所無有也。甕城乃邊城之制，非所以施於京師。今東、西、南三面偏門，亦欲爲甕城，臣不知大臣以何見而爲此謀也。……其北門城甕已就，改之重勞，臣乞欲降指揮，東、西、南三面偏門止爲方城，其壕廣闊可減三分之一，稍正王城之體，以惜民力，以省國用。

所言不聽，又再上言，仍不聽。〔註 68〕不久，左諫議大夫梁燾亦上言響應范祖禹之論，其時「西、北兩面城壕，開修已有次第，東、南方始興工」，意欲停止開廣東、南兩面城壕，至次月，梁濤再度上言，其貼黃云：「城圍既峻三面，自合周全，壕池已開兩隅，不需通鑿」，〔註 69〕可見修葺城牆、開展城壕、增築甕城三事爲哲宗修汴京之主要工程，修城圍牆大約未受反對而次第完成，城壕已開修兩面，甕城則北面已就。其結果於紹聖元年（1094）正月修築京城完工，「外門正門爲方城，偏門爲甕城」。〔註 70〕以今考古發掘所知，護城河壕深、寬度已如前述，深度大體相當，寬度相差甚遠，或當時已採納范祖禹等人之意見而未依規劃施工。甕城之考古可證文獻所載之結果，即「外門正門爲方城，偏門爲甕城」，而於《事林廣記》中所繪「外城之圖」亦可供參看。（參見附圖三）〔註 71〕范祖禹所言當時除北面甕城「已就」，或即指神宗時所有之甕城，大約爲禦北方契丹來犯時之防衛而築，抑或是神宗時之甕城爲四正門之甕城，其餘偏門則無，哲宗欲將其他各面偏門亦增築甕城，使京城四面各門全增加甕城以固防守。

宋仁宗時編成之《武經總要》有〈守城〉專篇，言築城備戰，當時即有築甕城記載：

門外築甕城，城外鑿壕，去大城約三十步，上施釣橋、壕之內岸築羊馬城，去大城約十步。凡城上皆有女牆，每十步及馬面皆上設敵棚、敵團、敵樓，甕城有戰棚、棚樓之上有白露屋。……其城外甕城或圓或方，視地形爲之，高厚與城等，惟偏開一門，左右各

〔註 68〕 見前註《長編》，頁 10346、10347。其奏議又見於范祖禹，《范太史集》（台北：商務，四庫珍本初集）卷 15，〈城壕論〉，頁 6 下～8 下，其言未爲採納，於七月十四日，復上言〈再論城壕箚子〉，見頁 10 下、11 上。
〔註 69〕 見《長編》，頁 10363，梁濤上言，其再度上言，見頁 10382。
〔註 70〕 哲宗修城完工見《宋會要輯稿補編》（北京：全國圖書館文獻縮微複製中心，1988 年），頁 316。《玉海》亦載其事，見卷 174，頁 3199。
〔註 71〕 汴京甕城之考古發掘，參見丘剛、孫新民前揭文。又甕城圖樣參看同註 58。

隨其便。羊馬城高可一丈以下，八尺以上，亦偏開一門，與甕城門相背，若甕城門在左，即羊馬城門在右也。女牆高可五尺，……壕橋直對羊馬城門，若城門汲水需在城外，則甕城、羊馬城各更對開一門，以通汲路，惟不得對大城門。……甕城上各設戰棚，其制與敵樓同，間數視城之廣狹。〔註72〕

以所載築城之制為大城（外城）門外築甕城，再外為羊馬城（牆），再往外為城壕，甕城或為圓形或為方形，城門為偏開，左、右不一；除羊馬城外，所載與考古發掘皆相符。羊馬城「本防寇賊逼逐人民入城，權暫安泊羊馬而已」，但仍對守城禦敵有相當功能，〔註73〕羊馬城亦開偏門而與甕城相背，如此則羊馬城門、甕城門、大城門形成三道出入門戶，是否即造成「甕城三層」之說法？又是否即樓鑰所見之三重城？因之，若解讀「甕城三層」之記述，可有（1）兩甕城加上大城，（2）一甕城開兩門，加上大城，（3）羊馬城、甕城、加上大城。又甕城開兩門如前述固子門之發掘情形，而《武經總要》之圖繪城制，亦見大城外之甕城開設兩門，甕城外、護城壕間設羊馬城，則通體將形成四門。（參見附圖四）

史載汴京有甕城之制始見於神宗時期，哲宗時復加以增修。而《武經總要》成書於仁宗中期時，已見描述甕城等城制，則仁宗時或之前，汴京是否即有甕城之修建？尚待進一步考察。

4. 馬面。沿城牆附築之平面向外凸出之系列墩台，通常較城面為高，約每隔若干距離設一座，又稱之為「卻敵」、「敵台」，為城防之重要設施。城牆馬面之設有所謂起於戰國時代，《墨子・城守》中所言之「行城」、「台城」為對馬面之早期說法。大約漢魏至隋唐皆可見馬面之設施，但多在邊城之中，並不普及。〔註74〕馬面之形制與功能如沈括所言赫連城之情形：

其城不甚厚，但馬面極長且密，予親使人步之，馬面皆長四丈，相去六、七丈，以其馬面密，則城不須太厚，……若馬面長則可反射城下，若攻者兼密，則矢石相及，敵人至城下，則四面矢石臨之。〔註75〕

〔註72〕見前揭《武經總要前集》卷12，〈守城〉，頁2下～3下。

〔註73〕羊馬牆之建築工程及其功能，參見陳規，《守城錄》（北京：解放軍，林正才注釋本，1990年）卷2，〈守城機要〉，頁76、77。

〔註74〕參見蕭默，《敦煌建築研究》（北京：文物，1989年），〈馬面〉條，頁140～146。

〔註75〕見沈括，《夢溪筆談》（台北：鼎文，元刊本，民國66年）卷11，頁3上～5上。

沈括所見爲十六國時期夏國赫連勃勃所築之城，其城爲延州故豐林縣城，說明馬面之功用，並指出北宋邊城雖厚，但馬面短且疏，未能防止敵人至城下。據《守城錄》所載宋制馬面（牆）如下：

> 舊制六十步立一座，跳出城外不減二丈，濶狹隨地利不定，兩邊直覷城角，其上皆有樓子，所用木直甚多。〔註76〕

「六十步」約合90公尺左右，其凸出主城牆外不少於6公尺左右，但需視實際情況而定，在馬面上設有樓子，即指戰棚或敵樓而言，其設置方法爲：

> 敵樓前高七尺、後五尺，每間濶一步、深一丈。其棚下約容二十人，若城愈濶則愈深，上施搭頭木，中設雙柱，下施地栿；仍前出三尺。常法一間二柱，比用四柱，以備矢石所摧，上密布椽，覆土厚三尺，加石灰泥之，被以濡氈及椽栿之首，並以牛革裹之，以防火箭。〔註77〕

於馬面上所設敵樓爲木結構，突出於馬面之外3尺，且其上類似屋頂，以木椽密排覆之以泥灰，還用牛革、濡氈於椽栿頭，用來防火箭燒木毀樓。突出馬面外部設地栿，係活動可掀起之踏空木板，可往下刺殺登攀上馬面牆之敵人。

據《東京夢華錄》所載，汴京外城「每百步設馬面、戰棚，密置女頭」，〔註78〕則馬面設施爲間隔150餘公尺，若扣除甕城長度及水門，計城周應設馬面，外城應有近180個，馬面設置並不密，戰棚則置於其上。所謂「女頭」，即指牆垛，或稱「雉堞」，其形制爲一般城牆所常見，大致是6尺距離設置一個，其高者不過5尺，作「山」或「品」字形樣。女頭牆之設置亦有其講究，或有遮隔矢石之皮、竹牌片，或有加以改良先築「鵲台」再築女頭牆等方法，此不細述。〔註79〕但汴京城之女頭牆確爲何種形制？以《事林廣記》繪圖爲「山」字形，但在考古上則不能發現。

此外，有關「團樓」或「團敵」，前引《武經總要》中言及，其〈城制〉圖繪中有「團樓，此城角圍所設」，形制爲城角加築之戰棚形式，似未突出城外，略成弧形，類角樓但高出牆面而無樓層。在《夢溪筆談》中說宋代邊城有：

〔註76〕見前揭《守城錄》，頁74。
〔註77〕見前揭《武經總要前集》，頁9～10。
〔註78〕見同註51。
〔註79〕參見前揭《守城錄》，頁72。

其間多刌其角謂之團敵，此尤無益，全藉倚樓角以發矢石，以

覆護城角，但使敵人備處多，則自不可成立。〔註80〕

可見沈括並不贊成團樓之設置。神宗熙寧八年（1075）三月，軍器監上所編「敵樓馬面團敵法式」及申明條約，同時另有「修城女牆法式」，下詔頒行。〔註81〕是以城牆諸防禦設施有其法式與施行細則，其內容是否如《武經總要》所述則不能得知，大約有關團敵之設爲沈括所反對，至於汴京城是否設團敵則更未可知，但若依《東京夢華錄》所載，並未見團敵之設立。

綜上所述汴京外、內城皆有護城河壕，陸、水城門，外城皆設甕城，三重城之城門皆有城樓，而以宮城之宣德門最爲壯麗。外城牆設施除城垛外，又建有馬面及敵樓之置。整體觀之，壯闊堅固，牆樓森嚴，望之聳然難犯。

四、城市之規劃及其佈局

汴京因有四道河水流入，造成水流之城市景觀，除去水運交通之功能外，部分飲用、洗滌、灌漑、湖池等皆有需用水；因汴京之水資源豐富，故可保證城中生活之品質。水流城市之自然景觀、空氣調節等亦促進生活之品質，若水道有妥善之維護，應爲極適於人居之處所。因水道則有橋，便利往來之餘，亦爲城市之景觀，橋之建築造型爲城市之文化意涵，橋面及其周遭街巷亦往往形成生活聚會之場所，爲易於顯現生活文化之地。

汴京河流之橋甚多，蔡河有橋十三，汴河有橋十四，五丈河有橋五，金水河有橋五，全城至少有橋 36 座，〔註82〕其中最著者爲州橋，位於內城當汴河與御街交會之處，大體在全城之中心地帶，亦當爲全城最繁榮熱鬧之商業區，其飲食消費舖店林立，地面寬廣，日間繁華之餘，又形成「州橋夜市」之盛況。其次爲相國寺橋，因連結名刹相國寺亦成爲繁華熱鬧之地。〔註83〕此外，張澤端有名畫《清明上河圖》，其所繪之虹橋樣式及周圍景象可以想見，「其橋無柱，皆以巨木虛架，飾以丹艧，宛如飛虹」，〔註84〕雖然虹橋未在汴京城內而在東水門外 7 里之地，亦可見其橋構築形式與當地繁榮之景況。河道兩岸常有交易之市，河岸街區、橋面與橋頭一帶，皆成爲開舖販鬻之處，不免有侵佔路面、妨

〔註80〕見前揭《夢溪筆談》，頁 4 下、5 上。
〔註81〕見《長編》卷 261，頁 6361。
〔註82〕汴京之橋，參見《東京夢華錄》卷 1，〈河道〉，頁 27、28。
〔註83〕州橋與相國寺橋參見《東京夢華錄》卷 2，頁 66、89。
〔註84〕見同註82。

礙交通之情形，官府須頒令禁止，足見其橋區市集之城市景象。河道與橋之分佈，以及相關之活動，正是汴京城河道城市之特色。〔註85〕

（一）宮城區

宮城爲皇室與中央朝廷所在之地。汴京宮城可以東、西華門一線之道街分爲前（南）、後（北）二部分；前部即外朝，後部即內朝。前部外朝之中軸核心區爲大慶殿，止對宮城南門之宣德門，「正旦大朝會，車駕坐大慶殿」、「每遇大禮，車駕齋宿，乃正朔朝會於此殿」、「殿廷廣闊，可容數萬人」，而在北宋末之前，大慶殿尚爲「明堂」所寓之地。〔註86〕可知大慶殿及其殿廷廣場是中央朝廷大聚會、行大禮之處，而由宣德門入宮城後，宮殿門閣遍布，不及細數。大體宮、殿、閣皆有其門，而宮殿遍布，則門亭牌樓亦隨之遍布，此於《宋史》中所見之宮城情形可見；其他記載宮城之資料中亦多有宮殿閣樓之名及其所在之位置。〔註87〕

宮城南面部分之外朝可分爲東、西二區，大慶殿之西區主要有正衙殿之文德殿，爲常朝、朔日視朝之地，策封后妃、皇子冠禮，官僚就任、加恩、辭行之所。再西側爲中央執政之要地，即中書、門下、樞密、都堂之處；再西則爲徽猷、顯謨、天章、龍圖等閣。大慶殿之東區，主要爲宋初三館、秘閣等國家藏書之處，後遭火焚改爲秘書省，北宋末建爲明堂。宮城北面部分之內朝，西區有視朝前殿之紫宸殿，常日視朝之拱宸殿，後殿視朝、宴會、殿試、講讀等處。又有皇帝、后正寢之福寧、坤寧殿，及其他太后所居之殿，另有儲存金帛珍寶之宮殿及祀春、祈禱之宮，尚有藏書墨寶之樓；後宮苑池亦在此區西北之地。內朝東區多爲侍奉皇室生活之機構，所謂內諸司等三十餘單位，〔註88〕如內侍省、殿中六尚局、醫療、武器、書藝、財庫之所，天

〔註85〕關於汴京之橋樑及其城市之關係，參見劉春迎前揭書，有專節之討論，見頁329～342。

〔註86〕見《東京夢華錄》卷6，〈元旦朝會〉條，頁167，卷1，〈大內〉條，頁31。卷10，〈車駕宿大慶殿〉，頁243。大慶殿之「明堂」及其遷徙，參見《宋史》卷101，〈禮志四〉，頁2465、2473。

〔註87〕參見《宋史》卷38，〈地理志一〉，頁2097～2102。《宋會要輯稿》，〈方城一〉，頁1～11，所載宮殿門樓及其沿革與改甚詳。另參見袁褧，《楓窗小牘》（上海古籍，宋元筆記小說大觀，2001年）第五冊，頁4767～4769。周城，《宋東京考》卷1，〈宮城〉，卷2，〈殿閣〉，頁10～40。李濂，《汴京遺跡志》（北京：中華，1999年）卷1，〈宋大內宮室〉，頁4～18。

〔註88〕內諸司等單位，參見周城，《宋東京考》卷3，〈諸司〉，頁41、42。《東京夢

文之司天、探察之皇城司在此；皇太子生活讀書之地亦在此。宮城之內、外朝佈局仍合於傳統之前朝後寢之制，及國家大事之朝政與皇家生活之私居有所分別但又相聯不離。宮城各殿閣有其不同之功能，北宋歷朝間或有調整變動，但大體皆沿其舊規固有之性質。更動較大者為徽宗時擴大之園林宮殿，即政和三年（1113）蔡京倡建之延福宮，於北門拱辰門外遷移機構而闢之，建東、西十五閣與園林，即所謂「延福五位」，則宮城有往外擴張之勢，然又於內城天波、景龍門外建「延福第六位」之園林，並以內城北護城河壕修為景龍江，「夾江皆奇花珍木，殿宇比比對峙，……山水美秀，林麓暢茂，樓觀參差，猶艮嶽、延福也」，〔註89〕延福宮五位、六位之建設，將宮城範圍往北擴張，佔去內城北方一部份，又進而跨出內城，延伸至內城北門外部分地區，即佔去外城小部分地方，故而有謂宮城之範圍為七里、九里之說，此前文已述及之。《宋史》又載關於艮嶽之建，同樣為徽宗時於宮城東北角之外地方創設之林園山水，則又可視之為皇家宮城之範圍；林園部分下文將述及。

（二）內城區

京師為中央朝廷所在，政府各機構衙門繁多，除去宮城外朝有部分重要機構外，餘多散處於內城之中，其所在之位置似未能看出有何講究及規劃，大體上沿中軸線之御街兩側為集中，重要之寺廟亦在此中軸線兩側。中軸線為京城或大城市規劃之傳統，汴京之中軸線為宮城正南宣德門往南，至內城正南朱雀門，再延伸至外城正南之南薰門，即大御街一線。據《周禮》言：「右社稷，左宗廟」之說，〔註90〕北宋太廟即在御街東方，郊社則在御街西方，與宣德門前大（橫）街平行，東、西對稱，且距宣德門前大街相等，宗、社較有規劃其地。於御街之西，政府機構有兩府八位衙署、尚書省、御史臺、開封府、太常寺、都亭驛等，景靈西宮、太平興國寺亦在內城之西，內城西北為殿前司所在地。御街之東，為秘書省、審計院、榷貨物等財經單位，又

華錄》卷1，〈內諸司〉，頁42。

〔註89〕 見《宋史》卷38，〈地理志一〉，頁2100、2101。宮城內、外朝之分及其主要機構與殿閣之所在，除見〈地理志一〉所載外，另參見平田茂樹，〈宋代城市研究的現狀與課題〉，《中日古代城市研究》（北京：中國社科，2004年），頁107～127，文中對汴京宮城內、外朝列有簡表以明。宮城之規劃又可參見周寶珠前揭書，頁27～41，劉春迎前揭書，頁177～192。

〔註90〕 見《周禮》卷19，〈小宗伯〉，頁1上。卷41，〈考工記〉亦言「左祖右社」，頁25上。

有景靈東宮、大相國寺。北方有上清保籙宮，東北多爲商業、消費之區。外諸司、倉庫等五十餘單位則散處於內城各地，亦有散處於外城區者。〔註91〕官員宅第於內、外城皆有所見，即以廂、坊規劃之內、外城區，官、民住宅亦皆散處於其中。

（三）外城區

主要之住宅區即在外城。政府機構如太學、國子監、貢院、惠民局等，又有寺廟、園池、商業區等。〔註92〕由於居民多住外城，故而日常生活之消費、娛樂亦多在此，汴京之繁華榮盛多於此呈現，如以勾欄爲中心之瓦子，汴京城內有六處，除蔡家瓦子在內城東面外，其餘五處皆在外城，分佈於進內城各門主要道路邊，東、西、北各一，南面兩處則分別在御街不遠之兩側，即較集中形成於進內城之出入要道附近，每處瓦子大者可聚集五十餘勾欄，而大型勾欄棚座可容納數千人之眾，各勾欄有其伎藝娛樂表演節目，則見汴京城之瓦子盛況，亦顯現其消費於此之人口，及城市生活文化之特色。〔註93〕除瓦子消費外，另有許多酒樓餐飲店，分處於內、外城區，酒樓宴飲之外，間有妓女待客，「在京正店七十二戶，此外不能遍數，其餘皆謂之腳店」，〔註94〕又有各類食店供食，大小酒樓餐店林立，以供大城市消費，其數自不能遍數。其著名酒樓多在繁榮街道如潘樓街、馬行街，或在大寺廟左近如景靈東宮，或在各城門一帶，其他如前文所言之橋市自亦是餐店食舖集中之處。（參見附圖六）

（四）御道與大街、街市

汴京城之中軸線御街，街道寬濶達 300 公尺左右，道旁有御廊，北宋末徽宗尚許允經營買賣，不久，於政和年間即行禁止，立有黑漆权子爲禁，路中又有朱漆权子兩行，其中間御道不允人馬來往。御道旁有磚石砌水溝，植蓮荷於其中，旁則植桃、李、梨、杏，「雜花相間，春夏之間，望

〔註91〕 外諸司各單位參見《宋東京考》卷3，頁47～49。《東京夢華錄》卷1，〈外諸司〉，頁47、48。內城御街東、西側各政府機關，參見《東京夢華錄》卷2，〈宣德樓前省府宮宇〉，頁53，卷3，〈大內西右掖門外街巷〉，頁84、85，〈寺東門街巷〉，頁104。

〔註92〕 參見《東京夢華錄》卷2，〈朱雀門外街巷〉，頁60。

〔註93〕 汴京瓦子之分佈及其內容，參見楊寬前揭書，頁352～357。瓦子勾欄之盛況，參見《東京夢華錄》卷2，〈東角樓街巷〉，頁67。伎藝內容見卷5，〈京瓦伎藝〉，頁137、138。

〔註94〕 見《東京夢華錄》卷2，〈酒樓〉，頁72、73。〈食店〉，頁131、132。

之如繡」。〔註95〕御街爲京城正面門面，自是寬濶如廣場，裝點如繡又警蹕肅然。城中以宮城爲中心，有四面御街，除正南中軸線御街外，餘三面正門大街皆闢爲御街，此三門即前文言甕城時之新鄭、新宋、新封丘門。正南御街至汴河之州橋爲東、西、南三御街之中心點，北面御街略偏東，由新封丘門入舊封丘門，與東華門街相交，又可至宣德門前大街延伸之潘樓街，往南又可延伸與東面御街相交。即以各城門相對之原則，東西、南北街道多可相交而通衢，其餘大、小街道亦復如此，可見其街道應有所規劃。大體上京城內之街道係以十字或井字型爲基礎有如棋盤狀，若加廂、坊之規劃來看，則街巷更易形成十字型之狀態爲主；但其道路實際狀況未必完全如此規整。

沿街爲市是汴京城之特色，以打破過去封閉式之市。汴京以四條御街及幾條大街之沿街與左近之街道形成街市。南面御街兩側雖設有中央官署，然景靈東、西兩宮地帶亦是商業區所在，如長慶酒樓、什物舖、金銀舖，高州橋東北臨汴河大街之大相國寺更成爲繁華之商業區，過州橋則著名飲食、酒店、雜食等林立。東面御街州橋之東面由內城舊宋門往外城新宋門，沿街爲客店、酒樓，保康門瓦子之地，尤以仁和酒店、姜店著名。西面御街以州橋西行之曲院街爲商業街，有眾多果子行、花果舖，及著名之遇仙酒樓等，街南新門（崇明門）外有新門瓦子。北面御街爲最繁華之街市，以潘樓街、馬行街爲代表，有眞珠、匹帛、香藥、鷹店、界身巷之金銀彩帛爲集中交易處，百貨、酒樓到處，貨行、日用品手工店舖遍設。各類醫行、藥行有其專業之分，如小兒科、眼科、婦產科，口齒咽喉科等，足見其時醫藥專業之發達，又有州北瓦子及繁盛過於州橋之夜市。宣德門前大街爲城中心之橫貫大街，有博易買賣之鬼市子，如同夜店，街市酒樓、客棧、藥鋪等，不少於北面御街。東面有桑家瓦子，舊曹門有朱家橋瓦子，往西梁門外有州西瓦子，此街一線形成消費娛樂街。東華門前大街，市井繁盛，爲京城採購之集中區，酒樓以礬樓最著，爲京城最高大者，飲者常千餘人，係因市場集中地之故，遂造就此街形成爲市場街。景靈東宮門與相國寺東門大街，有著名之熙熙樓客棧與高陽正店大酒樓，尤以相國寺東門大街，衣冠、書籍店舖會聚，寺內每月五次開放，衣食用品、文物書圖盡有，是萬姓交易之市集；而寺南彔事巷爲妓館集中處，正是飲食男女之社會現象。上述八條大街爲汴京繁鬧之街市，

〔註95〕見《東京夢華錄》卷 2，〈御街〉，頁 52。其載御街之寬度爲二百餘步，約爲三百公尺餘。

又以內、外城東北之以潘樓街、馬行街、新封丘門大街以及州橋一帶最爲繁華；〔註96〕街市之繁華景象說明城市居民之生活狀況外，亦顯現出其時手工業與商品經濟之發達。〔註97〕物質生活外，諸如瓦子等演藝活動之形式與內容，各種節慶民俗活動，官方與民間之同樂共演，當可說明在精神文化之情形。〔註98〕街市爲汴京平日京城性之活動，亦爲生活文化較易觀察之處所。

至於汴京街道之規模，可以其寬度見之。後周時汴京城街道約有三類規格，其一爲濶 50 步，約 70 餘公尺，其二爲 25 至 30 步，即 40 公尺上下，其三則爲較小之街道，當在 30 公尺以下者。〔註99〕宋代御街爲 200 餘步，即有 300 公尺餘，其寬濶度形成廣場之型態。其他街道限於文獻及考古之資料而未能確知，但考古發掘南薰門寬達 35 公尺，新鄭門寬 30 公尺，萬勝門寬 20 公尺，固子門寬 32 公尺，〔註100〕若以城門寬度即爲通連門內外之道路寬度，則各門道路爲 20 至 30 餘公尺不等。南薰門寬爲入城之道，入城後豁然開濶，以其爲御道中軸線之故。其他各城門道於入城後是否加寬則不得而知；大概四大御道應皆爲入城後加寬之情形。

（五）廂、坊之規劃

汴京廂坊之規劃係沿襲唐代長安、洛陽之坊制而來，坊制之確立殆爲北魏平城與洛陽之建設，前此即源於西周至秦漢城郭之里制，是以城市規劃之里坊有其長久之所自。城市中之市區起於春秋戰國之時，秦漢以後市即趨於制度化，都城之兩市制則完成於隋唐之時，是以市制如坊制皆有其源久之發展。〔註101〕至宋代建國，承五代而建都於汴京，是以除整修城牆諸措施外，對城市之規劃仍多取之於既有之現況而加以調整。

坊爲都城內小行政區之劃分，實則亦爲住宅區之規劃，宋前爲封閉式城市結構下之產物，最便於城市之管理，其所著重者在於社會治安以及京師之

〔註96〕 參見楊寬前揭書，頁 321～335。汴京街市之景況描述頗詳者可參見《東京夢華錄》卷 1 至卷 3 各條所記。

〔註97〕 汴京之手工業及商業之情形，可參見周寶珠前揭書，其五至七章有專章之敍述。

〔註98〕 汴京之精神生活大體表現在各種藝文、體育、伎巧之表演，街市中之瓦子最可爲說明，其他節慶民俗活動則隨時因地呈現，此於《東京夢華錄》中有甚多之記載，且不細分指出。

〔註99〕 參見《五代會要》卷 26，〈街巷〉，頁 414。

〔註100〕 參見劉春迎前揭書，頁 134～139。

〔註101〕 都城里坊制及市制之發展及其規劃，參見楊寬前揭書，頁 237～263。

威嚴氣氛。汴京承續坊之規劃，而又於坊之上設廂，形成廂、坊二級制，但廂之出現已於後唐都於洛陽時即可見，有「廂界、坊曲」之稱，〔註102〕是以廂設於坊之上應在五代之時，而非宋時所新創。對於五代時京城坊制之整理應始於太宗至道元年（995）命參知政事張洎「改撰京城內外坊名八十餘，由是分定布列，始有雍洛之制云」，〔註103〕改正五代後梁建都時所定之坊名，應同時劃定區分坊里，如唐代長安、洛陽之形式。其時坊名其四坊外皆全部更改，形成基本之廂、坊劃分與名稱，而後在新（外）城外，因居民增多，又規劃出廂坊之區，汴京內、外城加外城外共有坊名之數爲135坊上下，〔註104〕又據《宋會要》所載管理治安等事宜之「廂巡」分配，內、外全城分配爲121坊，並記有各廂之戶數，大約總數爲97750戶，每坊之平均戶數則爲807人。整體而言，外城東部城東左廂9坊，平均每坊2977戶，人口密度最高，東南部城南左廂次之，平均每坊1171戶，再次爲裏城東北左第二廂，平均每廂994戶，這幾處正是汴京最繁華熱鬧區，在前述街道、街市中亦可反映出。裏城面積較外城小，故裏城東北左第二廂應成爲人口密度最高之區，而居民最少者爲裏城西北部右第二廂，僅2坊、700戶，一則因爲軍營所在，二則因宮城佔地較多之故。〔註105〕汴京坊之分佈與人口集中於裏城東部，約佔70%，外城則西部坊數較多，佔三分之二，但人口戶數較少，仍以東部居多。

坊之居住區有巷爲通道，街坊、街巷已於後周世宗時形成，居民可沿街、

〔註102〕參見《五代會要》卷26，〈街巷〉，頁411。楊寬以爲宋眞宗大中祥符元年，「京城內外開始設廂，廂成爲坊上級的行政組織」，見前揭書，頁319。然據《長編》卷70，眞宗大中祥符元年十二月，爲「置京新城外八廂」，乃於新城外增置，係因「上以都門之外，居民頗多，舊例爲赤縣尉主其事，至是特置廂吏，命京府總之」，見頁1582。

〔註103〕見《長編》卷38，太宗至道元年十一月，頁823。

〔註104〕汴京之坊與廂數，有計爲19廂、136坊，參見楊寬前揭書，頁319，有計爲134坊、17廂，參見周寶珠前揭書，頁72。周氏列出各坊、廂表，以爲熙寧前若去除重複之敦化坊及專屬養馬之天馬坊，則計爲134坊，若加入天馬坊及京西之超宇坊，則計數爲136坊。但若以坊名（額）計坊數，是否如實，恐有待再考察。

〔註105〕坊戶數見《宋會要輯稿》，〈兵三〉，「廂巡」條，頁6803。其統計列表參見周寶珠前揭書，頁70～74，另見楊寬前揭書，頁319～321，書中計出每坊平均戶數，及人口密度之分析。又參見註4，Kracke前揭文，文中將各坊與戶數分列配置成圖表，頗爲簡便醒目，並計出內、外城各城門，位置工整，然城北右廂戶數有誤，當爲7900戶，又城門A之水門當爲永順，U條當爲咸豐門。

沿巷開門，打破唐代坊制之規定，而造成新街坊之格局，街路兩旁准許種樹、掘井、搭棚，新市容特色於此出現。宋代亦沿襲並承認此種新市容，原來唐代長安以街鼓定時啟開坊門之制，於此已全無其作用，因流於形式而後或即廢弛。對於居民侵街之現象，唯有定街巷寬度，登記簿籍、樹立表柱，用以防止侵街、侵巷。過去嚴整之坊制，隨社會發展，官府因應而有之措施，已蕩然無存，名有廂坊，實則爲住區之行政劃分而已，城市之結構已產生新變化，坊如同前述之街市一樣，形成新城市型態。〔註106〕

（六）園　林

汴京園林或名勝之地甚多，自然景觀之勝地外，公、私營造之園林池苑遍布城內外。《宋會要》中載有南方南薰門外之玉津園、北方景陽門外之瑞聖（含芳）園，西方順天門外之瓊林苑與金明池，此爲汴京四大名園之三，又載後苑及外苑二地。〔註107〕《玉海》中則載有上述三大園林外，又有其四，在東方朝陽門外之宜春園，其他有金鳳園、奉靈園（凝祥池）、象瀛山池（後苑）等，由此已知汴京城外東、南、西、北各有一著名之園林。〔註108〕但汴京園林池苑實不止此，大約所記爲較著名之地，公、私園林約以陳州門外較多，以名著者十餘處，「其他不以名著者約百十，不能悉記也」，〔註109〕城外勝地園林更爲都城人出外探春之處，能記其名者不下四、五十所，而「大抵都城左近，皆是園圃，百里之內，並無閒地」。〔註110〕汴京內、外城之內以宮城後苑、延福宮、艮嶽爲園林之精華，城外則以四大園林爲主。〔註111〕上文則曾述及之延福五位、第六位及艮嶽之建，而艮嶽尤爲著名，公私園林之修本即有全國各地輸京之花石等，而爲艮嶽造建

〔註106〕坊制之變化，爲汴京城市型態之焦點，諸多探討城市史之論著，幾乎無不著重於此，汴京新街市容之形成已成共識，於此不再贅述。參見楊寬前揭書，頁302～310。加滕繁、梅原郁前揭文。但筆者以爲坊制並非破壞至蕩然無存，只是有所變化、調整。

〔註107〕參見〈方域三〉，「十至十七」，頁7348～7352。

〔註108〕參見《玉海》卷171，頁3136～3150。

〔註109〕參見袁褧前揭書，《楓窗小牘》卷下，頁4782。

〔註110〕參見《東京夢華錄》卷六，「收燈都人出城探春」，頁183、184。

〔註111〕參見周寶珠前揭書，頁457，其書中有專章論汴京之園林綠化總總，見頁452～486。另劉春迎前揭書亦有專章論汴京之園林、艮嶽、金明池等，並列有主要園林表，見頁255～280。另見《宋東京考》卷10、11，所載池苑樓等，頁171～210，《東京志略》，列汴京之園林二十三處，見卷12，「園林」，頁414～467。《汴京遺跡志》卷8，頁122～128。

更大興花石綱之役，[註112]其建設之奇美、構思之精巧，由徽宗親撰之〈艮嶽記〉中即可見到，此不贅述。[註113]各園林除供皇室、達官貴人遊賞外，官修園林亦有開放供人遊賞，就整個京城而言，內、外之園林造成城市之幽雅景致，加上相關之綠化工程，如宮城普遍之綠化，御街兩旁、一般街巷、護城河及入京諸河之種植栽木等[註114]，使全城呈現公園化之景象，有如花園城市之型態。

（七）寺　廟

宋代佛、道二教信仰已甚普遍，城市中為最易反應之地。汴京之佛寺院至少約有 70 所，從寬計之可能應有百所，道觀宮廟約有 60 餘所。佛寺較著者有相國寺、鐵佛寺、開寶寺、太平興國寺等，道觀較著者有東、西、中太一宮、上清宮、玉清昭應宮、上清寶籙宮、景靈宮等。[註115]道教雖為宋皇室所崇，但佛寺較多之現象似反應出民間之佛教信仰稍眾。佛、道寺觀除僧、道人士外，不惟為民眾信仰之中心，亦往往為民俗展演之地，以及形成商業活動之場所，如前述相國寺，每月開放五次，許萬姓交易，又如元月十五至十九日，相國寺之張燈結綵，「其餘宮觀寺院，皆放萬姓燒香」，又「作樂燃燈」等；[註116]至於皇室專屬之寺觀應未開放。若以汴京之面積來看，除去宮城部份外，平均每平方公里有三座寺廟存在，此應為稍密之分佈，則汴京城香火頗盛，而寺廟眾多復成為其城市景觀，並有其社會文化之功能。

五、結　語

北宋立國承五代之舊建都於汴京。汴京除戰國時魏曾建都於此（大梁），直至五代後梁始再以之為國都，歷晉、漢、周至於北宋；其餘時間則皆為州郡所轄之縣。北周時建置其地為汴州，唐代安史亂後，汴州因四戰之地形勢

〔註112〕花石綱之役為論宋史或汴京城者所熟知，其始末具體之記載參見陳邦瞻，《宋史記事本末》（台北：商務，國學基本叢書，民國 45 年）卷 50，〈花石綱之役〉，頁 400～404。

〔註113〕徽宗親撰之〈艮嶽記〉參見前揭《楓窗小牘》所載，頁 4763。

〔註114〕汴京之綠化情形，參見周寶珠前揭書，頁 479～486。

〔註115〕參見周寶珠前揭書，佛教寺院見頁 531～543，道教宮觀見頁 550～562，宋繼郊《東京志略》，有專章記廟壇、寺院、道觀、神祠等，見頁 497～630。李濂，《汴京遺跡志》，亦有專章記寺觀、祠廟等，見卷 10、11，頁 151～192。周城，《宋東京考》記寺觀等，見卷 13～16，頁 227～242。

〔註116〕參見《東京夢華錄》卷 6，「十六日」條，頁 180～182。

漸受重視，遂立節鎮於此，因之，形成汴州之興起與地位之加重。五代及宋之建都於汴，主要係經濟因素，即重其漕運財賦之利，雖然汴京之地理形勢不佳，難以固守，但自唐代以來經濟重心已在東南，故有以東南為經濟之命脈，即端賴藉運河輸送財賦於北方中心之汴京，因遷就此現實狀況，故仍須以汴京為都，而不能及於長安、洛陽。五代與北宋之強敵在於北方之遼國，自後晉失燕雲十六州後，已無長城之險，國防門戶洞開，若強敵南下，則需禦之於河北、河東之地，尤以河北平原無險可守，若以大軍駐防京畿及河北，亟需糧餉供應，則端賴漕運至汴京為支撐。北方遼國加上西北之夏國，致北方防戰守之軍務極重，其總策劃指揮之樞要不宜太遠，造成汴京成為經濟、軍政中心之都城。

唐代中期汴京作為節鎮時已擴增羅城，為重城之格局，至後周時又增築新城，則成為三重城，都城之基本型態已確立，宋朝建國又略張新城，使汴京之城周加長，而宋代又多次對宮（皇）城、舊（內）城、新（外）城有所修築，同時疏濬修整護成河、入城河水等。汴京之城周文獻記為 50 里 165 步，考古實測為 29120 公尺，面積約 53 平方公里，大於唐洛陽而小於長安。內城為 20 里 155 步，實測為 11550 公尺，面積約 8 平方公里，皆大於唐之長安及洛陽，宮城以 9 里 30 步計，為 5130 公尺，面積約 1.6 平方公里，僅略小於洛陽而遠小於長安。其三重城位置與唐兩都有所不同，長安宮城在中央正北方，皇（內）城在宮城之南面延伸其東、西牆形成，即皇城區分為二部分，北部為宮城，南部為皇城。洛陽之情形類似，僅位置偏在西北部。至宋之汴京為三重城環套，內城位在外城之中央，而宮城在內城之中央偏北，形成三重城之新格局，亦啟開近古以來之新佈局；其外型形成南北略菱形之長方形，方向為 190 度。

由西側流入汴京四條河水，往東或東南流出，除金水河流入宮城外，大體上由北向南排列分佈，構成汴京水運網。而外城之護龍河、內城之護城河，有雙城雙重之河濠是其特色。護城河為基本防護城市之設施，亦可作為輸運交通之水路，夾堤岸之種植，更加美化城市之面貌。入城四河主要在於漕運，然河水所經之綠化、美景，與水上各橋樑架設，造成全城幽雅之氣氛，河港水都之城又是汴京之新型態。

在城防工程方面，不論護城河、甕城、馬面、戰棚、垛樓等一應俱全，較之唐兩都之防禦設施更為嚴密，足見其時對京師安全之考慮特別重視。外

城城門除陸門外，因河水出入而四面牆皆有水門，水、陸門合計頗多，可知宋人對京師出入之需要頗費心思，因城市之性質與需要而規劃其通路。至於各陸門門道應以 3 門道為原則，而正南之南薰門至少有 3 門道，內城正南朱雀門，宮城正南宣德門皆為 5 門道，極有氣勢恢宏之感。加上門樓建築，以及城牆高大雄厚，形成城市外觀之壯麗宏闊面貌；至於宮城設置角樓，當為汴京城之創舉。而宣德樓成為全城官民可親臨感受京師威嚴壯肅之地，象徵皇權之所，可以視之為汴京城市之地標及全城之中心。

城市規劃佈局仍可見傳統依《周禮》之緒，南北中軸線明確，皇城居中，宮城居中偏北，「京涂九軌、左祖右社」，「王城面有三門，門有三涂」，宮城區分之前朝後寢等，雖非嚴整如畫，但格局不差；如同唐兩都亦有其變化。至如坊區之規劃有其依舊，但宋代幾無唐代坊市制之情形，因社會變遷，商品經濟之繁榮，汴京成為沿街巷可開門、可為市之新市容。人口之集中區與商業區一致，即在城市之東半部，除沿街為市外，又有水陸會聚之橋市，而各市集街道繁榮之景象，生活娛樂之消費，民俗活動之熱絡，皆可看出汴京為經濟繁榮之消費城市。

汴京既為國都，乃中央朝廷所在，官府衙門自多，宮城以東、西華門一線分南、北區，南區即前朝，東以明堂為主，西以中樞二府及館閣為主，北區為後寢，其西部為皇室生活區，其東部則為侍奉皇室內諸司各單位。內城則配置中央、開封府及外諸司等機構，其他當與外城之地同以住宅區為主，其間生活區皆以廂坊為行政單位而規劃，有其廂坊之名稱與區域，亦有軍警之駐守及巡防之制，儼然為政治威嚴之城市。

因皇室所在及達官貴人所聚，京城內外遍布公、私園林，四大園林在城外，四面各分佈其一，城外仍有其他自然景觀，雖缺高山大嶺之雄偉，但不乏小丘林野之幽景。城內除宮城之苑池御用，如景龍江之雅致，艮嶽之奇境，又有其他官私園林佈於內、外城中。總計全城之園林勝色不下百餘處，使汴京及其周遭成一望平川之綠地，加之城市街道、堤岸之綠化，總體促成汴京之園林城市形態。

汴京城佛道寺廟共達 150 處以上，除為居民信仰生活之所寄，亦為民俗活動、生活日用品之場合。瓦子勾欄之展演，百戲技巧、藝文說唱無不可見，提供休閒娛樂之生活，為士庶工商日常所趨，造成雅俗共賞之趣。若加上士大夫間之詩酒唱酬，清歌吟詠，憑添騷客之風流，至於廟堂典禮，太學弦歌，

宮室之美，府庫之富，全加增文人之華彩，凡此則塑造汴京爲文化城市之形態。

　　以汴京人口密度之高，社會經濟之繁榮，雖然出入城市便捷，但其交通流量可觀，不免壅塞雜沓，亦因人口眾多，其公共衛生品質難保，社會安全如火災、賊小等必爲禁防之要事。汴京既爲全國首善之區，復爲國際型大都會，其城市性質難定於一，實具有複雜且多元之城市形態。

（原稿爲故宮博物院專題演講，台北：2007 年。增補後收入）

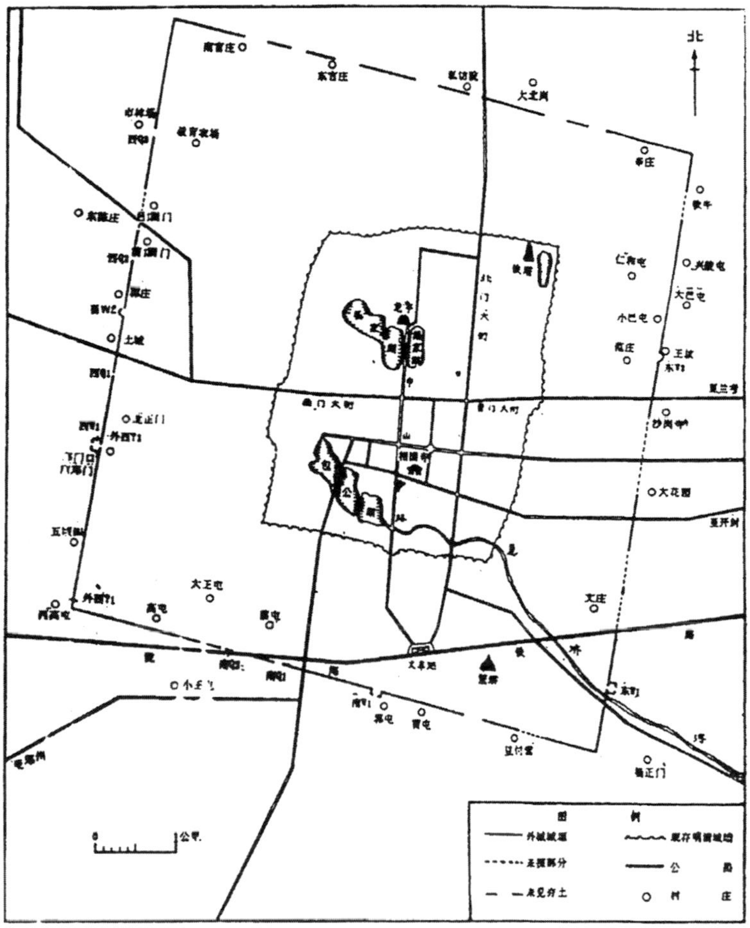

圖一：北宋東京外城平面實測圖

出處：丘剛、孫新民，〈北宋東京外城的初步探勘與試掘〉

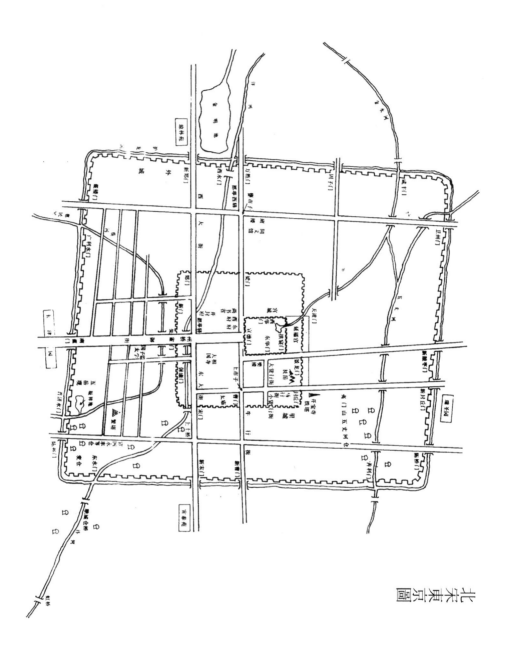

圖二：北宋東京圖

出處：周寶珠，《宋代東京研究》

事林廣記

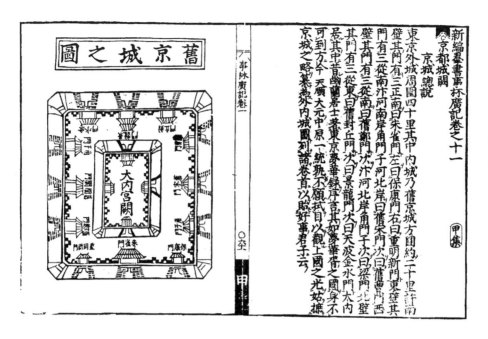

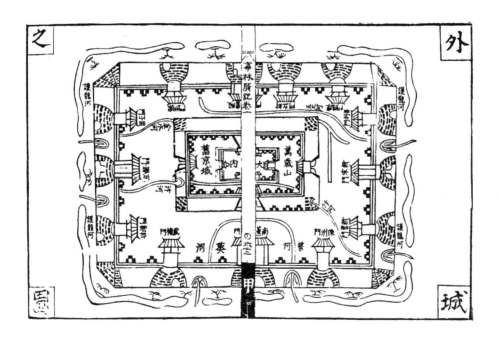

圖三：門樓甕城等圖

出處：《事林廣記》

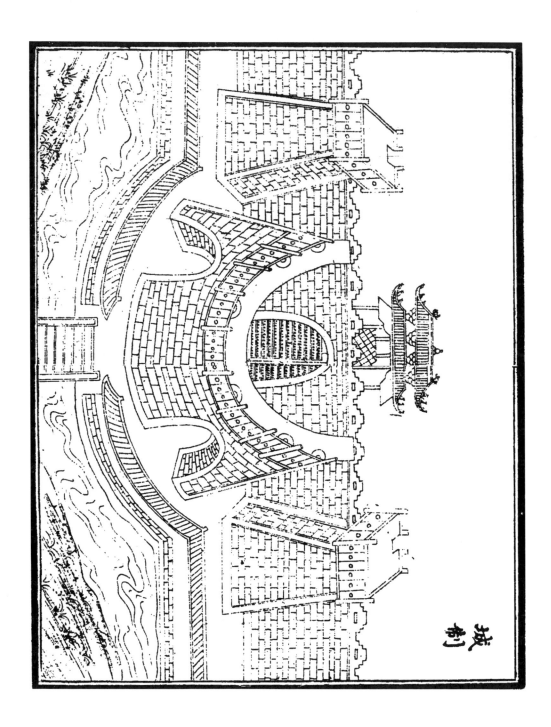

圖四：《武經總要》城制圖

出處：《武經總要》

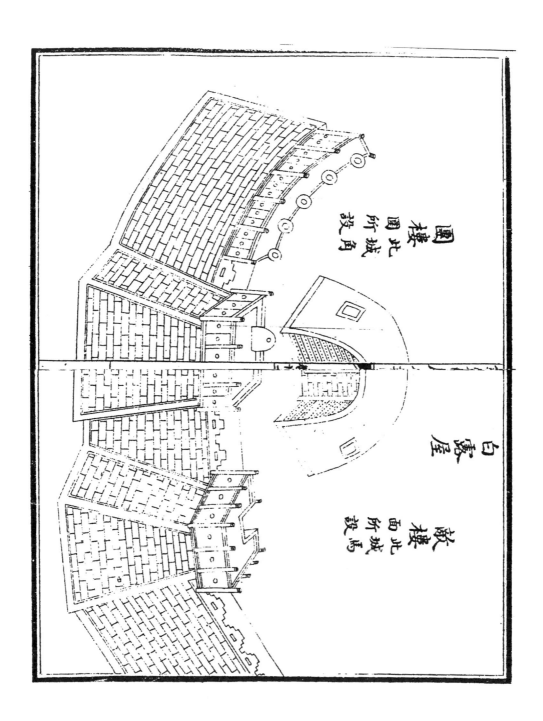

圖五：《武經總要》敵樓團樓等圖

出處：《武經總要》

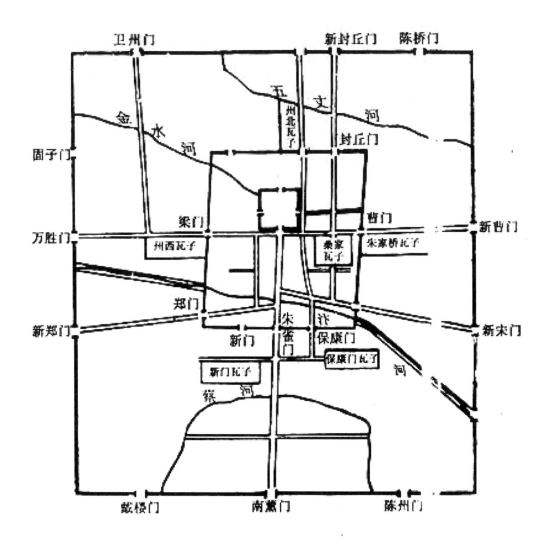

圖六：北宋末年東京瓦子分布圖

出處：楊寬《中國古代都城制度史研究》

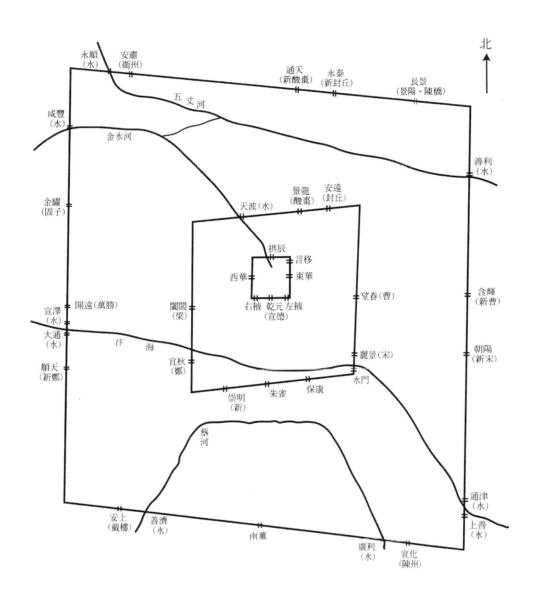

北

永順
(水)

安肅
(衛州)

通天
(新酸棗)

永泰
(新封丘)

長景
(景陽、陳橋)

咸豐
(水)

五丈河

金水河

善利
(水)

金耀
(固子)

天波(水)

景龍
(酸棗)

安遠
(封丘)

拱辰

言移

西華

東華

宣澤
(水)

開遠(萬勝)

闔閶
(梁)

右掖 乾元 左掖
(宣德)

望春(曹)

含輝
(新曹)

大通
(水)

汴　　海

麗景(宋)

朝陽
(新宋)

順天
(新鄭)

宜秋
(鄭)

崇明
(新)

朱雀

保康

水門

蔡
河

通津
(水)

安上
(戴樓)

善濟
(水)

南薰

廣利
(水)

宣化
(陳州)

上善
(水)

圖七：北宋汴京城示意圖

出處：筆者製作

兵險德固
——論北宋之建都

一、前　言

　　北宋建都於汴京開封府係沿五代時期之都城而來。五代時後梁以唐之汴州爲開封府，建之爲東都。後唐滅後梁，將之改爲宣武軍，遷都於洛陽，欲復唐朝之舊。及後晉建國，又升汴州爲東京建都，後漢、後周則相沿不改，皆以之建都。此外，以東都爲首都時，又以唐之東都洛陽爲西都（京），成爲兩都之建置。〔註1〕五代時除後唐外，皆建都於汴，而「宋因周之舊爲都」是爲東京，〔註2〕亦同樣仍有西京之制，故自十世紀以來，汴京爲五朝之國都。

　　汴京於唐初置爲總管府，後改爲都督府、陳留郡，復置之爲汴州；〔註3〕而汴州之名當始於北周宣帝時，「以城臨汴水故也」。〔註4〕此前，東魏時置爲梁州，漢時爲陳留郡，秦時曾屬三川郡，而於戰國時爲魏都大梁；是五代之前，曾建爲國都之時。〔註5〕魏之大梁城當即爲宋都汴京之所在，於魏都之前，當地有儀邑、浚邑之城，魏遷都於此而建人梁城，然大梁後毀於秦將王賁之手，該地於秦、漢時設有浚儀縣，此後曾爲置郡、州之治所，然亦有其變遷。〔註6〕唐時除浚儀外，又置有開封縣，兩縣常有分和，或併爲一縣或析爲二縣，

〔註1〕參見歐陽修，《新五代史》（北京：中華）卷60，〈職方考第三〉，頁737。
〔註2〕見脫脫，《宋史》（北京：中華）卷38，〈地理志一〉，頁2097。
〔註3〕參見劉昫等，《舊唐書》（北京：中華）卷18，〈地理志一〉，頁1432～1433。
〔註4〕見李吉甫，《元和郡縣圖志》（北京：中華，2005年）卷6，〈河南道三〉，頁175。
〔註5〕參見同前。
〔註6〕據班固，《漢書》（北京：中華），〈地理志八〉言：河南郡爲秦之三川郡，轄有開封縣，曰：「逢池在東北，或曰宋之逢澤也」注引臣瓚曰：「汲郡古文，梁惠王發逢忌之藪以賜民，今浚儀有逢陂忌澤是也」，其時已視開封、浚儀之

大體上皆爲領汴州之節鎮所轄，其後二縣之治所亦皆在汴州內。汴州之興起當始於唐初之總管府，開封之興起則始於唐德宗延和元年（712），以開封縣爲汴州之附郭，且與浚儀縣並置於城內。〔註7〕此後，開封府與汴州並與節鎮遂結合不分；至唐亡五代始，乃建都於此。

　　北宋建國都於汴京係因五代之舊，是因循舊制之結果，然汴京地理形勢不良，遠不如長安、洛陽，但有其通漕之便，此當爲論者所知，故對於宋都於汴之討論皆在於此漕運之經濟因素，〔註8〕經濟所需漕運之重要實始於宋前之五代、唐，此一長時期之考察至宋而不能改變，故非遷就此種發展之情勢不可，此係就宋因循舊制有利之一面而言，但其弊在於國防形勢及其相關之問題，則利弊之間宋人之看法究竟如何？而其實際之歷史狀況又如何？此則爲本文論述之主旨。

地望有相合之處。然於浚儀縣又記爲屬陳留郡，注言：「故大梁，魏惠王自安邑徙此」，則浚儀與開封不爲同地，以上見卷28上，頁1556～1559。《元和郡縣圖志》言浚儀、開封即因《漢書》所載，其所記陳留縣亦如此，見註4前揭書，頁175～177。自漢時浚儀、開封、陳留三地分別爲三縣，隋唐前後時期，浚儀縣、陳留縣皆在，浚儀於東魏時置爲梁州陳留郡，周時改爲汴州，隋時廢郡、州，改屬鄭州（滎陽郡），唐時屬汴州。陳留縣於後魏時廢，隋時復置，屬梁郡，唐時初屬杞州，州廢後改屬汴州。開封縣東魏時置爲郡，北齊時廢郡，改入浚儀縣，隋時復置爲縣，屬滎陽郡，唐初又廢入浚儀，至元和元年（712）又析浚儀十四鄉復置開封縣，屬汴州且與浚儀並在郭下。以上參見魏徵等，《隋書》（北京：中華）卷25，〈地理志中〉，頁835、836。劉昫等，《舊唐書》（北京：中華）卷38，〈地理志一〉，頁1432、1433。可知三縣地望相近，所轄分屬不同，故以今地言，浚儀縣治在今開封市，開封縣治初在今市南，後移治於市內，陳留縣治在今市東南之陳留鎮，參見吳松弟，《兩唐書地理志滙釋》（合肥：安徽教育，2002年），頁94、95，編者案語。又漢時之開封縣與唐時地點不同，據前《舊唐書‧地理志一》謂開封漢縣「在今縣南五十里」可知。

〔註7〕參見前註《舊唐書‧地理志》。

〔註8〕關於北宋都汴之因素，以中國經濟重心之南移，漕運與汴京之關係爲主，專論之論述參見錢穆，《國史大綱》（台北：商務，民國45年），〈南北經濟文化之轉移〉，頁505～563。又於《中國歷代政治得失》中，兼論及國防軍事上仰賴漕運關係，見《錢賓四先生全集》，第31冊（台北：聯經，1998年），頁106、107。全漢昇，《中國經濟史研究》，上冊（香港：新亞研究所，民國65年），〈唐宋帝國與運河〉，頁265～396。馬強，〈論北宋定都汴京〉，《中國史研究》1988：2期，頁34～43。陳峰，〈北宋定都開封的背景及原因〉，《歷史教學》1996年第8期，頁34～36。王恢，《中國歷史地理》，上冊（台北：學生，民國68年），頁47～53。至於其他論及城市或都城之作，多言及北宋以汴京爲都城之因素，亦皆在上述各文之所論，此不再多述。

二、汴京之地理環境

城市之建置有其不同因素，或是生產之地，或因交通之便捷，或係安全之處所，或爲軍政之樞要，總之，自有其立地之條件而形成；尤以都城之設，更當有其必要之考量與選擇。都城爲一國之首都，國政統治之中心所在，鞏固其安全應爲首要考量，古代之都多重地理形勢，爲其時易於達成之選擇。早在先秦即有此類之說法，如《易・坎卦》，其〈彖〉曰：

> 天險不可升也，地險山川丘陵也，王公設險以守其國，險之時用大矣哉。〔註9〕

此言「險」之利，設險守國在於地理形勢。及至戰國以來，諸侯戰守，各國攻禦，無不重形勢兵伐，故早有《管子》所言之建都選擇：

> 凡立國都，非於大山之下，必於廣川之上。高毋近旱而水用足，下毋近水而溝防省，因天材，就地利，故城廓不必中規矩，道路不必中準繩。〔註10〕

國都之立地條件與選址在於形勢，地勢之山水高低，有生活、交通之便，有倚靠之安全，山過高則因水不便，過近水則易決澇；對山川丘陵而言有進一步之說明。其言「因天材」指山水形勢，「就地利」指地理狀況，因而建都城有相地選址之要領，至於築城之形式則不必固守規矩準繩。

言地理形勢爲建都之首要，較早且具體之討論即爲漢初對洛陽與關中建都之論，大體言洛陽形勢爲「東有成皋，西有殽黽，倍河，向伊、雒」，關中形勢爲「左殽、函，右隴、蜀，沃野千里，……河、渭漕輓天下，西洽京師」等，〔註11〕漢都於秦都之關中咸陽地境，係以形勢、生產、交通漕運之故。以河南沿流之長安、洛陽、開封一線而言，其形勢由東往西愈爲險要，以宋都汴京之開封，漢、唐都長安之西安而言，地理之環境有其異同。

在自然地理方面，汴京之地貌爲洪積及沖積之平原，即所謂華北沖積之大平原，地質爲新生代第四紀之黃土與各類鬆散堆積物之地，與西安相同，年均溫在十四至十六攝氏度，略高於西安，年降水量爲六百五十毫米左右，高於西安之五百八十毫米，年降水日數爲八十三日左右，低於西安之九十七日，其乾

〔註 9〕見尹知章註、戴望校正，《管子校正》（台北：世界，新編諸子集成，民國 67 年）卷1，〈乘馬第五〉，頁13，「立國」條。

〔註10〕見孔穎達，《周易正義》（台北：東昇，十三經注疏）卷3，頁33下、34上。

〔註11〕參見《史記》（北京：中華）卷55，〈留侯世家〉，頁2043、2044，另見卷99，〈劉敬叔孫通傳〉，頁2716、2718。

燥度與西安相同，爲一至一點五指數，亦同樣皆屬南溫帶氣候區，即華北類型氣候，資源上與西安同屬宜農區，日照時數值爲二千三百八十五時，略高於西安，無霜期爲二百十六日，略高於西安約半月之久，農作則同爲二熟區之單季稻作、冬麥區。〔註12〕總之，宋都汴京與唐都長安在土地、氣候等方面相似。

　　自然地理環境由山水構成之形勢、交通等特別爲城市選址之所重。汴京處於華北平原中部，河南之山系、水系對其形勢險要之構成並無作用。河南省於黃河以南之山系屬北嶺（秦嶺）系，此山系東北行於河、洛間者爲崤山山脈，東南行於伊水南、丹江北者爲伏牛山脈，而伏牛山又可分爲南、北二支，其北支走伊、洛者爲熊耳山，其南支走伊、汝者爲嵩山（外方）山，而嵩山復往東形成桐柏山，往東南則形成大別山。〔註13〕黃河以南山系、山脈、支脈山地等，於陝西則構成長安、洛陽二都之形勢，於河南東方則止於嵩山之脈，其山地僅及於鄭州西側，則鄭州一帶尙有山勢之餘。中牟以東即概爲平原，汴京即位中牟之東，爲豁露於黃河南岸之一馬平川，毫無因山而成之形勢。河南之水系以河、淮兩支與從衛諸水、入漢諸水兩系。河、淮之分野大體以伏牛山北支、嵩山等爲分野，北爲河、南爲淮水系。黃河北岸入河之水有濟、沁等水，南岸入河之水有洛、伊、氾諸水。〔註14〕然除黃河流汴京之北外，餘諸水亦不能構成其山水形勢。黃河雖於汴京北方形成天然屛障，此亦爲汴京唯一之屛障，然河患之烈亦爲讀史者所熟知，河決水患於宋代以前至少有十次紀錄，於北宋時至少有九次之多。〔註15〕於七世紀中至十世紀初，即唐高宗至昭宣帝唐亡時，河決達十二次，較集中於浚、滑二縣及河口段之惠民、濱縣二地。十世紀初至十一世紀四〇年代，即五代時期至北宋中期仁宗皇祐年間，其間約有四十年，其決溢九十五次之多，較集中於浚、滑至濮陽、清豐、鄭州、滎陽、陽谷、東河，爲宋代之滑、澶、鄭、鄆四州之

〔註12〕以上自然地理各數據係依西安與鄭州爲標準，鄭州在開封之西，二地極近，而數據資料僅列現今之都會市，故河南列鄭州而無開封，暫引之爲代表參考。各項資料見中國地圖出版社，《中國自然地理圖集》（北京：中國地圖，2005年），地貌、地質見頁11、19、21，年溫見頁38，降水量見頁40，乾燥度見頁44，農作見頁75、82、83，日照、霜期見頁78。

〔註13〕河南之山系、山脈等，參見《河南通志》，〈輿地志山脈水系總論〉。《中國方志叢書》，第一期，河南省（台北：成文），頁1上、下。

〔註14〕河南之水系參見同前註，〈水系〉，頁1上～2上。

〔註15〕參見前註，〈水系新編・河系〉，頁上～5下。其所論黃河水患爲數不多，顯係擇要記錄而已。

境。北宋中期以後至北宋之亡，其間約近八十年，黃河決溢約近五十次，較集中於澶州濮陽、清豐，冀州冀縣、棗強，大名府大名、魏縣一帶。又黃河六次重大之改道中，其第三次商胡埽之決即在宋仁宗慶曆八年（1048），然其地遠在河北澶州濮陽境，為黃河北流之始；〔註 16〕河患以下游影響為重，且決溢為時代愈後愈頻繁，此為歷史時期大體之勢。約自七世紀中唐初至十二世紀之三〇年代北宋之亡，四七三年間黃河決溢達一〇七次之多，以五代至北宋中期決溢次數最多，然河患決口幾皆在黃河以北之地，如開封府之延津、封丘、陽武等，鄭州之原武，滑州，各決口全在河北，距河南汴京頗有距離，僅鄭州有滎澤、滎陽在河南，然因地勢亦北流而去，不及於鄭、汴之地。北宋河患雖多，但對汴京而言並未受到多大影響，黃河以北較見災情，不惟宋代時如此，宋前自先秦、漢唐以來皆如此，除人為決河之災，如秦始皇二十二年，王賁攻魏，引河溝（鴻溝）灌魏都大梁，大梁城壞而魏王請降。〔註 17〕故黃河對汴京而言有屏障之利，至如引河而開通之鴻溝，除有漕運之便外，又有分河水之功，應能發揮減低河患之效。〔註 18〕

汴京所處之地理環境除山水形勢外，又有其他之自然情況，如地殼運動觸發之地震，即為嚴重之自然災害。在華北歷史時期之地震，由西晉惠帝元康四年至北魏宣武帝延昌元年（294～512），歷時二一八年，為第一高潮時期，其地震有六十餘次，在河南主要受災地為洛陽、滎陽、襄城、汲縣，似未及於汴京。自唐貞觀二十三年至僖宗乾符三年（699～876），為第二高潮期，歷時二二七年，於河南主要受災地為陝縣、洛陽，但震區及較大之地震並不在河南，而在山西、河北、寧夏、內蒙等地。第三高潮期為宋真宗乾興元年至神宗熙寧九年（1022～1076），此期地震集中於山西、河北，亦未以河南地為重，餘下地震高潮期則在南宋以後。〔註 19〕北宋時期之地震，於一六八年間

〔註 16〕 參見《中國歷史自然地理》（台北：明文，民國 74 年），頁 66～74。又黃河下游之決溢，三千年間約達 1500 餘次，較大之改道有二、三十次，其中有六次為重大之改道，見頁 55。又書中列黃河下游之河決，北宋中期至北宋亡之近八十年間，並未計其明確數字，本文言約近五十次，係參看其示意圖推估，見頁 68。

〔註 17〕 參見《史記》卷 6，〈秦始皇本紀〉，頁 234，又見於卷 44，〈韓世家〉，頁 1864。

〔註 18〕 開河而修建之鴻溝，即宋代之汴渠（水），對黃河有分水之功，見岑仲勉，《黃河變遷史》（台北：里仁，民國 71 年），頁 371～381。

〔註 19〕 參見宋正海等，《中國古代自然災異群發期》（合肥：安徽教育，2002 年），頁 141～153。

約有七十二次，發生於河南者計二十三次，佔 1/3 略多；大體上北宋之地震集中在京東路（山東及河南東部）、河北路（河北中南部及河南北部）二地區。地震在汴京有二十次之多，但在景德元年（1004）正月丙申、癸卯、丁未三日之三次地震連續發生，當爲一次主震後之二次餘震，故史書上記「後震」、「又震」，同樣與熙寧元年（1068）七月甲申、乙酉、辛卯連續三次地震，十日後，八月壬寅、甲辰又連續兩次地震，情形類似，〔註 20〕則汴京與河南之地震次數應再減五到七次，在北宋一六八年，都城汴京之地震，佔全國地震之 18% 至 20%，平均十一至十三年發生一次，次數不爲多，災情似亦不重。

除地震之自然災害外，又因地理所處而有其他不良氣候，如沙塵暴，大約北宋之風暴記錄有十二次，且多記於汴京所現之狀況，如冥晦、揚沙等。大雨致災之記錄頗多，除造成河水氾濫成災外，亦有雨水過多無以流洩之患，河南地區大雨有數次紀錄，汴京因雨成重災者有太宗淳化四年（993）、眞宗咸平五年（1002）、仁宗嘉祐元年（1056）、英宗治平二年（1065）、徽宗宣和元年（1118），其狀況爲城內積水，軍營、廬舍毀壞，淹沒人民畜產，汴河流漲，四郊如江河，災情頗爲嚴重。〔註 21〕京師雨水之災，於史料中時或記入

〔註 20〕北宋之地震統計，參見翁健道，〈北宋時代的地震〉，《世界華人科學史學術研討會論文集》（台北：淡江大學，民國 90 年），頁 131～143。本文中河東路（山西中、南部）之地震次於東京、河北路，與前註第三高潮期地震集中於山西、河北似略有出入，蓋其時山西北部雲、應、朔等州屬契丹之遼朝，故未計入宋代之範圍。第三高潮期始於宋眞宗乾興元年，即遼之聖宗太平二年，據《遼史‧聖宗紀七》卷 16 所載，當年三月地震「雲、應二州屋摧地陷，崿白山裂數百步，泉湧成流」，見頁 190。前註書中定此次地震爲 6.7 級。

〔註 21〕關於風沙、雨水之患，參見宋正海等編，《中國古代自然災異相關性年表總滙》（合肥：安徽教育，2002 年），風沙塵暴見頁 219～221，大雨水患見頁 315～318，但其雨水患記汴京遭災者僅引《宋史‧五行志》之二條，且記太宗淳化四年之出處有誤，該條於〈五行志〉中並未記載。今綜合所見記汴京雨水之災如下：（1）太宗太平興國八年，夏及秋，開封、浚儀等十餘縣，河水害民田，見〈五行志〉，頁 1322。（2）太宗淳化二年六月，汴水濫於浚儀縣，壞堤侵田，太宗親臨督視，見〈五行志〉，頁 1322、1333。此二條雖未直接患汴京城，但皆在京城周圍。（3）太宗淳化四年七年，大雨不止，泥深數尺，朱雀、崇明門外，積水尤甚，往來浮筏以濟，壁壘廬舍壞，民有壓死者，見李燾，《續資治通鑑長編》（北京：中華，2004 年）卷 34，頁 753。此事《宋史‧太宗紀二》僅記「七月丁酉，大雨」，見頁 91。曾鞏，《元豐類稿》（台北：世界，民國 52 年）卷 49，言「水災」條，即指此次「淳化之歲」京師大水，所言與《長編》近同，見頁 12 上、下。（4）太宗至道元年四月，京師大雨雷電，道上水數尺，見〈五行志〉，頁 1323。（5）眞宗咸平五年六月京師大雨，壞廬

河決之水災中。

　　整體而言，汴京之自然環境與長安、洛陽相較，無山川形勢爲其特點，其次即易遭河水之患，其餘應大體差異不甚。若由中國七大古都選址的變化來看，前期主要在西安，後期則在北京，皆不出北方黃河流域，一則在封閉性大陸國家，對外關係主要在於西北之通路，東南之海外關係與貿易並未佔重要地位，二則中國近代以前主要之外患皆來自北方，軍政中心自不易遠離黃河流域。其次，都城自西安往洛陽、開封、北京之轉移爲由西往東，說明經濟中心由西往東之轉移，其三，帝國統治之態勢，有高屋建瓴之觀念，北方黃河流域爲居上之勢，信以爲居高負險而俯視中原。〔註 22〕此種看法雖有

舍，民有壓死者，積潦道路，以朱雀門東抵宣化門尤甚，水注惠民河，河復漲，溢軍營，見〈五行志〉，頁 1324。（6）眞宗大中祥符二年十月，京畿惠民河決，壞民田，見同上條。（7）仁宗天聖四年六月，京師大雨，平地水數尺，見《宋史・仁宗紀一》，頁 182。（8）仁宗嘉祐元年五、六月，大雨不止致水冒安上門，壞官私廬舍數萬，京城中繫栰渡人，見《長編》卷 182，頁 4415，4432，《宋史・仁宗紀四》亦載此事，而雨水係自四月即始，見頁 239，然〈五行志〉載爲嘉祐二年事，恐有誤，見頁 1327。范鎭，《東齋記事》（北京：中華，1997年）記嘉祐元年五月，觀星出天江而都城大水事，見頁 7、8。類似記載，又見於《長編》，范鎭言事，見頁 4432。（9）英宗治平二年八月，京師大雨，地上甬水，壞官私廬舍，漂人民畜產不可勝數，見〈五行志〉，頁 1327，另見《長編》卷 206，頁 4984，此即蘇轍〈上皇帝書〉所言「自治平京師大水」事，見《蘇轍集》（台北：河洛，民國 64 年）卷 21，頁 289。（10）徽宗宣和元年夏，大雨犯都城，水冒安上、南薰門，見〈五行志〉，頁 289。此事又見於蔡條，《鐵圍山叢談》（上海古籍，宋元筆記小說大觀，第三冊，2001 年），言「宣和歲已亥夏，都邑大水，莫知所由來」，見頁 3064，又見於頁 3104、3122。趙與時，《賓退錄》（同上，宋元筆記小說大觀，第四冊），載此次水災爲三月事，見頁 4135。邵博，《邵氏聞見後錄》（北京：中華，1997 年）卷 30，言「政和戊戌夏六月，京師大雨十日，水暴至，諸壁門皆塞以土，汴流漲溢，宮廟危甚」，政和戊戌年爲政和八年，是年十一月改元重和，次年之重和二年二月復改元爲宣和，故所記事相差一年。見頁 233。此次大水於《宋史・徽宗紀》並無記載，宋前於後周廣順二年，暴風雨致汴京水深二尺，壞牆不可勝記，見王溥，《五代會要》（台北：九思，民國 67 年）卷 11，頁 182。又據周寶珠，《宋代東京研究》（開封：河南大學，1999 年）計北宋汴京之水患有四十二次，其中有河決之患或大雨之患，包括開封府所轄地區在內，若以汴京城之雨水患則約二十八次之多。所記汴京雪災爲十二次，雹災二十餘次，見頁 665～670。

〔註 22〕 中國之七大古都指西安、北京、洛陽、南京、開封、安陽、杭州，其中南京爲孫吳、南朝之都，係因朝代政權之疆域在南方之故，而明初都南京爲時甚短。杭州則爲吳越與南宋之都，亦因疆域偏處之故；故七大古都多數在北方黃河流域。七大古都及遷址之變遷等，參見鄒逸麟，《中國歷史人文地理》（北京：科學，2001 年），頁 99～107

簡單化之嫌，但大體可見漢唐以來統一之朝代是以北方爲重之局勢。由歷史之形勢變遷，言建都之所趨，顧祖禹亦有其觀察，對於河南地區云：

> 河南，古所稱四戰之地也。當取天下之日，河南在所必爭；及天下既定，而守在河南，則岌岌焉有必之勢矣！周之東也，以河南而衰；漢之東也，以河南而弱；拓拔魏之南也，以河南而喪亂。朱溫篡竊於汴梁，延及五季，皆以河南爲歸重之地。以宋太祖之雄略而不能改其轍也，從而都汴。都汴而肩背之慮實在河北，識者早已憂之矣！……守關中、守河北，乃所以守河南也。自古及今，河南之禍中於關中者什之七，中於河北者什之九。……河南者，四通五達之郊，兵法所稱衢地者是也。〔註23〕

顧氏由歷史上觀察汴京爲都，難以固守，受關中與河北之威脅最大，然亦謂「所謂險固者，非山川糾結，城邑深阻之謂也」，此又另有所指。無地理形勢之險阻，此在戰國時魏都大梁即已爲張儀指出，張儀說魏王言：

> 魏地方不至千里，卒不過三十萬。地四平，諸侯四通輻湊，無名山大川之限。……梁之地勢，固戰場也。〔註24〕

而大梁臨河，易受決河淹沒之慮，此蘇秦所言即指出：

> 決熒口，魏無大梁，決白馬之口，魏無外黃、濟陽；決宿胥之口，魏無虛、頓丘。陸攻則擊河內，水攻則滅大梁。〔註25〕

攻戰時若決河口，可淹沒其時魏都大梁或其他都邑。其後，果如上文所言，秦始皇以王賁攻魏，大梁雖然負城頑抗，但終以決河淹取大梁。汴京之地，雖北背據燕、趙，南接通江、淮，是形勢富饒之水路都會，但爲四戰之地，坦而無險備，以此亦爲顧祖禹綜引書史多方陳述之意。〔註26〕

既然汴京之地坦而無險，當時敵國契丹已得燕雲十六州之地，北方長城關險皆已在敵國之手，其自燕京南下，直趨華北平原，以契丹游牧民族之軍，騎馳正爲其所長，不數日當可至黃河之岸，渡河即臨汴京城下矣！則宋朝勢需養重兵駐軍於河北以拒守，否則難以抵抗敵騎，養兵之糧秣供應則賴轉運輸北，此即爲汴京有通江淮之便，得能有輸轉之中心功能，又以洛陽、長安

〔註23〕 見顧祖禹，《讀史方輿紀要》（北京：中華，2005年），〈河南方輿紀要序〉，頁2083～2086。

〔註24〕 見《史記》卷70，〈張儀列傳〉，頁2285。

〔註25〕 見前註，卷69，〈蘇秦列傳〉，頁2273。

〔註26〕 參見顧祖禹前揭書，卷47，〈河南二〉，頁2136～2139。

已殘破，運渠亦已淤壞，故至汴京無能西轉洛陽，洛陽形勢險固雖優於汴京，但因經濟物資仰賴輸轉，則宋前五代已無法達成此目的，故汴京可謂為南方物資北運之終點站矣！此當為遷就其時之形勢，不得不以汴京為都之選擇。〔註27〕轉糧漕運與經濟仰賴有關，中國經濟重心之南移為論者所知，而隋代開運河以南方之經濟連結北方政軍中心，維持其時及以後唐宋帝國運作，亦為論者所知，此毋庸再論。〔註28〕

三、建都之議

宋代本身對都城選址及當時立國建都之形勢皆有所討論，如宋初太祖即有意遷都於洛陽，並以為最佳之地則為長安，當時李懷忠以漕運之便上言，晉王（太宗）亦勸阻遷都，太祖是因為「欲據山河之勝，而去冗兵，尋周漢故事，以安天下也」，晉王則言「在德不在險」，太祖終則「今姑從之」，但言「不出百年，天下之民力殫矣」。〔註29〕宋前五代時，朱溫首建後梁，為取得江淮財富，曾企圖用兵打通運河，但未能成功，此後各代亦皆同，因不得江淮，將影響國勢，至後周世宗仍做此努力，亦稍有成果，頗奠定宋初之通江淮有利之基礎。〔註30〕《宋史》中言河渠而及於汴河漕運與立國之勢，太宗言：

> 東京養甲兵數十萬，居人有萬家，天下轉漕，仰給在此一渠水，朕安得不顧。〔註31〕

其時之參知政事張洎講論汴河之漕運、立國之要，以其時汴河歲運江、淮米糧達五、七百萬斛，為京師之命脈。張洎自先秦講述漕運之重要，論及宋朝

〔註27〕 參見錢穆，《中國歷代政治得失》，第三講〈宋代〉，收於《錢賓四先生全集》，第 31 冊（台北：聯經，民國 87 年），頁 106、107。

〔註28〕 中國經濟重心之南移及隋唐五代迄宋各朝，帝國與運河之關係，參見註 8 錢穆、全漢昇所論外，另見張家駒，《兩宋經濟重心的南移》（湖北人民，1957），所論以兩宋時期，並以南宋為政經、文化南移之時，以歷史之實況為斷，未考論宋前之情況與演變趨勢。楊遠，《西漢至北宋中國經濟文化之向南發展》，下冊（台北：商務，民國 80 年），其第四章〈自西漢至北宋經濟重心之南移〉，論述頗詳，考論商業及農業，並以北宋中期神宗時已然確立經濟之重心南移。見頁 451～612。

〔註29〕 見《長編》卷 17，頁 369，「開寶九年」。所載係引王禹偁《建隆遺事》，類似記載亦見於邵伯溫《邵氏聞見錄》（北京：中華，1997 年），所引王禹偁之說，見卷第 7，頁 66。《宋史》載其事於卷 260，〈李懷忠傳〉，見頁 9022。

〔註30〕 參見全漢昇前揭文，頁 89～93。

〔註31〕 見《宋史・河渠三》卷 93，頁 2317。又見《長編》卷 32，頁 716。

本身最有扼要之言：

> 今天下甲卒數十萬眾，戰馬數十萬匹，並萃京師，悉集七亡國
> 之士民於輦下，比漢、唐京邑，民庶十倍。向服時有水旱，不至艱
> 歉者，有惠民、金水、五丈、汴水等四渠，派引脈分，咸會天邑，
> 舳艫相接，贍給公私，所以無匱乏。〔註32〕

神宗時張方平亦言：

> 國家漕運，以河渠為主。國初浚河渠三道，通京城漕運，自後
> 定立上供年額：汴河斛斗六百萬石，廣濟河六十二萬石，惠民河六
> 十萬石。廣濟河所運；止給太康、咸平、尉氏等縣軍糧而已。惟汴
> 河專運粳米，兼以小麥，此乃太倉蓄積之實。今仰食於官廩者，不
> 惟三軍，至于京師士庶以億萬計，太半待飽于軍稍之餘，故國家於
> 漕事，至急至重。〔註33〕

其中太康三縣為汴京開封府所轄縣分，即京畿駐軍之三地，其他官民所食亦賴漕運之米糧，可知汴京區對南方經濟之依賴，因而特重漕運之通暢。前述太宗言「以德為險」，未免空洞。實際上是靠駐防大軍為險守，以替代山河之險，此為以汴京為都之不得已之國防策略，而駐大軍勢須糧草供應，則汴京漕運上能解決此問題，亦因之太祖建國即用兵於南方，企通江、淮以供應北方，使南方經濟重心能與北方政軍中心聯繫。故「以德為險」之背後仍有「以兵為險」之考量，正如蘇轍所言：

> 臣竊見國朝建都京邑，因周之舊，不因山河之固，以兵固為嶮
> 岨。祖宗以來，漕運東南，廣富軍食，內實根本，外威夷狄。〔註34〕

此「以兵為險」之論，要以秦觀所論較為周詳：

> 臣聞世之議者，皆以天下之形勢莫如雍，其次莫如周，至於梁
> 則天下之衝而已，非形勢之地也。故漢、唐定都皆在周、雍，至五
> 季以來實始都梁，本朝縱未能遠規長安，盍亦近卜於洛陽乎？而安
> 土重遷眷之於開封之境，非所以為萬世計也，臣竊以為不然！何則
> 漢、唐必於周、雍，本朝之都必於梁而後可也？〔註35〕

〔註32〕見同前註，〈河渠志〉，頁2321。《長編》卷38，頁820。
〔註33〕見同前註，〈河渠志〉，頁2323。
〔註34〕見蘇轍，《蘇轍集》（台北：河洛，民國64年），〈乞備常平錢置上供及諸州軍糧狀〉，卷37，頁519。
〔註35〕見秦觀《淮海集》（台北：中華，四部備要）卷6，〈安都〉，頁6下、7上。

此下分析長安、洛陽之險，而開封係「地平四出，諸道輻輳」，「其地利戰，古實爲戰場」，提出所謂險阻不必然在於山川丘陵，「漢、唐以地爲險，本朝以兵爲險」，所謂「兵險」，即以四通五達之郊，以養天下之兵，故而若僅就形勢爲險而言是不達於時變之論。秦觀建都擇地之論，指出「以兵爲險者，不可以都周、雍，猶以地爲險者，不可以都梁也」，於此破除建都必擇形勢險要之論，而另立以兵險亦可建都安邦之說。

聚兵京師與仰賴漕運之論除攸關國計民生之外，亦與河北國防密切相關。眞宗時錢若水上言，以唐時魏博一鎭戍兵少於宋時，外敵不得入侵，此因幽薊屯兵，能扼險阻之故，是以戎馬不敢南牧，自五代時形勢有所轉變，乃因失長城之險故，其言曰：

> 自晉祖割地後，朝廷自定州、西山東至滄海，千里之地，皆須應敵。是以設三關，分重兵以鎭之，少失隄防，則戎人內侵。晉未能直渡長河，漢初屢侵邊徼，周祖在位，復擾中山，世宗臨朝，來寇上黨。……夫備邊之要有五，一曰擇郡守，二曰募鄉兵，三曰積芻粟，四曰革將帥，五曰明賞罰。〔註36〕

即指出河北須駐重兵以禦北敵，而其禦敵五策概括即兵將、糧草、賞罰三項，此亦爲宋人論禦邊時所常見之論，所言形勢與張洎上奏太宗所論相同，即失險阻地利，其言曰：

> 自飛狐以東，重關複嶺，塞垣巨險，皆爲契丹所有，燕薊以南，平壤千里，無名山大川之阻，蕃漢共之，此所以失地利，而困中國也。〔註37〕

在「蕃漢共之」之華北平原，唯賴攻守決戰以定勝負，故駐重兵於京師及河北以禦，應是其時之共識。北宋失山川之險又於石介〈感事〉詩中可見，其相關之句如下：

> 吾常觀中夏，地平如砥石。……三代千餘年，天子雖務德，實以險爲恃，四夷皆潛匿。……石晉一失謀，六州淪胡域，天地破扃鐍，山川無阻阨。貽爾子孫患，故知非遠策。〔註38〕

石介之感懷即直指河北無山川險阻，乃因石晉割地後「貽爾子孫患」。韓琦答

〔註36〕見《長編》卷46，頁999。
〔註37〕見《長編》卷30，頁667。
〔註38〕石介，《徂徠石先生文集》（北京：中華，1984年）卷3，頁24。

神宗所言河北事，亦同樣指出「河朔地皆平坦，別無障塞」等不利之地勢。〔註39〕

聚兵京師爲宋初中央集權之國策，所謂強本弱末而固根本之策，即如南宋時人亦知，如曾開言太祖爲懲五代尾大不掉之患，乃「畿甸屯營，倍於天下。」〔註40〕陳亮言「故京師常宿重兵以爲固」，但亦指出費用於養兵佔十之九，然「兵不足用，而民日困」，國家經費多在於養兵，「蓋本朝維持之具」，此爲太祖時已能逆知。〔註41〕其所言太祖之逆知，即上文所述太祖有意遷都於洛陽、長安，欲去冗兵以休息民生，以免「民力殫矣」。除去強本以固京師外，同時需養兵於河北、陝西以抗遼、夏，尤以於河北抗大敵強國之遼，有繫於國家存亡之重，故河北駐大軍實攸關於國防安危。宋人對於駐軍與漕運之論甚多，足見當時通知其間之利害關係。今例舉述之如下：

仁宗時李覯提出天下根本在江淮之說，因「天下無江淮，不能以足用」之故，〔註42〕所言簡要指出仰賴東南之經濟。蘇軾則言不耕之兵聚於京畿、三輔地區以數十萬計，而天下之財「近自淮甸，而遠至於吳蜀，凡舟車所至，人力所及，莫不盡取以歸于京師」，〔註43〕集東南、吳蜀之財於京師，情況與李覯所言類同，亦皆須由漕運會集，主要在於養兵也。王安石曾言，當東南飢饉，而汴水又絕，則「京師兵食宜窘，薪芻百穀之價亦並踴」，〔註44〕說明京師受東南物資及漕運影響之鉅。安石又指出除京師聚兵之外，河北爲天下之重處，左河右山，強國爲鄰，所屯之軍爲天下之勁兵悍卒，無事之時，朝廷猶北顧不敢忽視，有事時，則「雖天子其憂未嘗不在河北也。」〔註45〕河北集天下精兵，即爲國防上所需，然集兵養兵以鞏衛，自應有龐大之糧餉支持，此即仰賴東南財富與漕運轉輸，如蘇洵所言，民有餽餉供億之勞，致無

〔註39〕 參見韓琦，《韓魏公集》（台北：商務，叢書集成簡編，民國55年）卷17，頁241。

〔註40〕 見《宋史》卷382，〈曾開傳〉，頁1177。

〔註41〕 參見陳亮，《陳亮集》（台北：河洛，民國56年）卷之一〈上孝宗皇帝第一書〉，頁5，〈上孝宗皇帝第三書〉，頁12。

〔註42〕 參見李覯，《李覯集》（台北：漢京，民國72年）卷28，〈寄上富樞密書〉，頁302。

〔註43〕 見蘇軾《蘇東坡全集》（台北：世界，民國63年），下冊，〈應詔集〉，卷4，「策別十九」條，頁750。

〔註44〕 見王安石《王安石全集》（台北：河洛，民國63年），上冊，卷31，〈與馬運判書〉，頁33。

〔註45〕 見前註，卷32，〈上杜學士書〉，頁40。

終歲之蓄，乃因「兵食奪之也」。〔註46〕以國防形勢言，天下精兵集於河北，河北爲根本，即如宋祁於仁宗時所言：「天下根本在河北，河北根本在鎮、定」，〔註47〕宋廷之國防偏重河北應爲當時之共論，以遼之強大而所具之威脅勝於西夏，且五代遼之援晉、滅晉，至於入主中原之歷史，又由於北方長城之險在遼朝之手，華北平原空闊無阻，汴京無形勢可固，言「天下之根本在河北」並非過份之語。宋代士大夫與歷朝各帝之重河北及聚兵京師爲固，所見之史料甚多，茲不再一一引述。河北無險守，除聚兵爲重鎮，立堡寨之外，唯利用些許河水開挖河塘，設方田、植林木等措施，期能達到阻敵侵入之輔助防禦；〔註48〕此亦不得已而爲之措施。

北宋西、北兩面受敵，駐兵龐大，鄰近之國防除河北外，又有河東、陝西方面。〔註49〕駐軍所費全賴糧餉，即養兵與轉輸關係至鉅，蘇轍言宋之養兵增多與國防有關，尤以仁宗時爲禦敵守邊，屯兵至七、八十萬，「自是天下遂以百萬爲額」，既使無邊事之緊，「而關中之兵，至於二十八萬」；〔註50〕而宋庠言京師畿輔地區，經常宿兵可達四十萬之眾。〔註51〕龐大之經費，以當地租稅實不足以供應，如歐陽修言河北之情形：

> 凡自河北州軍縣寨一百八十有七城，主客之民七十五萬有七
> 百戶，官吏在職者，一千二百餘員，廂禁軍馬義勇民兵，四十七萬
> 七千人騎，歲支糧草錢帛二千四百四十五萬，而非常之用不與焉。
>
> 〔註52〕

河北兵馬幾近五十萬，加上官吏員額，歲支糧草錢帛數可見。又如王堯臣於仁宗朝當西夏戰事時言關中之民凋弊，「山西兵二十萬，分屯四路，然可使戰者止十萬」，〔註53〕雖可戰者僅駐軍之半，仍須供養糧餉。國防三方面之錢帛出入，用兵前後有其差距，王堯臣有其統計數目，仁宗寶元年間（1038-1040）

〔註46〕見蘇洵《蘇洵集》（台北：河洛，民國 64 年）卷 5，〈兵制〉，頁 46。
〔註47〕參見《宋史》卷 284，〈宋祁傳〉，頁 9596。
〔註48〕參見曹家齊，《宋代交通管理制度》（開封：河南大學，2002 年），頁 210～217。
〔註49〕北宋三面之國防地理，參見林瑞翰，〈北宋之邊防〉，《台大文史哲學報》第 19 期（民國 59 年 6 月），頁 195～223。
〔註50〕參見《蘇轍集》卷 21〈上皇帝書〉，頁 294。
〔註51〕參見《宋史》卷 284，〈宋庠傳〉，頁 9592。
〔註52〕見歐陽修，《河北奉使奏草》卷下，〈論河北財產上時相書〉，《歐陽修全集》，頁 964、965。
〔註53〕見《宋史》卷 292，〈王堯臣傳〉，頁 9772。

未用兵時與用兵後三路之情形於下表可見：〔註54〕

	用兵前		用兵後	
陝西	入 1978 萬	出 1551 萬	入 3390 萬	出 3363 萬
河北	入 2014 萬	出 1823 萬	入 2745 萬	出 2552 萬
河東	入 1038 萬	出 859 萬	入 1176 萬	出 1303 萬

三路歲入出之錢帛糧草尚可敷用，僅河東路用兵西夏時有所不足，足用者則餘存甚少，積蓄可謂緊促，若有慮於此則需備急調轉，如太宗時，度支使李惟清曾上言河北軍儲無備，欲請發河南十七軍州轉粟以赴。〔註55〕又如眞宗時，劉綜任河北轉運使，正值用兵之際，邊事煩急，轉漕尤爲重任。〔註56〕

此皆說明無論平時、用兵時，轉漕任務之重。若賦入不足，皆悉仰賴京師轉給，如仁宗時三司使陳琳言河北歲費芻糧爲千二百萬，其賦入支十之三，陝西歲費千五百萬，其賦入支十之五，其餘則悉仰京師。〔註57〕三路兵費不足，仰賴轉漕供給之情形，《宋史・食貨志》有簡要之敍述：

> 河北、河東、陝西三路租稅薄，不足以供兵費，屯田、營田歲入無幾，糴買入中之外，歲出内藏庫金帛及上京榷貨務緡錢，皆不翅數百萬。選使臣、軍大將，河北船運至乾寧軍，河東、陝西船運至河陽，措置陸運，或用鋪兵廂軍，或發義勇保甲，或差雇夫力，車載駄行，隨道路所宜。河北地理差近，西路回遠，又涉磧險，運致甚艱。〔註58〕

水、路並用之轉漕，即以汴京爲中心而運供，〈食貨志〉所載之漕運情形頗詳，然非本文之主旨，於此僅論述國防所需之三路，因駐重兵而有龐大糧餉之費，此賴漕運以維持，漕運之中心即都城汴京，汴京既爲政治中心，又聚重兵於京畿，復集天下財富於此，然財富實賴東南轉運而來，故有李覯言天下根本在於江淮，及其他宋人所言仰賴東南、江淮等。大體上，江淮財賦入汴京之漕運數額，自宋初百萬石之糧逐增爲數百萬石，以五、六百萬石爲常，最高

〔註54〕 參見《長編》卷 140，「慶曆三年」，頁 3366。
〔註55〕 參見《宋史》卷 276〈樊知古傳〉，頁 9395。
〔註56〕 參見《宋史》卷 277，〈劉綜傳〉，頁 9433。
〔註57〕 參見《長編》卷 114，「仁宗景祐元年」，頁 2675、2676。
〔註58〕 見《宋史》卷 175，〈食貨上三〉，頁 4256。

曾有七、八百萬石，而漕運入京以汴河、惠民河、廣濟河爲主要漕路，每年有其定額，以汴河之四、五百萬石爲最重。各路上供財富，據徽宗宣和年所知，以兩浙路最高，達四百餘萬，佔全國總數四分之一稍強，其次爲江南東路之近四百萬，京東路、江南西路、淮南路皆百餘萬。〔註59〕可知東南財富及漕運於北宋立國關係之重，言天下根本在江淮並不爲過。以天下根本在河北言，重在於國防形勢；以天下根本在江淮言，重在於財賦漕運，實則二者密切相關，即以兵守國，以財養兵也。

四、兵險德固之實際

因北宋國防之失而須以兵爲險，重兵防禦需仰賴江淮之財富，財富之轉漕即以汴京爲中心，而汴京之地理形勢不良，則需聚兵京畿，仍是以兵險捍衛國防外，更在鞏固都城；此即爲宋人建都汴京之考量。以實際狀況而言，對宋朝威脅最大者爲北方之遼國，然北宋係亡於女眞之金國，亦爲起自東北而有遼之舊壤。遼、金之攻宋，東面爲華北平原南下，西面爲山西南下，此自唐代以來即有南北之交通道路可循。華北平原一道爲中部之縱貫線，由幽燕往涿州（涿縣）、莫州（任丘北）、瀛州（河間）、深州（深縣）、冀州（冀縣）、貝州（清河）、魏州（大名）、澶州（濮陽）、其下即可至滑州（滑縣東南）或衛州（汲縣），渡河則圍汴京。此線里程約一千二百八十五里，若稍偏西則可走太行東麓一線，由涿州往易州（易縣）、定州（正定）、邢州（邢台）、磁州（磁縣）、相州（安陽）、往衛、滑而渡河。華北平原之第二道爲東部之線，由幽州往滄州（滄縣東南）、德州（陵縣）、博州（聊城），往西可至魏州、澶州之路，或下鄆州（東平）往濮州而行，此線即走山東地區，路程約一千七百餘里。山西南卜可由雲州（大同）往雁門，入代州（代縣）、忻州（忻縣）、太原（太原）、隆德府（長治）、澤州（晉城）、懷州（沁陽），即渡河孟津，西取洛陽，東向鄭州而趨汴京。河北、山西之由北而南路線，其間亦略有橫向之通路，於此暫不細述，上述所言爲唐以來之交通，爲較直接便捷之途。〔註60〕

〔註59〕參見汪聖鐸，《兩宋財政史》（北京：中華，1995年），其附表58，〈江淮泝汴漕糧入京情況表〉，表59，〈北宋漕糧入京逐年定額數〉，表60，〈北宋宣和元年諸路上供財賦數〉，本文係根據上述表而來，見頁872～876。
〔註60〕以上所述之華北平原中部、東部之路途與山西之通道，參考嚴耕望，《唐代交通圖考》第五卷（台北：中央研究院，民國75年），第叁玖、肆伍、肆捌等篇，並其附諸圖，唯些許唐代地名改作宋代之地名，見頁1411～1676。

　　北宋立國以兵險德固爲構想，然尋諸史載以見其實際情況則並非如此，今且以宋遼澶淵與金圍汴京二次戰役之大勢來看其所恃之兵險如何？但此處並非探討戰史，故不述其詳及始末過程等。

　　1、宋遼澶淵之役。以《續資治通鑑長編》所載簡略述其所至情形如下：眞宗景德元年（1004）正月，報契丹四萬餘騎抵涿州，聲言修城寨，此當爲試探性集結。至八月又有契丹游騎剽掠深、祁二州而引去，此則爲試探性攻擊。不久，即有邊臣言契丹謀入寇，乃有河北、河東諸路謹邊備之詔，其時即有節度使王顯上書欲眞宗駐蹕澶淵。閏九月辛未，（11 月 5 日）北面都部署王超引大軍頓唐河備禦。遼軍掠威虜軍（廣信軍，徐水西）、順安軍（高陽東）、保州（保定）、定州（定縣）、岢嵐軍（山西岢嵐）、莫州（任丘）、瀛州（河間）、洺州（永年）、大名府（大名）、德清軍（清豐）、澶州（濮陽）。〔註61〕據《遼史》所載之過程較詳，聖宗統和廿二年閏九月己未伐南（1004 年 10 月 24 日），癸亥（10 月 28 日）師次涿州固安（固安），丙寅（10 月 31 日）至唐興（安新東南），丁卯（11 月 1 日）至廣信軍遂城（遂城），庚午（11 月 4 日）至定州望都（望都）。十月丙戌（11 月 10 日）攻瀛州不克，甲午（11 月 28 日）至祁州。十一月癸亥（12 月 27 日）戰於洺州，甲子（12 月 28 日）俘魏府（大名府）官吏，丁卯（12 月 31 日）宋約王繼忠求和。庚午（1005 年元月日）至德清軍，壬申（元月日）次澶州，乙亥（元月 8 日）破澶州西面之通（安）利軍（浚縣），丁丑（元月 10 日）宋遣使曹利用請和，十二月班師。〔註62〕自閏九月癸亥起至十一月丁丑止，前後共七十五日。其行軍路線即爲上述華北平原中部路線爲主，較激烈之戰鬥甚少，約僅有瀛州、邊境之安肅軍、廣信軍等處，〔註63〕可見宋軍之兵險未必可靠。

　　2、金兵圍汴之役。以《金史》所載簡述其所至與時程如下：太宗天會三年（1125）十月甲辰（11 月 3 日）詔諸將伐宋，以宗望攻燕京下華北平原，宗翰攻雲州下山西。壬戌（21 日）宋易州戍將降，十二月庚子（12 月 29 日）

〔註61〕參見《長編》卷 56～58，頁 1226～1286。地名參見《宋史》卷 86，〈地理二〉，頁 2121～2138，今地參見譚其驤，《中國歷史地圖集》，第六冊（上海：地圖，1982 年），頁 16～17。

〔註62〕參見《遼史》卷 14，〈聖宗紀五〉，頁 160。所記西元月日係參看洪金富，《遼宋金夏元五朝日曆》（台北：中央研究院史語所，民國 93 年）頁 106。

〔註63〕參見李則芬，《中外戰爭全史》（三）（台北：黎明，民國 74 年），頁 587～590。

宗翰下朔州（朔縣），此為山西一面進兵。甲辰（1126 年元月 2 日）宗望大破宋軍於白河，遼敗宋軍於古北口，丙午（4 日）燕山州縣悉平。戊申（6 日）宗翰克山西代州（代縣）。乙卯（13 日）河北中山（定縣）降，丙辰（14 日）宗望破宋軍於真定（正定）。戊午（16 日）宗翰圍山西太原，破宋河東、陝西援軍於汾河北。甲子（22 日）宗望克信德府（邢台）。四年正月戊辰（26 日），金兵取相州湯陰（湯陰），濬州（原通利或安利軍，浚縣），乙巳（27 日）金兵渡河，庚午（28 日）取滑州，宋徽宗離京出走，癸酉（31 日）金兵圍汴。〔註 64〕自十月甲辰金下詔攻宋起，至渡河圍汴，其間約九十日，自金宋白河之戰起則為三十日，若自燕京之地發兵南下計起，至圍汴之日約廿八日。金兵初次圍汴僅宗望之華北軍團，山西宗翰軍團止於太原之地，尚未南下，故知華北金兵即能達成圍汴之軍事行動。

宋遼澶淵之役時，燕雲之地在遼國之手，出兵南下至澶淵議和時，其間約二月半時程，金兵下詔攻宋燕雲之地起，至圍汴之時歷三月左右，大體上遼、金兵由華北平原南下之攻戰時間相當，但若以金兵亦由燕雲南下計起，則進兵戰勝極為迅速，一月之內即兵臨都城之下，可知二次大型戰役而危及汴京之情形，是宋人以兵險構想在實際上並不足以為險。南宋初期，岳飛對河北招討使張所言：

> 國家都汴，恃河北以為固，苟憑據要衝，峙列重鎮，一城受圍，則諸城或撓或救，金人不能窺河南，而京師根本之地固矣！〔註 65〕

兵險乃在於重鎮以阻敵，則京師可固，亦正如陳亮上孝宗書中所言，積財養兵為平日所經營，仍未必可用，其言曰：

> 凡今日之指劃方略者，他日將用之以坐籌也；今日之擊毬射鵰者，他日將用之以決勝也。府庫充滿，無非財也，介冑鮮明，無非兵也。使兵端一開，則其跡敗矣。何者？人才以用而見其能否，安坐而能者不足恃也；兵食以用而見其盈虛，安坐而盈者不足恃也。
> 〔註 66〕

陳亮雖言之於南宋時，但對北宋之人才、兵食情形同樣可供參考。北宋時所賴兵險之情形如何？以軍務而言，其例如神宗時言邊務不良，人情安佚，兵

〔註 64〕 參見《金史》卷 3〈太宗紀〉，頁 53、54。
〔註 65〕 見《宋史》卷 124，〈岳飛傳〉，頁 11376。
〔註 66〕 見《宋史》卷 436，〈陳亮傳〉，頁 12931。

馬不精，城壘器械形同廢弛之狀況，〔註 67〕哲宗時，張耒言北邊要郡城防不修，器械粗惡，精兵缺少。〔註 68〕此二例可知軍務之敗壞。以兵將而言，其例頗多，如李宗諤於眞宗時言澶淵之役，當遼軍入侵，眞宗車駕親征，「曾不聞出丁人一騎爲之救助，不知深溝高壘，秣馬厲兵，欲安用哉？」，〔註 69〕指其時將帥之無能。老將何承矩於眞宗咸平年澶淵之役前即言：

> 今緣邊守將多非其才，不悦詩書，不習禮樂，不守疆界，制御
>
> 無方，動誤國家，雖提貔虎之師，莫遇犬羊之眾。〔註 70〕

此言眞宗初時邊將即非其才，素質差惡，雖擁重兵亦未能恃以拒敵。田況於仁宗時上疏，言太宗時即有部分將領未能稱職，或遇賊不擊，或戰鬥而還，亦有違詔自奮者，至於仁宗時則「今將帥士卒，素已懦怯，未甚更練」，〔註 71〕則指出將帥士卒皆不可靠，懦怯又未精練。將帥非其才，即未慎選適當之故，如賈昌朝指出仁宗時將帥多恩倖子弟，非勳勞得任，因疑貳將帥，故非近倖、姻舊不委，而主將往往不專號令，謀之未成，事已洩漏，故動則必敗，且士卒驕惰，臨敵無勇，難以攻戰。〔註 72〕類似兵將不良，紀律敗壞之情形又有明鎬知并州時所見，「時邊任多紈袴子弟」，不能稱職任事，而軍行之時，「倡婦多從之」。〔註 73〕由是可見其軍紀不良，所任非材。

北宋初二朝，開國立業，將士勇猛，太祖、太宗出身軍旅，能御將選才，是以將士用命，武略頗有可觀。但因太宗幽州之敗及雍熙北伐之失利，朝廷遂興反戰之論，至太宗晚期，反戰之論幾已成主流，因之影響軍務鬆弛，將士苟安之心。〔註 74〕澶淵之盟後，恐此種情形更形嚴重，當女眞興起，國際局勢突變，則難以應付新興之強敵矣！北宋之恃兵險，但將帥非其才，士卒不練，懦怯驕惰之將士，加之軍務不整，如此兵險實則是危險。至於德固之說難以付實，洪邁言〈地險〉，舉史載據地爲雄，至於操控大局之情事，以曹操得兗州能夷群雄，覆漢祚，朱溫以汴、宋等州而能得志，說「以在德不在

〔註 67〕參見《韓魏公文集》卷 17，〈家傳〉，頁 239。
〔註 68〕參見《張耒集》卷 48，〈送李端叔赴定州序〉，頁 748。
〔註 69〕見《宋史》卷 265，〈李宗諤傳〉，頁 9141。
〔註 70〕見《宋史》卷 32，〈何承矩傳〉，頁 9330。
〔註 71〕見《宋史》卷 292，〈田況傳〉，頁 9778。
〔註 72〕參見《宋史》卷 285，〈賈昌朝傳〉，頁 9615、9616。
〔註 73〕參見《宋史》卷 292，〈明鎬傳〉，頁 9769。
〔註 74〕參見拙作，〈宋初的反戰論〉，《宋史研究集》（台北：國立編譯館，民國 84 年），第 23 輯，頁 27～42。

險爲言,則操、溫之德又可見矣」。〔註75〕以德代形勢之險,即如上文太宗所言建都「在德不在險」。德與形勢之險並無衝突但未必相附,劉敬言於漢高祖建都之事,以成周洛邑之營建曰:

> 以此天下之中也,諸侯居四方納貢職,道里均矣,有德則易以
> 王,無德則易以亡。凡居此者,欲令周務以德致人,不欲依阻險,
> 令後世驕奢以虐民也。〔註76〕

劉敬雖以德重於險阻,但仍建議高祖都於關中,又以周之衰微乃「非其德薄也,而形勢弱也」,則德雖不薄,但形勢更強,以至於周之衰;此形勢應指天下變動所成之勢,非指山川形勢。「有德則易以王,無德則易以亡」,此言固有其理,但爲概括之說,往往又與史實衝突;如洪邁言之曹操、朱溫能王天下即是。宋初王禹偁於太宗時奏議,言漢文帝時匈奴君臣單于稱強,然文帝外能任人,內能修德,使匈奴不爲深患,「是由守德也」,而哀、平之際,呼韓邪單于衰弱,雖外無良將,內無賢臣,猶能使匈奴來朝,「是繫於時也」,〔註77〕所言「德」則略爲具體,簡言之,即指君王之修身道德與政治精明而已,所言之「時」,當即劉敬及顧祖禹所言之形勢,若具體落實於北宋立國建都而言,如張方平所言:

> 國家都陳留,當四通五達之道,非若雍、洛有山川足恃,特倚
> 重兵以立國耳。兵恃食,食恃漕運,以汴爲主,汴帶引淮、江,利
> 盡南海。〔註78〕

此言簡扼要,汴京無自然地理之形勢,但以重兵立國建都爲其時不得不然之形勢。張洎於太宗時奏議曰:

> 伏自北戎犯順,累載於茲,其故何哉?蓋中國失地利,分兵力,
> 將從中御,士不用命也。〔註79〕

其下分析失地利爲華北平原無險阻可守,是「蕃漢共之」而困中國,分兵力是河朔郡縣「咸嬰城自守,莫敢出戰」,將從中御又兵無選鋒,犯兵家大忌等。宋初建國於地理形勢即失利,然其他各缺失,則爲失策,概括而言幾同於「德」之不修而致之缺失;此種情形即類似上文所言軍務不整,將士非才之弊。韓琦與范仲淹於仁宗時言:

〔註75〕 參見洪邁《容齋隨筆》(台北:大立,民國70年)卷第一,〈地險〉,頁80。
〔註76〕 見註11,〈劉敬傳〉,頁2716。
〔註77〕 參見《長編》卷30,「端拱二年」,頁671。
〔註78〕 見《宋史》卷318,〈張方平傳〉,頁10356。
〔註79〕 見註77,頁666。

國家太平日久，將不知兵，兵不習戰，而致不利也，非中國事

力不敵四夷，非今之軍士不逮古者，蓋太平忘戰之弊爾。〔註80〕

韓、范所言僅指將兵狃於太平忘戰之弊，此亦爲軍政未臻精明之故，豈非修德不足何以至此？

蘇軾有〈形勢不如德論〉，以天時不如地利，地利不如人和，即言形勢不如德，所謂在德不在嶮，形勢雖強，要以仁義爲本。其分形勢爲二，其一，以人爲形勢，如三代之封諸侯，爲示天下之形勢，然周德衰則人之形勢不足救。其二，以地爲形勢，如秦、漢之都於關中之故，然其德衰則地之形勢亦不足救。故東坡言：

三代、秦漢之君，慮其後世而爲之備患者，不可謂不至矣，然至其亡也，常出於其所不慮，此豈形勢不如德之明效歟？《易》曰：神而明之，存乎其人。人存則德存，德存則無諸侯而安，無障塞則固矣！〔註81〕

東坡之論以人、地二形勢言，一屬人爲，一屬自然，應爲不同之範疇，但皆以德爲主導地位，似以朝代興亡皆可以概括爲德之守失，未免疏闊，亦有簡單化之嫌，缺乏歷史之分析論證，又何能「人存則德存」？何能德存而安、而固？具體之內容實難以見達。統治階層以德爲本，其爲至理無疑，有德者亦可謂有道者，其所發爲之功能且不言其對國家內部之治理，對外而言是否能招遠人而徠之？歐陽脩即說：

自古夷狄之於中國，有道未必服，無道未必不來，蓋自因其衰盛。雖嘗置之治外，而羈縻制馭恩威之際，不可失也。其得之未必爲利，失之有足爲患，可不慎哉？〔註82〕

是以有道、無道未能決定夷狄之叛服，而對夷狄之得失亦未必在此，故有無道德與外敵並無絕對之關係，此歐公之歷史眼光也！因之，以德爲固恐非絕對之說，應是以德可以爲固，但未必確可以固，同樣，以兵可以爲險，但未必確可以保險。若將以德爲固具體之落實即在於政治清明，講文修武，百姓安寧等，所謂「有德易以王」即是。范祖禹於北宋末論修城壕時，提出京師無山川之險可恃，而能百三十年無事，「所恃者，在修德，在用人，在得民心」。

〔註80〕見《長編》卷139，「慶曆三年」，頁3353。
〔註81〕見《蘇東坡全集》上，〈後集〉卷10，頁566。
〔註82〕見歐陽修，《新五代史》（北京：中華）卷71，〈四夷附錄第一〉，頁885。

〔註83〕所言雖仍在於強調修德，但尚須在用人得民心，是謂有條件配合之「德固」論，較諸只言德要實際些。以宋初立國建都，其形勢確乎以兵爲險，既知以兵爲險，則需擇良將、練精兵、明賞罰、飭軍紀、嚴軍務、修武備等措施，此即爲上述宋人常言之軍政缺失所在，而務求整治之論，可知宋人亦知以兵爲險所需之條件。其次，即龐大軍費糧餉，需東南財賦與漕運之支撐，此政治經濟問題與軍事國防問題之密切相關處，宋人重理財與通漕運原因即在此，此亦可謂北宋立國之形勢也，知其形勢，則需配合之政令措施，以及符合此種政治之精神、態度以待之，所謂德固者也，當由此中尋求與落實。

以地理形勢不良，宋初太祖即有意遷都於洛陽，終格於現實而未能成。其後，於澶淵之役時，遼軍已深入華北平原之中部，中外震駭之際，朝臣王欽若言幸金陵之議，陳堯叟則有幸成都之語。〔註84〕此因事變迅急，恐遭不測，故有暫幸之說，尚非研議遷都之舉。宋人極罕見有對遷都之研議，似乎對建都汴京視爲定局，但仍有議遷都洛陽之說，如范仲淹言：

> 洛陽險固，而汴爲四戰之地，太平宜居汴，既有事必居洛陽。
> 當漸廣儲蓄，繕宮室。〔註85〕

仁宗以此問於執政呂夷簡，夷簡以爲迂闊之論。仲淹言語已頗婉轉，理度恰當，雖分別「太平」與「有事」，實有經營洛陽以備遷都之議，奈何夷簡與之敵對，無理申論即以迂闊譏之。此外，又如韓琦亦有經營洛陽與遷都之議。其言曰：

> 今帝都無城隍之固，以備非常，議興葺則爲張皇勞民，不若陰
> 營洛邑，以爲遊幸之所，歲運太倉羨餘之粟，以實其廩庾，皇居壯
> 矣！〔註86〕

韓琦言營洛邑爲備，實係考慮汴京「無城隍之固」地理形勢差惡之婉轉說法，宜預爲遷都之計。范、韓二人爲同調，然未爲朝廷採納，亦未見有朝臣響應而匯爲議論，故無法進一步得知對建都意見之發展情形，然大抵亦可反應宋人多滿足於現狀，無意於遷都。明代李濂爲汴京作志，有〈宋都汴論〉，論德與險，亦指出宋人之忽遠圖而昧大計，終至北宋之亡，而貽北狩之恥。〔註87〕

〔註83〕見范祖禹，《范太史集》（台北：商務，四庫全書）卷15，〈論城濠〉，頁7上。
〔註84〕參見《宋史》卷281，〈寇準傳〉，頁9530。
〔註85〕見《宋史》卷314，〈范仲淹傳〉，頁10269。
〔註86〕參見《韓魏公集》卷12，〈家傳〉，頁185。
〔註87〕參見李濂，《汴京遺跡志》（北京：中華，1999年）卷18，〈藝文五〉，頁341～343。

五、結　語

　　都城為國政之中心，代表朝廷及其政權之所在，歷代以來對都城之選址皆有其考慮之因素，亦皆因其所利之便而建都。歷史上除分裂時期之外，大體各朝皆建都於華北之黃河下游，且有由西漸東之趨勢；而此種趨勢又於中國經濟重心之往東、往南遷移有關。經濟財賦之發展趨勢為長期所形成，自東漢末至北宋中葉以前，此種經濟形勢逐漸完成。都於北方而仰賴東南，則需漕運交通之便，故二者遂造成幾無可分離之勢。

　　黃河下游長安、洛陽、汴京一線，以地理形勢之良否而言，依次而減。地理形勢為都城險固所賴，故自古即重形勢之險要，尤以冷兵器時代更為如此。以汴京為為四戰之地，除黃河外則無形勢可固，但仍建為五朝之國都，主要為前述之經濟因素所致。五代伊始，後梁朱溫以汴為其龍興之地，又有漕運之便，遂建之為都，其實塞外強敵契丹初興，但長城一線猶有藩鎮為守，其威脅仍在於國內之割據勢力。及後晉立國，石敬瑭割燕雲之地，長城之險淪入契丹之手，遂能左右中原之政局，後晉之亡與國防失守有關。後周世宗北伐，亦為收回國防之所失，即國防形勢於宋前已大為改變，而對中原朝廷極其不利。五代時期之四朝皆以汴京為都，係遷就現實之便而無暇論及其他。後周能禦契丹強敵甚至北伐攻之，固與其時遼朝之政策有關，實在亦因後周之兵強馬壯有以致之。宋之建國，啟於後周所示，故亦遷就現實而都於汴，以強將精兵禦於北，尚能開國立業。宋初之先南後北，平南方各國可得來自東南與川蜀之財富，擴展其經濟之強度，以為北方之資源；及太宗收燕雲雖未達成，但目的仍在於收回其地以鞏固國防。宋朝完成統一後，經濟實力大增，足以為北方之仰賴，但長城失其守，故增兵益將以為鞏固，集精兵於京師，佈重鎮於河北，是其時解決國防、安守都城之辦法。宋人其時所知，所論皆如此，故所謂以兵為險或以德為固，遂為宋人對建都之說辭。

　　兵險德固之構想雖可成立，但初次受到之挑戰即為澶淵之役。殆自太宗北伐失利後，反戰弭兵之論漸成主流，不免以相安無事為倡，宋初之強奮主動精神漸失，良將屬兵不再，軍務或所鬆弛，澶淵之役似可說明兵未必可為險，德未必能為固，尚須以配合之政策措施為條件。其後女真興起，宋金聯盟攻遼，宋軍往往為弱遼所敗，俟後金兵南下，宋軍豈能相與為敵？二次圍汴之結果，北宋遂亡於金人之手。以澶淵之役與金兵圍汴之史實來看，遼、金之進軍迅速，幾乎戰無不克，充分顯示華北平原之無險守，汴京都城之地

理不良，所賴之兵險德固實際全不如其所構想。

　　宋太祖有遷都之想，范仲淹、韓琦亦有營建洛陽之議，遷都洛陽而減兵省財，以恤養民力，具有極高之可行性，惜宋人多承平苟安，思不及此，遷就現實，而不思形勢之變與形勢之有可爲。抑且兵險德固所依賴之條件未能落實，面臨北、西二敵，唯有以鉅額之兵、財以應付之，然稍有不愼，則都城告急，若救之無功，則國必危亡。以北宋百餘年之歷史而言，其時間雖不夠長久，但大體尚能觀察出地理決定之形勢有其一定之理，但非唯一決定之因素，如宋之立國建都，可以兵險德固而守其國，然務須觀察其他因素與條件能否支撐，當可突破地理決定論之陳說，否則即不能擺脫地理形勢之說矣！

（原稿爲彰化師範大學史地研究所專題演講，彰化：2007 年。增補後收入）

雜　說

宋代都城的春光

一、春的消息

　　《詩經》·〈豳風〉裏說：「春日載陽」、「春日遲遲」，朱子註解說「載」字是開始的意思，「陽」是溫和，「遲遲」是「日長而暄也」。春是一歲之始，溫暖和煦日子到來之時，所以《爾雅》裡釋春為「青陽」、為「發生」，就是以春天的氣和，故青而溫陽，象徵無限的生機；「發生」代表著春的好生之德。

　　在中國人的思想裡，春有著很廣泛的象徵意義，不論在政治上、醫學上、哲學上、人世生活上都被普遍地引用。總之它代表著仁慈、溫和、生機、躍動的力量等等，這些都是由實際生活的時序中得到的啟示。溫暖的陽光，柔煦的和風，解凍了大地的嚴寒，這無非是生意盎然的時刻，使宇宙間充滿了躍動的力量。在大自然裡可以觀察得到的一切，似乎由靜止狀態中全都突跳了出來；從枝頭上第一抹打破枯寂的青綠，剎那間，喧鬧的姹紫嫣紅，直叫人目不暇給，我們稱之為「春」的季節就這樣登場了。

　　　　燕子呢喃，景色乍長，春晝觀園林，萬花如繡，海棠經雨胭脂
　　　透，柳展宮眉，翠拂行人首。向郊原踏青，恣歌攜手醉醺醺，尚尋
　　　芳問酒，牧童遙指孤村，道杏花深處，那裡人家有。

這是宋代宋祁〈錦遮道〉詞，描述的正是春景、春遊之情。的確，當面對著芳景晴空、春曦暖融之際，循著春的呼吸，人們也應著春的節氣，今人渡著春光，昔人也無非在燕語呢喃中沐著春風。

　　兩宋的都城分別是汴京（開封）及臨安（杭州）。北宋建都於汴京是因五代之舊，主要取決於經濟因素。唐自安史之亂以來，華北殘破，民生凋弊，原來關中古都之地已漸不能支撐，需仰賴淮、江地區物資的輸援，經濟重心

因之漸形轉移往東南，而漕運北方的終站也局限於汴京之地，這情勢歷百餘年逐漸形成。所以宋初的汴京雖乏山河之險，但終以轉漕方便而建立爲都。

臨安爲江南古都，清人顧祖禹考察地理及經濟，他說此地自三國以來即爲財賦淵藪。自隋開江南河後，又成爲商旅萃集之市。迨唐代中葉時的杭州，已儼然可爲東南都會大城。五代時錢鏐以此地建爲吳越國之都城，由於南方戰亂少，又有舊時的經濟基礎，加上錢氏的經營，使杭州成爲當時少有的富庶之地。宋代統一南方後，因杭州具有的條件，在那裡設置了主司海外貿易的市舶司，成爲南方的商業大城。南宋初年高宗避金兵而往東南，將杭州升格爲臨安府，顧名思義是得暫時偏安了，不久就以臨安爲行在所，建明堂、立太廟，這就是南宋百餘年的都城。

二、賞心樂事

南北兩宋的都城（960-1276）各有百餘年的繁華。我們對當時兩京的情形除去史書的記載外，還要靠地方志的資料，以及時人的筆記、掌故中去窺得其中的消息，尤其是後者最爲珍貴。如果能再廣蒐金石碑刻、詩文集等，那麼將會有更豐富的素材，以提供我們寬廣的視野。現在且以南宋時張約齋所列出的「賞心樂事」以見其一斑。張氏除將一年十二個月裡頭民俗節慶列出，還添增一些時人應景的觀賞樂事，每個月份裡都有九、十項，多則十五、六乃至二十項觀賞遊歷之樂，或熱鬧喧集，或幽賞閒情，有高雅的清趣也有隨俗的同樂。他列出關於春季三個月的項目是這樣的：

> 正月孟春：歲節家宴，立春日迎春春盤，人日煎餅會，玉照堂賞梅，天街觀燈，諸館賞燈，叢奎閣賞山茶，湖山尋梅，攬月橋看新柳，安閒堂掃雪。二月仲春：現樂堂賞瑞香，社日社飯，玉照堂西賞緗梅，南湖挑菜，玉照堂東賞紅梅，餐霞軒看櫻桃花，杏花莊賞杏花，群仙繪幅樓前打毬，南湖泛舟，綺互亭賞千葉茶花，馬塍看花。三月季春：生朝家宴，曲水修禊，花院觀月季，花院觀桃柳，寒食祭先掃松，清明踏青郊行，蒼寒堂西賞緋碧桃，滿霜亭北觀棣棠，碧宇觀筍，鬥春堂賞牡丹芍藥，芳草亭觀草，宜雨亭賞千葉海棠，花苑蹴秋千，宜雨亭北觀黃薔薇，花院賞紫牡丹，豔香館觀林擒花，現樂堂觀大花，花院嘗煮酒，瀛巒勝處賞山茶，經畬門新茶，群仙繪幅樓下賞芍藥。

我們看了以上張約齋所列出的春季活動，其中大部份都是屬於春遊觀賞之事，地點則是都城臨安的一些特定地方，正說明了春的到臨，確把都城裝點成一片花海綠茵。若將這些春季的活動稍作統計來看，在總數四十二項的活動中，與民俗節日有關的近四分之一，其他四分之三就是應景而生的春遊了，這裡面如掃雪、修禊、煮酒、鬥茶、泛舟等少數舉止，通常是屬於文人雅士的行為外，其餘的活動應是雅俗共賞而並為樂事的。

張氏所列出的這些春季休閒之事，多在於戶外遊樂活動，且以觀賞花木的情緻為多，花類十餘種，甚且有觀賞筍、草的雅興，實為難得。遊戲有宋代盛行的打毬、蹴秋千等，這些多少反映出其時的居民生活和部份社會的狀況。

除此之外，在宋人的筆記中，像《東京夢華錄》、《都城紀勝》、《西湖老人繁勝錄》、《夢粱錄》、《武林舊事》等，都有極豐富且翔實的宋人生活、活動資料可稽，且以《東京夢華錄》一書為例，透過作者孟元老（號幽蘭居士）的追憶描述，其栩栩如生的文字形態，使得近千年前的北宋都城，彷彿又自時光的塵封中，悠悠地醒轉過來了。現在且改寫其中的一段文字：

> ……當時正在長期的太平日子中，物資豐富，人物繁盛，孩子們喜學歌舞，老年人安穩度日，而不識干戈為何事。由於時節的不同，就有各種各樣的景色，有燈宵、月夕、雪際、花時、乞巧、登高、教池、游苑等等節慶宴遊之景。若從城中舉目望去，是青樓畫閣，繡戶珠簾，華麗的車子排滿了街頭，名貴的馬匹絡繹不絕地跑在路上，放眼是耀目的一片金翠，鼻嗅的盡是羅綺的芳香。在柳陌花街有巧笑的新聲，在茶坊酒店有歌舞的管絃。那時各國各地的人采、物品都集中在此，因此市面上可見到四海的奇珍異寶，而餐館裡不乏各種各樣的口味食品。這正是花光滿路，何限春遊；簫鼓喧天，幾家夜宴……

而尤其是都城的春天，在孟老的記憶中，又是何等的鮮明！芳草如茵，杏花如繡，樹上有黃鶯啼鳴，晴空是群燕飛舞，在寶樹層樓上有撥弄音樂的紅妝，在畫橋流水處有歌唱吟哦的少郎，鞦韆上不時傳出輕巧的笑聲，觸眼所及，到處都有踢球的歡喝，探春的人潮，正爭相湧向春光最明亮之處……。

而這一切的歡樂，總在挨完天寒地凍的冬天，當宮廷中的爆竹聲與歡呼聲遠傳至外。一般民家正是圍爐團坐，通宵守歲的大年夜之後開始的。

三、花勝迎新春

元　旦

大朝會　元旦是一年也是春季的第一聲，當這個歲首之日，兩宋朝廷都有例行的大朝會，史書記載典禮之處記錄得相當詳細，官方典儀總不外乎規矩森嚴，按部就班地行禮如儀，這裡暫不敘述。歐陽修有首詩說：

> 元會千官集，新春萬物同，
>
> 測圭知日永，占歲喜時豐。

正可以說明官方元旦之會的心理。

屠蘇春酒　元旦也叫元正，就是所謂的新年。毛滂〈玉樓春〉詞中有下面這些句子：

> 一年滴盡蓮花漏，碧井屠蘇沈凍酒。
>
> 曉寒料峭尚欺人，春態苗條先到柳。

新年開始，飲著屠蘇春酒，雖然是春寒料峭的時節，但是柳枝上已經有嫩綠的新芽了，這是很好的寫照。元旦那天是汴京城的大節日，要放前三後四共七天的假，與寒食、冬至一樣，是一年中放假最多的節日。

賀年　在汴京城裡有流傳至今不變的習慣，那就是慶賀恭喜之聲不絕於耳，以及賭博假日。賀年若不能親至，也得派人投送名片以示禮到。至於賭博似乎最受青睞，城中有些特定地區為賭徒聚集的場所，大街小巷中有著各種食品、器械、果實、柴炭之類，喊叫拍賣，卻仍帶有賭的色彩，城裡彌漫一片「賭氣」，把新年渲染得更為熾熱起來。

賭場遊觀　結著彩棚，陳列出冠梳、珠翠、頭飾、衣裝、花朵、領袜、鞋靴、玩好之類，把賭場裝扮得繽紛奪目，當然也就更為吸引人了。至於歌舞娛樂之地，聲色犬馬的銷金窩，更是車水馬龍，交相爭馳而不在話下。

傍晚近夜，進出賭場遊觀的，有不少是富貴人家的女子；她們也光顧市街的飲食店，不會受到人們的指點，當時民間是相當開放的。即使是較為貧窮的人們，這天也穿上洗潔光鮮的衣著，飲酒相賀一番。

較為講究的門戶，元旦尚有賀拜之禮。卑幼先對尊長六拜，然後男女長幼成一列，依次受卑幼者賀拜。這大約就是家庭中的拜年了。

南宋都城臨安的元旦也與汴京一樣，這一方面是中國人傳統相沿之故，另一方面是北宋建國以汴京為首都，風俗典禮為全國所宗仰，所以南北風俗

是大同小異的。臨安有商業大城的舊基礎，又成爲南宋的行在之都，其繁華當不下於北宋時的汴京。

進香　臨安城元旦那天仍是士民交相賀年，不論男女都鮮衣裝扮，往來拜節。在街坊市面到處是叫賣之聲，以日常生活食衣、把玩之類爲多。不論貧富竟日遊賞，寺觀、亭樓等風景區最爲熱鬧；而笑語喧嘩之地，正也是家家飲宴之時。除了拜年之外，大家都趕在新春初到的元旦日去上香，暗訴一年的心願，也還報去年一年的福祐。梵宇進香應是普遍的習俗，在佛道二教流行民間的時代裡，許多節慶日都不免有這種活動，甚且成爲大事一樁，如北宋汴京城的大相國寺，香火鼎盛，每月朔、望、三、八等日開放；不止爲進香人祈願之地，也是廟會的熱鬧場所。伎巧百工陳列；四方珍異畢集，自是遊人如織，車馬如梭了。例常每月開放的數日即香客頻繁，元旦新年恐怕更爲來往不絕了。

立　春

農事之候　農曆元旦名爲春節，但春的氣息還是要以立春這日爲節令的徵候。傳統以來開啓一年的日子就在立春，早在古代的典籍裡如《左傳》、《國語》等就記載立春之日的象徵性，「立春爲啓，立冬爲閉」，是說一年的啓閉時節，「農祥晨正」乃指立春爲農事之候。《史記》〈天官書〉中也說「立春日，四時之卒始也」，將去年四時的終結與今年四時的開始定在這裡。漢代大儒鄭玄解說《周禮》〈春官〉中的「以青圭禮東方」就是立春之意，而「青圭」是象徵春物初生。至於《淮南子》〈天文訓〉說「立春，陽氣解凍」，〈時則訓〉裡說立春之日，天子要率三公、九卿、大夫們迎歲於東郊等等，都是說立春爲春的開始節令，一年由此開啓，生機由之萌芽，故而農事就成爲立春的行動了。

東耕之禮　立春既爲農時，自不宜違奪，所以迎春、勸農的禮俗因應而生；「鞭春」、「土牛」是爲其中的代表。有人以爲這種禮是周公制定的，至少在東漢王充所著的《論衡》中有這類的記載；書中說立春之日有東耕之禮，用土塑男、女人像，手拿著耒、鋤等農具，或者用土塑成牛像。王充所說可以與《後漢書》〈禮儀志〉相互參照，《後漢書》中記載京城在立春日舉行頗爲盛大之禮，那天百官穿戴青色的衣服及頭巾，聚集在東郊，典禮場立有青幡、土牛、耕人等。可知在東漢時立春之日官方舉行正式的典禮，以後就爲

歷代所沿襲而不移。

鞭春、春盤　在立春前一天，汴京開封府要進獻春牛入宮廷裡去「鞭春」，這叫做「打春」，表示春天到來正是農耕開始之時。這天宮廷裡以「春盤」和酒賞賜給親近大臣們，「春盤」內有烹熟的豬肉、白熟餅、大環餅等食物，這些餅比一般民家的要大許多。民家也用「春盤」相互贈答；有花園的人家還送些花盤為禮物，盤中放的就是花。在「春盤」內放些生菜、蘿蔔等為襯飾，青色、白色的陪襯起來，愈發顯得秀色可餐。

開封府所轄的縣份內也預備好了春牛，在當日清晨就行「打春」，通常是用棍、杖之類來打牛，打完之後就宰殺了這牛，按習俗要將牛肉分給民眾，因而有的記載說為了搶牛肉，還造成民眾受傷的事件。

春幡、花勝　在汴京府衙門附近有百姓賣小春牛，小牛關在有花邊裝飾的小欄圈內。欄上還排列了各種戲劇人物的圖像，也是出售作為贈送的小禮品，這叫做「花勝」或「幡勝」。材料及形式多用剪綵或金薄鏤飾，成人形或燕形，用來貼屏風或戴在鬢髮上。有的從元旦開始戴「花勝」，有的說是從元月七日的「人日」開始，但立春這日是較為普遍的。這種習俗原多是剪貼的手工藝品，也有人刻意講求，或雕刻繪畫，或以金銀製作，或以珠翠裝飾，真是窮工極巧而珍貴之至，不免有奢華之風了。

宮廷裡也賞賜這種「花勝」，凡宰執、親王、百官都受賜金銀做成的「花勝」，可見朝廷與民間的習俗都是相似的。在許多詩帖句中也透露著這種春「花勝」的消息，不過較多的是用有色的綾羅綢緞等剪成燕子形狀，這都是給婦女們戴用。贈送這種小巧的裝飾品相當流行，佩戴自也普遍，其中不乏含有情意在內。如王沂公詩云：

綵燕迎春入鬢飛，輕寒未放縷金衣。

歐陽修詩云：

不驚樹裡禽初變，共喜釵頭燕已來。

臨安城的立春　南宋臨安城的立春與汴京開封府相同。在前一日臨安府要造進大春牛，送入宮中福寧殿。由皇帝在次日立春時主持典禮，由內官用五色絲綵杖來鞭牛，這就是「鞭春」之禮；同時由太史局吹奏音樂以應陽春之象。春牛宰殺後由宮內所屬單位處理，其中牛眼是歸御藥院作眼藥之用。宮中同時備有小春牛數十頭，飾以綵幡雪柳，分送給各殿、閣主管的內官們，他們也準備了金銀錢綵段等作為送春牛來的酬賞。

皇帝依例要賞春幡勝給文武百宮，宰執、親王以金製，其餘用金裏銀或羅帛製成的。官員們要將之戴在頭的左邊，然後入殿謝恩；這些幡勝都是由宮中文思院所製造。

春帖子 學士院在這天也發揮其本職，要撰寫所謂春帖子進獻，凡帝后貴妃夫人等各有定式，質地是紅羅金縷，燦然華麗。春帖子的詞句無非是頌德恭維一番，例如司馬光的〈皇帝閣春帖子詞〉：

> 肇履璿璣曆，重飛緹室灰。
>
> 寒隨土牛盡，暖應斗車回。

周必大為皇帝寫的是：

> 綵勝年年巧，椒盤歲歲新。
>
> 君王千萬壽，長與物華春。

宮中後苑還要辦造春盤，除去宮內享用外，也分別賜給親王、宰臣官員們。春盤的造製非常講究，看上去是翠縷紅絲，金雞玉燕，極其精巧，其價值高達每盤萬錢，而奢華之風過於北宋。

至於臨安城也與宮中類似，前一日由鼓樂迎送春牛往府衙門的迎春館內。立春清晨，首長率官員以綵杖鞭春，城中街道布滿了花朵，小春牛、春幡、春勝等都觸目可及，富貴人家相互贈送著，以示豐稔之兆，而一般民家也多少以春勝為小禮品，走動致意；整個域市沐浴在春光花綵之中。

宋人關於立春的詩詞頗多，且舉數例來看。晁沖之有詩：

> 巧勝金花真樂事，堆盤細菜亦宜人。
>
> 自慚白髮嘲吾老：不上譙門看打春。

其中有看打春的習俗，有花勝、春盤等，都是立春日的特寫。方岳有〈立春日裝成宜春花〉詩：

> 青旛碧勝縷金文，柳色梅花逐指新。
>
> 卻笑尚為兒女態，寶刀剪綵強為春。

春幡、春勝盡在其中。范成大詩：

> 旛勝絲絲雨，笙歌步步塵。
>
> 一年新樂事，萬里未歸人。
>
> 雲薄竟慳雪，酒釀先受春。
>
> 送寒東作近，慚愧耦耕身。

這是以〈鞭春微雨〉為題的詩，雖帶有些許的惆悵，但也正把立春的時節逼

真地寫出來。

五辛盤、黃柑酒　蘇東坡的詩句有「青蒿黃韭試春盤」，「辛盤佇青韭，臘酒是黃柑」，前句所說就是春盤一般的內容，在宋以前就流行立春贈送春盤之俗，唐代多以春餅、生菜為盤，晉代是用蘿蔔、芹菜來做。後句的辛盤是指帶有刺激味的菜蔬如韭菜之類，像蘿蔔、芹菜都算在內，有的配搭五種成為五辛盤。臘酒用黃柑釀製，屬於水果酒之類。辛棄疾〈漢宮春〉詞句中有「春已歸來，看美人頭上，裊裊春幡……黃柑薦酒，更傳青韭堆盤」，這與蘇東坡一樣，說的是春盤與黃柑酒；而美人頭上的春幡，正是立春的消息。

土牛經　宋仁宗景祐元年（1034）頒布《土牛經》於天下，這土牛經就是將立春之禮作制度化的規範，其中包括春牛的顏色，策牛人的服裝，策牛人與牛的前後位置，策牛用的籠頭韁索等等，都有一定的安排，以干支及五行顏色、音律來配合星曆作不等的調配。天干為春牛頭部的顏色，地支為牛身之色，納音為牛腹之色。如甲子歲立春，甲為干，其色為青，那麼牛頭即為青色；子為支，其色黑，牛身即為黑色；納音為金，金色為白，牛腹即為白色。策牛人的服裝也得配合干支顏色，通常以干為衣色，支為勒帛色，納音為襯服色，如戊子日立春，戌為干，當穿黃色衣，子為支，當用黑色勒帛，納音為火，當用赤色襯服。策牛人與牛的位置是以立春日在歲的前後而定，若春在歲前，則人的位置要在牛後，若春在歲後，則人在牛前，若春與歲齊，則人與牛並立；而並立時以陽歲人居左，陰歲人居右為準，這是以牛代表春，人代表歲來作的安排。關於籠頭的韁索方面，其長度是七尺二寸，象徵七十二候，質料上又有分別，凡孟年要用麻繩，寅申巳亥為孟年，子午卯酉等仲年是用草繩，辰戌丑未等季年就要用絲繩了。從上面簡單的說明可以知道「鞭春」的講究還是頗為複雜，從牛的顏色，策牛人的服裝、位置，繩索的長度、質料等等都有定制，這也看出宋代承受傳統文化繁縟的一面；而許多的禮卻是與民俗生活相互關連的。

立春的平民性很強，在官方固然是一種禮，但各地官府的行禮是公開在民眾之前，故而看春牛、鞭春等是官民共同的活動。春的消息是不分階層地散布，雅俗都能共賞，分享著滿城的春意，奔走互送的春盤、跳躍的春幡、花勝，為喧鬧的一季揭開序幕。

人 日

初七不動刑　與立春接近的另一個日子是正月初七的人日，這大約是漢代以後才有的民俗節日，它是按生肖的安排以一日爲雞，二日爲狗，以次爲豬、羊、牛、馬至七日的人，每逢生肖所主的日子都有禁忌殺生，如一日禁殺雞，二日禁屠狗，七日就不動刑。人日那天的飲食生活與立春相近，要食煎餅，飲宴爲樂，而登高、踏青等春遊是這天的特色。

人形花勝　立春有剪製花勝之俗，人日亦然，剪綵或鏤剪金箔爲人形，用來貼屏風或戴在髮鬢上，也有做成燕子形狀的，其實就是立春日的花勝，至於說剪爲人形是象徵新春爲新年之始，人的形容也應改從新的意思。

登高踏青　人日登高、踏青在宋代以前就有，最易看到的是在古人的詩中，隋唐以來有不少描寫人日春遊的作品，如韓愈就有〈人日城南登高〉詩，詩中說與親朋好友攜著酒菜去春遊的情形。宋代人日春遊似乎更爲普遍，陸游有詩〈人日遊蟆頤山〉：

> 玻瓈江上柳如絲，行樂家家要及時。
>
> 只怪今朝空巷出，使君人日宴蟆頤。

這種全面春遊的日子，在蘇轍的〈踏青詩序〉裡有所說明，他說在四川眉州東門外十多里地方有個蟆頤山，山上富亭樹、松竹之美，下臨大江，每到正月的人日，士女們都相與遊嬉，飲酒歡會於此，當時就叫這活動爲「踏青」。我們相信「踏青」應是普遍存在於宋代的社會之中。

四、元宵──燈與舞的節日

官民同樂　元宵又叫元夕，也就是俗稱的上元節，這個節日以燈飾著名，通常說燈節就成爲元宵的另一種稱呼了。自唐代中期以後，正月十四至十六的三天爲開坊市以燃燈的節慶，薛能〈影燈夜詩〉有句：

> 十萬軍城百萬燈，酥油香暖夜如蒸。

就是很好的寫照。宋初定上元張燈的節慶爲五日，特別標榜與民同樂的宗旨，所以宋代的上元節非常熱鬧歡欣，似乎比立春、元旦等還有過之。

搭山棚　汴京城對元宵節的準備工作是在前一年的冬至後。大內皇城正門的宣德樓，五門並列，雕龍畫鳳，朱漆金彩，華麗異常，點燈用的山棚就搭蓋在此樓之前，山棚又稱爲綵山或燈山；由開封府及中央的單位合辦。綵山上立有「與民同樂」以及年號的金字招牌。

市集、百戲　在搭建山棚時已經形成一種變相的市集，除去游人到樓前參觀外，各種的買賣與演藝也逐漸集中；歌舞百戲，奇技異能，隨著聲樂而排比接鄰。其中有踢球、走繩、爬竿等雜耍，又有當時技藝名家的絕活，如趙野人的倒吃涼粉，張九歌的吞鐵劍，李外寧的藥發傀儡，小健兒的吐五色水，大特落的灰藥，楫柮兒的雜劇，溫大頭與小曹的嵇琴，黨千的簫管，孫四的燒煉藥，王十二的作劇術，鄒遇與田地廣的雜扮，蘇十與孟宣的毬技，尹常賣的講五代史，劉百禽的蟲蟻玩弄，楊文秀的鼓笛等等。

除去專業名家外，雜耍走江湖的也不甘落後，諸如耍猴戲、魚跳刀門、使喚蜂蝶、追呼螻蟻等特技，其餘賣藥、命卜、沙書地謎等，自不免會出現在這種場所之中。

活動的燈山　築燈山及鬧市的逐漸形成，正與立春及元旦的節慶聯成一氣。到正月七日的人日時，燈山上開始結綵，剎時一片金碧輝煌，錦繡交織，真個富麗堂皇，眩人眼目。尤其是居北的一面，綵結團聚，成堆的艷麗中夾著許多神仙故事的圖案，還有一些賣藥、賣卦的人像等等。

燈山並非只搭建懸燈綵的架子；它還有人工瀑布，用轆轤絞水上燈山頂，存水於木製大櫃中，然後慢放流下來而成。在燈山左右用綵結成文殊、普賢二像，跨著獅子與白象；手可動搖，指端還能流水，實在是匠心獨具而工藝高超。在左、右門上各用草把縛成戲龍之狀，草上掩藏有成千上萬的燭燈，再以青色布幕遮蓋起來，當燈燭一亮，看去宛如雙龍透空飛躍一般，真是構思巧極。

試燈　元宵的五天張燈是自十四至十八，而十三日是試燈。打這天開始，車馬奔馳，往來宴賞的固然是所謂故家大族、宗藩戚里，即便是村夫農婦、升斗之家也都傳呼相喚，遊賞不斷，鳴鑼擊鼓，吹竹彈絲，踏歌舞袖，好不歡樂。城裡也為了配合元宵所串連起的春光，從元月五日至二十日都禁城不閉，足足有半個月準備給人通宵達旦地遊樂。其實在前面我們已說過，張燈結綵的準備工作是早在前一年的冬至後即開始，隨著搭建佈置的工程，燈節的氣氛愈來愈濃，到元宵前的這一段時間裡，當時稱之為「預賞」。

預賞　汴京宣德門前搭燈山，但在酸棗（景龍）門已於十二月就開始點燈了，因此往南直到寶籙宮的路旁，召引了許多買賣營生的攤販，多是零食、水果、小吃等。在晨暉門外，用荊棘圍成特設的「看位」一所，周廣約五、七十步左右，這是給皇帝偶而來觀賞時的地方。皇帝偕隨從到「看位」時，

道路兩旁架設「粞盆」照亮，有如白晝；這就是用高架撐住的大火盆，燒以麻粞，在祭祀或庭園宴會時非常有用。遊觀的仕女們有時會受到皇帝的邀請，賞以金杯盛酒。如此直到燈節的到臨，這就是所謂「預賞」元宵了。

皇帝觀燈　元宵節的確是與民同樂的。皇帝與官員們都出行觀燈，層層的禁衛簇擁移來，各式的穿著與佩件，以及手持的器物儀杖等，耀眼矚目。像禁衛中的親從官們，都戴著有毛球在頂的大帽子，帽上簪花，穿的是紅色錦團以及繡著戲獅圖案的衣衫，腰圍金色寬帶，這種打扮花紅金帶，明艷照人；其他儀衛的裝扮也是觸目亮麗，各有勝場。隨著樂隊、侍從到達宣德樓時，文武官員及皇親國戚們都已在那兒等侯，依官品、身份穿著紫、紅、綠等服裝，只見樓頭一片花團錦簇，全是紛陳的色彩，而附近的遊人都聚集到樓下，仰首觀望，以至於整個街頭幾乎全為人潮所淹沒了。

十六日這天是熱鬧的高潮，大概是燈山光輝的最後一天之故，收燈前總是捨不得放棄那耀眼的光彩。早上皇帝就登上城樓，隨著音樂大作，垂簾也緩緩捲起，表示皇帝親民關心之情，這時樓前的民眾可以看到他們的君王，只見他身穿紅袍，頭戴小帽，周圍有執傘、扇的侍從們。不久，簾子又隨樂聲垂下了。

城樓旁的兩座朵樓都搭有棚幕，上有綵帶裝飾，是皇親及官員們的座處，賞賜頒降給官員們。這些官員本身都有自己官府的伎藝、樂工，伴隨著宣降賞賜，樂藝的表演也一一展開，露臺、棚架之上，樂聲不停，有如競賽。

收燈　到傍晚時分，燈火全部放出光彩，月色依然，映照花木。燭光遠近相連，看去似薄霧、似絲雨的夜色。三更天時，城樓上掛出用紅紗做的小燈球，緣著高竿直上，直掛到半空之中，這時就要收燈了。城樓外鞭炮作響，樓上、燈山上，數十萬盞的燈燭，一剎時全都熄滅了。

詩牌燈　元宵的高潮不因燈山燭滅而稍減，是方向有了轉移；遊興正濃的車馬往相國寺而去。寺的大殿前專設了樂棚，以供音樂演奏之用。兩廊有詩牌燈，非常別緻，用木牌雕刻詩句，雕鏤透空的字，外罩紗絹，裡面點燃著燈，這種詩牌像對聯一般，如：

　　　　天碧雲河欲下來，月華如水照樓臺。

放水燈　在資聖閣前因佛牙安放於此，故而許多人在這裡放水燈，多係達官顯貴們所設，有預定的位置，非普通人所能插足的。而寺裡最熱鬧之處還得算九子母殿，東、西塔院，惠林、智海兩院這些地方，簡直是燈燭比賽

一般，爭光奪彩，直到天明。

除去相國寺外，其餘各宮觀、寺院也都全面開放，以迎接燒香、許願的人們，還有川流不息趕熱鬧的民眾。在開寶寺、景德寺等地，設有樂棚，供人作樂、點燈。

玉簾隔花燈　花燈不止在這些大寺院裡鼎盛放華，葆眞宮有一種玉柱、玉簾窗隔燈，非常有名，是它獨特之勝。其他民間街巷、馬行、香藥鋪、茶坊、酒肆，都競相點燈，花樣新奇，爭艷鬥巧。其中以蓮華王家香鋪的花燈最為出眾，不但如此，王家還請了僧、道之流來打花鈸、弄椎鼓，吸引好些觀眾。

影戲　首都的各城門，都設有官方的樂棚，自不乏樂班劇團的表演，眞是官民同樂的元夜。在每個坊街巷口，如果沒有樂棚表演就有戲棚可觀，表演些較小型的影戲等，除去給附近人家觀賞外，還可吸引這一帶的孩子們前來看熱鬧，以免他們亂跑而走失了。城裡看那千街萬巷，盡是一片繁華哄鬧，燈光彩影。

打旋羅　有些地方看到高挑的竹竿，竿上懸燈，一眼望去，高低遠近，有如飛星在空中跳躍。這是禁衛的各營、班，因為規定不得夜遊，故而在這萬家點燈的夜晚，他們只有自行熱鬧一番。街頭巷尾各種應景玩物紛紛出籠，都是用絲綢做成，如玉梅、夜蛾、蜂兒等等，有一種「打旋羅」，用竹架子擎出在青傘之上，裝綴著梅紅色鏤金的小燈籠，在架子前後也有燈籠，敲著鼓、應著拍子，團團轉動。

城開不禁　「月上柳梢頭，人約黃昏後」，是春情的鼓動，也是花燈的旖旎。城裡門禁大開，阡陌縱橫，通暢無阻。在幽深的坊巷街頭，另有溫柔之鄉，門額披掛著花繡，垂下丁珠簾，佳麗們爭奇鬥艷，有如服裝表演，最時麾、新奇、大膽的裝扮都呈現出來。那兒是酒興融洽，春意漾然，來此的人們，或雅會、或幽歡，都不願浪費一點兒的光陰。整個城都陶醉在浩鬧、興奮的情景之中，不知覺地，時光已向晚；但車騎仍整夜穿梭不停，歌聲樂響依然飄揚在條條的巷陌之中。

臨安的燈節　南宋首都臨安城的元宵節也是沿襲北宋的傳統。有所謂的「預賞」，而有的記載說皇宮裡極早就開始「預賞」，從前一年的九月賞菊燈之後，一直慢慢地不斷在試燈；燈火的日盛是進入元旦時。

舞隊、燈市　臨安城的「預賞」是由舞及燈裝點出來的氣氛。從歲底多

寒開始，少女鼓吹舞隊已有幾十隊出現在街頭，多半是供顯貴豪門召顧而舞。在天街茶肆也逐漸羅列出燈球出售，稱之爲「燈市」。舞與燈搭配，每晚都如此，少女青春要把寒多舞熱，而燈彩亮暖直將歲末喚醒。在那客棧聚集的三橋一帶，舞者往來頻繁；每晚樓燈初上，蕭鼓樂舞已排列於下了。酒邊一笑，所費不多；往往直到四更夜色，如此一天而盛於一天。至於燈球多在中瓦南北茶坊懸掛出售，有各種巧作燈、福州燈、平江玉棚燈、珠子燈、羅帛萬眼燈等，還有最具盛名的沙河塘裡燈。一般街坊所賣的以紙燈較爲普遍，如清河坊到眾安橋一帶，有沙戲燈、馬騎燈、火鐵燈、進架兒燈、象生魚燈、一把蓬燈、海鮮燈、人物滿堂紅燈等，眞是滿市燈火，難以計數了。

　　搭鼇山　元月份一到，宮廷裡各單位正式地忙碌起來，由於要做到每年有不同的花燈應景，非得盡心賣力巧思佳構一番。通常負責的工作是在復古、膺福、清燕、明華等殿張燈，另外在宣德門、梅堂、三閒臺等處，臨時聽取聖旨來搭建稱爲「鼇山」的燈山。

　　蘇燈、福燈、新安無骨燈　花燈品類極多，以蘇州、福州最爲燈中之冠，後來又有新安燈，也精妙絕倫。蘇燈圈片大者直徑達三、四尺，全用五色琉璃作成，山水人物，花竹翎毛，巧奇之至，有如彩色繪畫在燈面上一般。福燈的特色是在於材料全用白玉，晃耀奪目，有如冰清玉壺，爽徹心目。後進的新安燈號稱無骨燈，它用絹囊貯粟爲胎，燒綴後去掉粟，看去渾然一玻璃球，燒製的景物奇巧無比，可製成灌水轉機、百物活動的大型花燈，也可以做成宮殿樓宇，街井坊市，甚至歌舞雜藝，纖細如生，這種花燈除去精巧的手藝及絕妙的構局外，也耗費不少工時，大約製作如房間一般大的街樓景物五大間，需要一千個工作天之久。

　　魷燈、珠子燈、羊皮燈、羅帛燈　除了上面三種最爲出色的名燈外，另有一些也屬上選之品，如魷燈，是刻鏤金珀、玳瑁爲裝飾的。珠子燈是以五色珠爲網，下垂流蘇，製成龍船、鳳輦、樓台等。羊皮燈是用五色妝染，鏤刻精巧，有如影戲的手法。較多見的是羅帛燈，用錦羅製成百花、細眼，紅白相間，號爲「萬眼羅」；手藝最奇。以紙類爲材料的花燈也頗富變化，用五色蠟紙菩提葉，做成沙戲影燈的馬騎人物，旋轉如飛。絹燈剪寫詩詞，偶而隱語藏句，寓譏諷、戲弄之趣。還有用細竹絲編製，加染色彩，明潔可愛。即使閨中婦女以剪紙製燈，也見精妙不俗。

　　琉璃燈山　宮廷中的琉璃燈山高達五丈，結綵的樓房中有用機關控制活

動的人物花燈。又在殿堂樑棟、窗戶間，用花燈塑製故事情節，蜿蜒如生，成爲各種花燈中的首屈一指。前後還設玉柵簾，寶光花影，不可正視。殿中時而傳來新製的樂曲，有如仙樂飄飄之感。殿上鋪連著五色的琉璃閣，都以毬文、戲龍、百花爲裝飾。小窗口垂著水晶簾子，流蘇寶帶，交映璀璨。殿裡設有御座，置身其間，有如在廣寒清虛府的仙境一般。

御駕觀燈 大約是二更天時，皇帝到宣德門樓觀賞燈山，金爐裡飄起腦麝香氣，裊裊如祥雲，五色的燈火炫轉熒亮，照耀著天地。山燈上數千百種花燈，光怪陸離，無奇不有，其中有用五色玉柵簇成「皇帝萬歲」四個大字。在樓上是奏樂、念口號、講吉祥話等，在樓下是表演的大露台，百藝群工，競相呈技。待皇帝下旨召喚時，民間的舞隊、食品業者一下子都歡呼著湧入；看表演、買零食，好不熱鬧。宮廷的嬪妃宮女們爭買食品，出手大方，有的小販竟一夜發了筆財。到夜深時，煙火大放，隨樂四起，在燭影縱橫裡，皇帝回返了後宮。

私宅燈景 城裡街坊遊興始終不衰，家家燈火，處處管絃。有的家中兒童作樂，各動笙簧琴瑟，而清音瞭亮，最可人聽；有的攔街戲耍，整夜不眠。特別幾戶人家還招待過往遊客，如清河坊的蔣檢閱家，備有奇茶異湯，隨人索取飲用；點著月色大的泡燈，整個屋子都光輝明亮，來往遊人無不駐足觀賞。在新開門有蔣苑使家，宅院雖小，但大費工夫裝點亭台，懸掛玉柵及異巧花燈，珠簾之下，笙歌並作，遊人到此，觀賞而不忍離去。至於各警衛營房，雖不能出街遊看，也照北宋汴京的規矩，自行豎桿挑燈，半空中有如流星一般。

夜遊的舞兒 在梁坊小巷，有繡額珠簾，女子衣著新裝，競誇華麗。勾欄院裡，煙花女群坐喧嘩，勾引風流子弟來買笑追歡。公子王孫及五陵少年們，更以紗製燈籠喝道而行，攜著佳人美女，遍地遊賞。當玉漏頻催，金雞屢唱之時，興緻並不稍止；至於醺然酒醉，倩人扶持之餘，墮翠遺簪，實難以枚舉。

燈照亮了元宵佳節，舞跳動了青春時光。舞隊在臨安城不下數十隊之多，較享盛名的有清音、遏雲、掉刀鮑老、胡女、劉袞、喬三教、喬迎酒、喬親事、仕女、焦鎚架兒、杵歌、諸國朝、竹馬兒、村田樂、神鬼、十齋郎等等，演藝的是流行傀儡戲，有喬宅眷、蘇家巷等二十四家之多。舞藝各隊都是衣著鮮明亮麗，而男演員也都是珠翠冠兒、戴花披繡，腰肢纖細，有如女子。

姜石白有詩說：

> 燈已闌珊月色寒，舞兒往往夜深還。
>
> 只應不盡婆娑意，更向街心弄影看。

又有詩：

> 南陌東城盡舞兒，畫金刺繡滿羅衣。
>
> 也知愛惜春遊夜，舞落銀蟾不肯歸。

眞是寫盡了舞者春遊的熱勁！

買市 至於舞者的意態，吳夢窗的〈玉樓春〉有很好的描述：

> 茸茸狸帽遮梅額，金蟬羅翦胡衫窄。
>
> 乘肩爭看小腰身，倦態強隨閒鼓笛。
>
> 問稱家在城東陌，欲買千金應不惜。
>
> 歸來困頓殢春眠，猶夢婆娑斜趁拍。

到五夜時是元宵最後的一夜，各舞隊次第簇擁，圍在臨安城首長的乘轎前後，連綿十餘里，錦繡一片，簫鼓齊鳴，這壯觀的行列叫人耳目不暇。官方特有犒賞，叫做「買市」。香塵羅帶，東風管絃，正是：

> 五夜好春隨步暖，一年明月打頭圓。

在天街大道，舞者繽紛；於花邊水際，燈燭燦然。

元宵終究是要落幕。當遊人依依地歸去後，天街留下一片寂靜。在那頭坊巷裡人家，還有依稀的燈光，垂簾內傳出的輕笑，覺得有春天到來的暖意。

五、山水遊春

燈與舞的節日過了，但首都的人們遊興仍然很高，因爲春的氣息已來到，在城裡城外都要去找尋這春光。冰凍的大地已給春叫暖了，花鳥草木也都被春催醒。城內外去走走，去踏青、探春才不辜負這節序到來的美意。遊春的地點其實古今一致，無非是名勝古蹟，郊野山林，或者亭園湖水之地。

汴京城周的春遊勝地

在汴京城南有玉津園外的學方池，那兒有亭榭之美及玉仙觀勝地。從轉龍彎西去有一丈佛園子、王太尉園，奉聖寺前還有孟景初園，這些都是園景春遊之處。從轉龍彎東去的陳州門外，更有花園、亭館之富。

在城東宋門之外，有快活林、勃臍坡、獨樂岡、硯台、蜘蛛樓、麥家園等地，還有虹橋的王家園。皇帝私人的東御苑在曹、宋門之間，也爲了便民

遊春而開放。另外有乾明、崇夏兩個尼姑庵，具清新秀色。

城北遊春的地方有李駙馬園、模天坡、角橋、倉王廟、十八壽聖尼寺、孟四翁酒店等。

由城西新鄭門西向，有亭榭悠遊的宴賓樓，池塘曲折；池上鞦韆畫舫與小舟，可供遊客買舟飲酒遊賞。相對著祥祺觀，可通往板橋，那兒有集賢樓與蓮花樓，這是官方的賓館。過板橋後有下松園、王太宰園、杏花岡等景色。從金明池南走，有蔡太師園、華嚴尼寺等。在金水河畔的兩淛尼寺、巴婁寺、養種園等地，四季花木扶疏，景色歷歷。往南去有藥梁園、童太師園。再往南有鐵佛寺、鴻福寺、東、西，榆村等勝地。汴京城裏外四面都有著春遊之地。

西湖春遊

臨安風景勝過汴京，前面所列的賞心樂事裡，已經可以看到近三十處的春遊之地，實則遠比此為多，尤其是天下名勝的西湖，景色不下數十處，今天所謂西湖十景就是始於南宋時的題名，祝穆的《方輿勝覽》裡說：「西湖山川秀發，畫舫遨遊，四時笙歌之聲不絕，好事者嘗命十題。」

西湖朝昏晴雨四時總宜人遊賞，都城之人無時不遊，而以春遊特盛。平時頭等大船如大綠、閒綠、十樣錦、百花、寶勝、明玉等不下百艘，再次則不計其數，但都華麗雅緻，也誇奇競好。城中之人幾乎婚喪喜慶都愛在這裡舉行，甚至買笑聚賭也不離此地，那密約幽會當不在話下了。

收燈後，都城人們爭先出城，往西湖探春。只見龍舟巨船都綵旗裝佩，鑼鼓交鳴，往來如織錦粲然。官方有時還立賞格，舉辦龍舟競渡，士女民眾駢集兩岸，擁擠得幾無立足之地。水面畫舫，櫛比魚鱗，難有行舟之路，看來是所有船隻都投入湖面了。簫鼓伴著歌聲，振動遠近，這盛況是可以想見的。

遊湖的次第是先南後北，到午時船隻都進入西泠橋湖裡去了，湖面他處幾乎不見一艘，真閒卻去半湖春水。到斷橋地方，千船百舫並聚一起，歌管喧奏之中有粉黛羅列，別是一番亮麗。在橋上的少年郎正競賽著風箏，要看誰的牽線被弄斷來分勝負。湖上還有一些爆仗輪走的技術表演，也有水中傀儡之戲，相當熱鬧。

當月華漸升，花影疏暗之時，人潮雖逐漸散去，但紅紗的燈籠也在船頭

掛張出來，宋人有詩說：

　　　帖帖平湖印晚天，踏歌遊賞錦相牽。

　　　都城半掩人爭路，猶有胡琴落後船。

這正是臨安城人們春遊西湖的景象。

（原刊於《故宮文物月刊》，第 83 期，台北：故宮博物院，1990 年）

唐宋時的寒食清明

一、寒 食

寒食雨　斷火炊

「一百五日寒食雨，二十四番花信風」，這是從冬至算起第一百零五日為寒食，也有從春分後的第十五日為清明的說法。這個節日產生的說法不一，而從何時起定這天為寒食節也不能確知。大體上多以春秋時晉文公與介之（子）推的故事作為節日的由來，但日期上又有五月五日為寒食斷火的說法。

東漢晚期以「五經從橫」而享有盛名的周舉（宣光），居官并州刺史時，曾改革了太原郡的寒食習俗，《後漢書》中的記載說：太原郡地方以介子推焚死的故事而有龍忌之禁，當地人相信神靈不樂舉火，所以有長達一月之久的寒食，其時仍處在冬天寒冷的時節，由於不敢煙爨熱食之故，老少體弱經受不住而死者頗多。周舉為刺史時，特作祭文於介子推之廟，告以盛冬去火，殘損民命，非賢者之意。於是宣示民眾炊火溫食，寒食風俗因而頗有更改，由此可知，東漢時太原地方即盛行一月之久的寒食，但時間上是在冬季。

《御覽》引魏武帝〈明罰令〉中說：太原、上黨、西河、雁門等郡，以冬至後百有五日皆為寒食，但北方沍寒之地，恐老少羸弱有不堪之虞，故下令禁止寒食。可知除太原人外，山西大部份地方都有寒食之俗，而且不止一月。

《齊民要術》裡說寒食為紀念介子推抱樹而死，故而當其忌日須斷火煮醴；時間僅一日，在清明前一天。

陸翽《鄴中記》的記載一方面說河南地方亦有寒食之俗，以冬至後的一

百零五天起，斷火冷食三日，以乾粥（糗）爲主食，大約是用粳米及麥、杏仁等煮成。另一方面也說山西地方五月五日爲寒食，其起原並非爲紀念介子推之故，實爲北方祭神之俗，當日民間還製作五色新盤相互贈送。

獻毬　拔河

唐宋時代寒食清明頗受重視，朝野上下都蔚爲風氣，各種民俗活動也在熱絡舉行，《唐書》〈百官志〉中記載說，少府監這個機構在當天要「獻毬」，這是一種綵毬，甩來賜給侍臣們，同時在宣臺佈置繡草以示節俗。宮廷君臣們一起度節，皇帝駕臨梨園，命侍臣們舉行拔河比賽，用粗大的麻繩爲主幹，兩頭各繫十餘條小繩索，每條小繩索都有幾個人拉著，兩隊的拔河賽於焉開始。在唐中宗時兩組的隊員是，東邊的一隊爲七名宰相、二位駙馬，西邊的一隊是另外三名宰相及五位將軍，判決勝負是以六次的輪贏爲準。

二、官民的活動

鑽火　操車

在主持宮廷飲食的尚食監，在清明那天也有鑽火比賽，由一些少年工役等人參加，先鑽木得火者，可得到皇帝所賞的三匹絹、一口金碗。此外，宮中掌管車馬的內僕寺與各軍使單位也有競賽，是一種駕駛操車比賽。按照車輪的轍道兩頭打下大木樁，在木樁上拉緊繩索，高度約尺許，然後駕車輾輪於繩上，落下者爲輸。這個比賽花費頗大，但詳細情形也並不清楚。

鞦韆

《天寶遺事》中記載當時宮中盛行鞦韆之戲，稱之爲「半仙」之戲，大概比喻盪鞦韆在左中飄然的感覺。這種鞦韆在都城裡及其他地方也相當普遍，如同蹴踘的踢球之戲一樣。唐玄宗〈初入秦川路逢寒食〉詩中說：「公子途中方蹴踘，佳人馬上戲鞦韆。」說明這是兩種流行的運動。韋應物寒食詩有「綵繩拂花去，輕毬度閣來」，杜甫清明詩亦有「十年蹴踘將雛遠，萬里鞦韆習俗同」之句。其餘如王維「蹴踘屢過飛鳥上，鞦韆競出垂楊裡」，柳中庸「杏花香麥粥，柳絮伴鞦韆」等都可知當時城市裡盛行的狀況。

鬥雞

此外還有鬥雞之戲，韋承慶〈寒食應制〉詩中說：

舊火收槐燧，餘寒入桂宮。

鶯啼正隱葉，雞鬥始開籠。

張說在寒食這天的應制詩也說：

從來禁火日，會接清明朝。

鬥敵雞殊勝，爭毬馬絕調。

可知宮廷中還有鬥雞的節目，這應是貴族豪門的賭戲，如同鬥蟋蟀一般。不過還有鬥雞卵說法，就是將雞蛋煮熟後染上各種顏色，加工雕鏤一番，用來互相贈送爲禮俗，大概鬥雞與蹴踘多盛行於富貴人家，正如皮日休寫洛陽城中的寒食詩：「擊鞠王孫如錦地，鬥雞公子似花衣。」

賜新火

朝廷皇帝賞賜綵毬外，還要賜新火，就是取榆、柳之火分賜給近臣、親戚們，有換新火、順陽氣，取一年吉祥之意。賜新火是一事，但火禁又是一事。大體上有七天的火禁，少則有三天，真是「普天皆滅焰，匝地盡藏煙」了。

墓祭之俗 秦漢起始

春分後的第十五天爲清明，這是農曆的廿四節氣之一，意思是萬物皆潔齊而清明。不知何時起，清明就與前述的寒食合而爲一，所謂清明掃墓也就是寒食上墳了。但墓祭似非古禮，大約秦漢以後始有墓祭之俗。《通典》上說：「寒食上墓，禮經無文，近代相傳，寢以成俗。」大概是不能有「廟享」的士庶們，用墓祭以展孝思，故而上墳掃墓就普遍於民間了。據《舊唐書》載玄宗開元年間將清明上墳編入五禮之中，故而形成全國性的風俗，朝廷也要掃祭陵墓，以賜粥、雞、毬等薦祭之物。到憲宗時曾規定在京城一帶掃墓者，官員可以准假往返，若在其他地區的就未必能成行了。

紫衫白絹 祭皇陵

宋代是沿唐代之風氣而來。宮廷裡在半個月前就派人馬去祭掃陵墓，宗室及近親子弟們也隨派前往，跟從祭掃的人都穿著官方提供的紫衫與白絹三角子青行纏。清明那天，宮中派出車馬，到奉先寺、倉者院等地去祭祀宮人的墳，車馬裝配相當考究，金銀裝飾與錦額珠簾，又有繡扇雙遮紗籠作爲前導。這是《東京夢華錄》裡記載北宋的情形。

南宋雖偏安淮南，但節俗依舊，據《夢梁錄》與《武林舊事》的記載可見一斑。大約在清明前五日，宮中派人馬往紹興去朝陵，宮室子弟也分往各陵行禮，隨從人員依北宋舊制發給紫衫、白絹等。清明那天，宮中派人往宮妃、王子等墳堂，行享祀之禮。祭品多係麥糕稠餳之類。至於官員士庶，都去城郊野外上墳，以盡孝思。

朝廷除去給太學三日、武學一日的假期外，也如同唐代實行火禁，同時並賜新火，宋朝《事實類苑》記載了此事，書中說宋因唐之舊而以柳榆之火賜臣下，但宋所賜的對象是下列各種身份的人：輔臣、戚里、帥臣、節察、三司使、知開封府、樞密直學士、中使等。歐陽修就有〈清明賜新火〉詩，所謂「榆火推恩忝侍臣」即指此。

韓翃〈寒食〉詩：

> 春城無處不飛花，寒食東風御柳斜，
>
> 日暮漢宮傳臘燭，輕煙散入五侯家。

這詩借漢宮、五侯說寒食都城的景色，雖不免以漢說唐，倒是名句。杜牧「清明時節雨紛紛」的詩句，幾乎家喻戶曉，說的卻是村野清明，適與韓翃寫城市不同。但不論城鎮或村野，民間渡清明節也能相應於廟堂，即使留寓他鄉，或在客中，透過像韓、杜的詩詞篇章，也都可以尋找到許多寫景的句子，以及感嘆的情懷。

三、清明與踏青

掃墓思親　踏青之遊

「清明寒食誰家哭，風吹曠野紙錢飛」，這是白居易看到郊野的情形，掃墓思親與燒祭紙錢構成的清明。

> 歸途仍近節，旅途倍思家。
>
> 獨夜三更月，空庭一樹花。

這是李商隱在行旅客中的清明，孤寂思念之苦油然紙上。

> 杜草開三逕，文章憶二賢。
>
> 幾時能命駕，對酒落花前。

這是賈島思念友人的清明節，在春末花落之際，若能與知己好友把酒言論，是何等的樂事！杜甫在長沙看到當地的清明節是這樣的：

> 著處繁花務是日，長沙千人萬人出，

渡頭翠柳艷明眉，爭道朱蹄驕齧膝。

看來是不論士女都爭相出城而去，這是春遊踏青的景象，清明除掃墓外，也兼作踏青之遊。王維寫那天即景的詩中除去蹴踘、鞦韆外，就說：「少年分日作遨遊，不用清明兼上巳。」年輕人的遊興自古即濃，上巳就是曲水流觴之會，清明踏青與上巳修禊都是晚春之遊，尤其是清明，當春末之時，所以大家都要把握這最後一點的春光了。

北宋民間的清明寒食仍以《東京夢華錄》所記為詳。在寒食的前一天稱為「炊熟」，就是準備渡節用的食品，多用麥、糯米為主，也有用麵粉做成燕子形狀的餅，再以柳條串起來插在門楣上，稱之為「堆燕子」。家中若有及笄之年的女子，也在這天來「梳頭」。插柳枝於門楣或髮梢是唐宋時民間的風俗，取新柳青春之意。

寒食的第三天是掃墓的日子，這幾天內在都城擠滿了人潮，生意興隆的是賣紙錢、紙馬的店舖，當街還用成札的紙錢疊成樓閣的形狀。市面上賣的盡是應節食物，如稠餳、麥糕、乳酪、乳餅之類，這些就是通稱的醴酪。醴就是麥粥，也就是稠餳；酪就是酪餅之類，也有將豬肉煮爛，稠凍後與餅一起食用，這種肉凍稱之為「薑豉」。

在城裡、近郊有如春遊，樹下草邊及庭園之中，往往擺上杯盤，以勸酒交歡。園亭中滿是男女，都攜帶著棗鯛餅、炊餅及其他食物，雞、鴨、蛋、水果、花朵等，一應俱全，甚至戲遊器具也帶上，當時人稱這些「裝備」為「門外土儀」，就是為踏青所準備的東西。

到郊外掃墓順便作春日之遊，總要到日暮黃昏才回家；這時斜陽已在柳枝之後。軍方的儀隊也由郊外入城，算是這天最後一個觀賞的節目，只見他們跨在馬上吹奏著音樂，四處遊走，旌旗鮮明而軍容雄壯，別是一番景色。不久，晚間的明月就照在梨花之上了。

出遊宴聚　花酒清明

南宋是以清明前的兩天為寒食，有的以前三天為寒食。到清明那天家家以柳條插於門上、簷前，稱之為「明眼」。時見小坊幽巷，望去仍青青可愛。人戶人家則加棗錮於柳上；子女未冠笄者，也於此日「梳頭」，這與北宋時相似。

「莫把青青都折盡，明朝更有出城人。」出城上墳是不分士庶，只見車

馬往來，填塞城門。上墳人都攜帶棗鯛、薑豉、酒壺等；郊外野祭的人是紛然不絕。在郊區遊宴的多往名園芳圃，息止於奇花異木之處；往湖泊踏青的則綵舟畫舫，行樂於款款撐駕之中。在臨安城附近如大昭慶、九曲等地，滿是提酒攜肴的遊人，村店山家也游息不止，其餘如玉津、富景等御花園，包家山之桃園、關東青門之菜市、尼菴道院等，都不乏尋芳探勝、恣意縱遊之人，隨著各處都有買賣趕場，舉凡野果山花，皆別有幽趣。

臨安都城富湖水之美，清明又有龍舟觀賞，故而不論貧富都傾城而出，剎時笙歌鼎沸，鼓樂喧天，這比北宋汴京的金明池還要出色。杯酒貪歡之際，不覺天色向晚，此時天邊的紅霞照映在水中，月兒也高掛在柳枝梢頭，猶有清潤婉轉的歌聲傳來，嘹亮的樂音仍在空中迴繞，似乎意興尚濃。次第入城的是依依不捨的男女，跨著雕鞍，乘著花轎，還有童僕挑著木魚、龍船、花籃、鬧竿等一併歸來，這些東西是用來餽贈親朋鄰里的好禮物，這種情景真使人覺得是無日不在春風鼓舞裡，遊宴侈靡也稍過頭了些。

清明掃墓反而以踏青春遊為主，民俗節日在禮的一面是孝思追遠的嚴肅，而在現實的一面卻又有歡遊聚敘的輕放。寒食清明的宴聚頗為普遍，在唐代新科進士要聚於月燈閣，舉行打毬之宴，朝野官民士庶都有宴樂的各種活動。宋代亦復如此，趙抃的燕集詩中說「舞香撲坐花新戴，歌響盤雲曲旋翻」，可知宴聚的盛況。花與酒的陪襯才使得清明是佳節的感覺，王禹偁說：「無花無酒過清明，興味蕭然似野僧。」當我們看了前面踏青及宴樂的情景後，很可以體到他的心境，所以他後面只好說「昨日鄰家乞新火，曉窗分與讀書燈」了。

寒食與清明連綴，許多應節的習俗或傳說也紛紛流佈開來。在火禁上若不能嚴加遵守，將會有風雹之變，這與紀念介子推一樣，是古代傳聞之言。有一流傳很廣的唐代故事，是關於博陵崔護清明踏青而邂逅美女之說。其詩：

> 去年今日此門中，人面桃花相映紅，
>
> 人面祇今何處在？桃花依舊笑春風。

至今猶膾炙人口。

傳說習俗　飲食創作

在流傳的習俗上或不盡相同，各種說法也紛然雜陳，如火禁的檢查，由地方村里的社長來執行，用雞翎毛掃掠灶灰；毛羽對火溫最為敏感，如見焦

卷，可知未能禁火，當罰以香紙錢。又有在清明節前二天夜裡，當雞鳴時分，將黍炊熟，用釜湯遍洗井口甕邊地面，如此則馬蚿百蟲等不敢靠近井甕。農耕種植上也有一種說法，謂在清明前所種稻爲早稻，穀雨之後所種爲晚稻。稻種須揀粒長而色紅者，用河水浸於瓦器內，晝浸夜收，芽長約二、三分許，將之抖鬆撒於田中，撒時要在清明天氣，然後蓋稻草灰於上，澆些水肥即成；若能用雪水來浸泡稻種更佳，不但不致生蟲害，且收成加倍。這種種稻之法，不知今人可曾試驗過？

除了前面說到的醴酪粥餅之類的清明食物，還有一種菱糕，是用菱、杏等煮成薑粥，冷凝之後裁作薄葉狀，用蜜之類的當作湯來澆在上面以進食。另有一種稱之爲「寒食漿」的作法，在清明前夜炊飯，雞鳴時就將熟飯取放於甕中，以裝滿爲止。數日後把酢加入飯中，平時常常炊蒸，三、四天左右就要再加入一碗新炊煮的飯進去，而漿水取用後就要添入等量的冷水。這種「寒食漿」可保持到夏天不壞。另清明時取五加皮未發葉的嫩芽，和以鹽後熏乾，其色翠綠可愛，不但可當茶葉來泡，皮還可以用之釀酒。

寒食棗糕是用粳米及麥爲主，加上杏仁煮成粥狀，再以麵粉裹棗蒸之而成。還有一種染色的飯，就是用桐楊葉、多青葉等葉汁將飯染成青綠色，還帶有光澤，據說這就是道家說的「青精乾食飯」，吃了可滋補陽氣。也有用夾麥青草搗成汁，和糯米而作成青絲團；用烏桕葉染成烏飯來作糕等等。

踏青遊春　讌集嬉戲

清明掃墓在唐宋時期是件大事，但踏青遊春也一併進行，讌集嬉戲甚爲普遍。莊綽《雞肋編》裡有〈寒食火禁〉條，記載南宋京城臨安掃墓的情形，除去掃拜外，設酒饌、攜家春遊，若寒食當天陰雨，或墳墓仕異地者，必擇良辰吉日再去上墳。在浙江西部的人家，就墳地蓋有房舍，放置各種器物，簫鼓樂具等都有，就是準備掃墓後方便使用的。掃墓、踏青、讌集實在是寒食清明那幾天裡共同要做的活動，有時就難免發生以上墳爲名，專務飲酒嬉遊去了。這類資料多在話本小說裡可以看到，也是極易了解的事，在此就不作贅言。

（原刊於《故宮文物月刊》，第 85 期，台北：故宮博物院，1990 年）

宋代的內外關係
——關於分裂經驗的問題

一、前　言

　　在國史上通常認爲有兩個大分裂的時期，其一指始於三國的魏晉南北朝時代，中間曾有晉的短暫統一，但晉亡吳後十餘年即亂，而亡吳後三十餘年，懷、愍二帝相繼喪國，南北大分裂於焉開始。魏晉南北朝時代總體的看來，歷三百九十年間，十分之九皆是分裂時期，統一的局面極爲短暫，因之造成了國史上自統一以來第一個大分裂時期。

　　國史上第二個大分裂時期係指五代十國開始到蒙元之統一，時間約三百七十年，其間五代十國之局由趙宋統一而結止，但燕雲十六州以北仍有契丹之遼國與之對峙，是又有南北朝之形勢，若加上西夏，又有一種三國的局面。當遼與北宋淪亡，女眞之金復與南宋對峙，仍然是一南北朝之形勢。此下直到蒙古興起，相繼滅金與南宋，中國乃一統於蒙古所建之元朝政權之下。

　　以現代的觀念來說，中國古代歷史上至少已有過二次的分裂經驗。而在分裂時期的歷史研究或教學，通常多注意到彼此的外交、戰爭關係，其餘則較少論及；這從相關的著作及研究論文中當可發現。事實上，以分裂經驗而言，並不能局限於外交、戰爭的關係，由於傳統的歷史教學及研究較側重於政治層面，而外交與戰爭關係往往被視爲政治上之延申，或者爲政治層面所囊括，對於其他經濟、文化上的關係則不暇顧及，這也是講述分裂時期歷史的缺失。

二、夷夏、外交與和戰

在宋史的教學上，不可避免地要與遼、夏、金等朝密切相關，又與蒙古有三、四十年的關係。若以宋爲內，則遼、夏、金、蒙古等爲外，宋與這些國的關係就是中國當時的內外關係了。以宋代的外交關係來涵蓋這種情形似也差強人意，但往往又易產生混淆，諸如宋對高麗、日本、南洋的關係，我們可稱之爲外交關係，與這些國的貿易，我們稱爲對外貿易。而遼、夏、金、元等朝的歷史被視爲中國史的部份，則宋與這些朝（國）的關係就成爲中國分裂時期的彼此關係。分裂經驗的範圍要小些，以宋的外交而言，宋遼、宋金等外交關係是講分裂經驗所要研討的，而宋麗、宋日外交，則非分裂經驗所必須講究的。

在近古的分裂經驗與中古時期有類似之處，即中古時期有「胡漢」關係的問題，大體上北朝政權爲「胡族」所建立，與漢人立國之南朝相對峙。近古之遼、夏、金、元皆非漢族政權，而漢族之趙宋與各朝相抗衡。就南北的角度來看，國史上兩次大分裂皆爲北方「胡」族勢盛而入侵中原，南方爲漢族退卻之政權，力圖抵抗，進而欲復舊壤。其結果是北終勝南，統一於政軍武力之下；但中古時期係胡化之漢族南下一統，近古時期則爲胡漢勢力之結合南進併宋。

在宋史的教學裡，談分裂經驗首先要碰到的是民族問題。這不是說宋本身的什麼民族問題，倒是遼、金等朝有其「胡漢」民族的問題，應該是講述遼金元史的課程。在宋史裡因爲談到宋遼、宋金、宋夏等外交關係，就不得不先存有這個民族問題的觀念。簡言之，遼、金、夏等都是非漢族政權，與兩宋爲最大之敵國強鄰，則傳統之「夷夏」觀念就是值得注意的問題。例如邵雍的〈思患吟〉詩：「僕奴凌主人，夷狄犯中國，自古知不平，無由能絕得」（《伊川擊壤集》卷16，四部叢刊初編）僕奴的夷狄這種觀念，大體上是漢人傳統的夷夏觀。這與王禹偁寫「北狄來朝頌」（《小畜外集》卷 10，國學基本叢書），李覯說「異方之法亂中國，夷狄之君抗天子」（〈上范待制書〉，《直講李先生文集》卷 27，四部叢刊初編）等，都同樣是在傳統的夷夏觀之下來發抒他們的看法。這一類的例子甚多，要之，皆以中國正統自居，中原漢文化爲至高至大，夷狄只有慕義嚮化而與之相安。

夷夏觀的傳統源自先秦，筆者曾就此有過研究，又對兩漢夷夏觀之形成，魏晉南北朝時夷夏觀之發展等皆曾專文探討。探討之目的除去在思想史的研

究外，就在於觀察這種觀念對當時民族關係及各方面政策的影響。以宋代來看，前面所舉簡單的例子雖然可知宋人仍有傳統的夷夏觀念，但是否因之就影響了北宋對被視爲夷狄的遼的一些政策？雙方的關係是否依此觀念爲主軸來發展？這是需要進一步探討的。陶晉生先生在〈北宋朝野人士對於契丹的看法〉一文中（《宋遼關係史研究》）有過詳細的研究，他指出除去傳統夷夏觀之外，宋人也有基於實事求是的態度，對於契丹採客觀之評估，因而建議促成了理性的外交政策。兩種不同的意見，有時造成頗爲矛盾的觀點，但並非互不相容者，例如蘇轍使遼後的報告，雖然指「北狄」爲禽獸，但並不影響他對遼朝有相當透澈的觀察，又如王安石對遼、夏之敵視，但政策上卻相當持重及理性。這說明了夷夏觀似乎是種感情的因素，或者是文化心理上的模糊意識，但現實與理智的思考，可以將這種觀念把握得相當有分寸。

在分裂經驗裡外交關係所占的比重相當大，以宋遼外交而言，早期的張亮采有〈補遼史交聘表〉，王桐齡〈宋遼之關係〉，聶崇岐〈宋遼交聘考〉，傅樂煥〈宋遼聘使表稿〉等，以至後來諸多研究論文之發表，在教學及研究上皆有參考之價值，質與量都相當可觀，到陶晉生先生集結九篇論文而成的《宋遼關係史研究》一書的出版，宋遼的外交關係可說是已有了系統的研究成果，該書十之八皆爲外交關係，大體上將北宋與遼的外交問題以及全面的發展都做了探討，對宋史這一部份的教學上有極大之貢獻。

與外交關係較密切的是和戰關係，宋遼間著名的澶淵之盟，就是雙方戰爭而訂約結束。就戰爭而言，宋初是爲了國防之考慮，不惜以武力攻取燕雲之地，然隨之即止，改採守勢於北邊，轉而南下攻略分裂之各國。當境內統一完成後，又復大舉北伐，直到澶淵之盟，二國正式締結和約止。大體上宋遼之戰多集中於宋太宗朝，程光裕先生有〈宋太宗對遼戰爭考〉一書，對這部份的教學上就有了極大的幫助。

分裂時期的戰爭關係除去戰史性的認識外，還應該注意下面幾點：一是國防構想及軍事佈署，不論是爲敵國對立時期或爲盟國通好時期，雙方都有其國防安全及軍事準備的問題，不過是互爲敵國時顯得較緊張與積極些。從國防與軍事上多少可以透露出對對方之企圖，而兵力平衡或軍事競賽，是否也提供了雙方維持通好局面的基礎？二是對於戰爭的觀念，宋初是北宋時代戰爭最多的時期，一則有對內的統一戰爭，一則又有對遼的戰爭。宋初對外戰爭的討論，若以主戰與反戰來作簡要地區分，雙方持論者大體相當，而愈

往後反戰者似有趨多之勢，對於戰爭之觀念及討論，很可以反應出當時對分裂的彼此的看法。筆者曾有論文，討論宋初的反戰議論。

南宋對金的外交及戰爭關係也應如上述置之於分裂經驗中來看。南宋初是處於奮鬥困守以圖存的局面，其戰、守到和議，多係被動，時局之發展，主動權操之在敵方，故而對金之國情應該有相當之了解，以便在教學上能有所交待。陶晉生先生與筆者在這方面皆有論文發表，可作參考。紹興和議後，除去海陵王南侵及開禧北伐外，金宋雙方皆有信使往來，戰爭關係結束，則外交關係展開。至理宗以後的晚宋，又面臨與新興強鄰蒙古的交涉，自金亡之際開始到南宋本身之滅亡，正如遼亡之際北宋與金之交涉相似，兩宋的外交呈現出多元的國際關係。

南宋晚期面臨國際局勢之變動，不但有和、戰之議論，也出現了國防構想及軍事佈署的議論，再加上流民、義軍等問題，越發使得這一時期裏內外洶湧，議論滔滔，這些方面黃寬重先生已有專書論及。在其中以流民問題更能表現出分裂時期所暴露之特色，但是看這問題必須是要同時顧及到對立的雙方，始能有較全盤的了解。

宋遼與宋金有長期的和戰關係，除軍事攻守外，彼此的外交往返也在其中進行。締盟訂約後的信使往來固有其一套制度，但在雙方局勢緊張或糾紛衝突時，雙方處理的過程也是應該注意的。有時還會發生一些被製造出來的狀況，或者某種試探的行為，這些情形有相當的趣味性，還有戲劇性的意味，在教學上也是不可忽略的。例如《宋史‧王旦傳》中記載：

> 契丹奏請歲給外，別假錢幣，旦曰：東封甚近，車駕將出，彼以此探朝廷之意耳，帝曰：何以答之？旦曰：止當以微物而輕之，乃以歲給三十萬物內各借三萬，仍諭次年額內除之。契丹得之，大慙。

這是契丹於歲幣外，另有借錢之意，宋廷在借與不借間難以決定；不借有傷邦交，借與又恐難以償回。宋廷依王旦之議提出有條件的借款，使「契丹得之，大慙」，這裏隱藏著契丹試探宋廷的企圖，是和平外交時期的插曲，但也需要應付得體。同樣對西夏也有類似的事件發生：

> 西夏趙德明言民饑，求糧百萬斛，大臣皆曰：德明新納誓而敢違，請以詔責之，帝以問旦，旦請敕有司具粟百萬於京師，而詔德明來取之，德明得詔慚且拜曰：朝廷有人。

西夏索糧與契丹借款都是外交事件，應付得體相當重要，這兩件事都是依王旦的謀議來解決，宋廷在外交上是佔到了較爲優勢的地位。

又如《續資治通鑑長編》卷102記仁宗天聖二年事：

> 是冬，契丹大閱，聲言獵幽州；朝廷患之，以問二府，皆請備粟練師，以待不虞。樞密副使張知白獨言：契丹修好未遠，今其舉兵者，以上初政，觀試朝廷耳，豈可自生釁邪！若終以爲疑，莫如因今河決，以防河爲名，萬一有變，亦足應用。未幾，契丹果罷去。

契丹以冬獵爲名，集結兵馬於幽州，宋廷疑慮不安，又恐傷和盟，結果依張知白之謀，宋亦將兵馬北調，以防河爲名，既不傷兩國和氣，又可防患於萬一，算是應付了契丹製造出的狀況。蓋契丹圍獵是其民族生活之常態，而漢人防決亦是軍民正常之工作。

上面所舉的幾則史料，雖是小節，但在對峙的分裂狀況下，一些小動作或突發事件，都可能隱含著變數，若應付不良，不是示弱吃虧，就會造成雙方詛語糾紛，甚至引起衝突。這種小的狀況雖不如仁宗時富弼的增幣交涉，在資料記錄的詳細及完整上都不夠充分，但多少也將這些事件提出一個大要；就分裂關係的意義上來看，仍是值得重視的問題，

三、貿易與文化

國史中通常講述對外關係都要以外交、貿易、文化交流爲主題；分裂時代的各方關係也都不離此範圍。在貿易上而言，宋遼、宋金皆不乏雙邊貿易。在《三朝北盟會編》裏記載了北宋末年時，論宋遼貿易的資料：

> 蓋祖宗朝賜予之費，皆出于榷場。歲得之息，取之於虜，而復以予虜，中國初無毫髮損也。比年以來，榷場之法寖壞，遂耗內幣。臣願遴選健吏，講究榷場利害，使復如祖宗之時，則歲賜之物不足慮也。

宋的榷場貿易獲利，可以用來應付對遼的歲幣，非但有助於財經，又可爲維持和平的手段。這方面的研究已有一些可作爲教學時的參考，如畑地正憲〈北宋與遼的貿易及其歲贈〉，張亮采〈宋遼間的榷場貿易〉，趙鐵寒〈宋遼間的經濟關係〉等。

宋金間的貿易情形，如同宋遼貿易一樣，雙方透過榷場的正式方法來進行，在《宋會要‧食貨》裏記載了宋與遼金等的互市情形，以及榷場的規則、

貿易的貨物等，加藤繁曾著〈宋代和金的貿易〉，有很大的參考價值，大體上而言，宋與遼金等的互市貿易由《宋會要》中可以有全面的概觀。但在《宋會要‧食貨三八》中記紹興十二年五月之事：

> 左朝散大夫直祕閣知盱眙軍措置榷場沈該言：竊惟朝廷創置榷場，以通南北之貨，嚴私渡之禁，不許私相貿易。然沿淮上下，東自楊、楚，西際光、壽，無慮千餘里，其間窮僻無人之處，則私得以渡，水落石出之時，則淺可以涉。不惟有害榷場課利，亦恐寖起弊端。

這指出宋金間榷場貿易雖然是兩國間官方通貨之制，然則仍存在著走私貿易。宋金間以淮水為界，政治國界線由東至西，全線都有著走私的路徑，《宋會要》記紹興二十九年九月，有右正言王淮所說走私的不易禁絕及其路徑：

> 臣伏睹去年勑書累降指揮，禁止沿淮私渡博易物色。訪聞兩淮之門，尚多私相貿易之弊，如楚州之北神鎮、淮陰縣之磨盤、安豐軍之水寨、霍邱縣之封家渡、信陽軍之齊昌鎮及花靨、棗陽舊有榷場去處，不可勝數。其間為害最大。天下之所共知，商賈之所輻湊，唯蔣州之西，地名鄭莊，號為最盛。

這些走私地點在兩淮邊境之地，淮南東路有楚州，在今江蘇淮安一帶與淮陰縣俱為臨淮之邊地，淮南西路之安豐軍治在今安徽壽縣附近，霍邱則屬安豐軍，信陽軍屬荊湖此路，軍治在今河南信陽，棗陽屬京西南路，在今湖北棗陽。這些地方都是南宋對金所開設的榷場，此外，尚有在蔣州之西，名為鄭莊的地方，乃是走私貿易最盛之處。蓋蔣州實即光州，在今河南橫川縣，此地屬淮南西路，利用原設榷場，乘機大做走私。還有利用海運走私糧米入山東，以江浙之地為多。如此看來，海、陸二種走私貿易都有。至於走私的經營者除去商人外，尚有邊疆官吏、沿邊軍人、使金之外交人員，也有平民見有利可圖，也就成為私梟之徒了。走私的貨品相當繁多，飲食及民生用品居多，如米糧、茶、鹽等，另外有軍用物資、戰馬等，還有金、銀、銅錢，書籍、布帛、耕牛等，甚至有販賣人口者。

關於宋金間的走私貿易，全漢昇先生有〈宋金間的走私貿易〉一文，作了全面的概述，如同北宋與遼、夏二國間有廖隆盛的〈北宋與遼夏邊境的走私貿易問題〉一文，都是對於分裂時期對峙的雙方經貿關係的探討。官方來往的貿易與民間的走私貿易都並存，但官方來往常常是政策上之需要，固然

雙方交流以通有無，有其正面意義，彼此皆獲其利，但民間走私，可能也能突顯出實際之需要的部份，至於為獲暴利的不法走私，如販賣人口、軍火等，則是古今皆不乏走險之徒了。

在學術文化的關係上也是值得重視的地方，分裂與對峙影響到文化交流。《宋史‧食貨志》在互市舶法中記載真宗咸平三年（1000）「詔民以書籍赴緣邊榷場博易者，非九經書疏悉禁之」，同樣在《宋史‧神宗本紀》記載元豐元年（1078）「詔除九經外，餘書不得出界」；又申明販書北界之告捕法等。一方面可知宋廷除九經諸書外，都不准任何圖書流入遼國，一方面也知道民間有走私販書以謀利者，也正因為宋廷實施書禁政策，走私才得以逞，自然無所謂文化交流的措施了。

宋廷的書禁政策是適用於任何外國的，《宋會要‧蕃夷七》載慶曆七年（1047）規定，不許與交州人買賣違禁物色、書籍等。〈藩夷四〉載大觀元年（1107）交趾貢使乞市書籍，於法不許，但嘉其慕義，除禁書、卜筮、陰陽、曆算、術數、兵書、敕令、時務、邊機、地理外，餘書許買。諸如高麗、西夏、日本等也都行書禁政策，要於防外國偵知中國之虛實。如蘇軾即有〈論高麗買書利害劄子〉三首（見《奏議集》卷13），提出五害之論，其中就指出高麗可能與契丹通情報，「高麗契丹之與國，不可假以書籍」，若不貫徹書禁，則「中國書籍，山積於高麗，雲布於契丹矣」，同時指出宋制：以熟鐵及文字禁物與外國使人交易，罪輕者徒二年。蘇軾所言大體可代表宋廷書禁的情形，但事實上宋廷並沒有貫徹其策，往往以當時的國際關係，以特例允許外國購買若干書籍。故而除前述九經外，仍有不少書籍流入外國；其中大有走私而去的。

宋金之間的情形一樣，金國則極力購求。《宋會要‧刑法二》記載嘉泰二年（1202）有走私《本朝事實》往金國之事，因而重申禁令及處置方法：

> 詔令諸路帥憲司行下逐州軍：應有書坊去處，將事干國體及邊機軍政利害文籍、委官看詳。如委是不許私下雕印，有違見行條法指揮，並仰拘收。繳申國子監；所有版本，日下並行毀劈，不得稍有隱漏及憑藉騷擾。仍仰沿邊州軍常切措置關防。或因事發露，即將興販由地分及印造州軍不覺察官吏根究，重作施行。委自帥憲司嚴立牓賞，許人告捉；月具有無違戾聞奏。……

由路的帥、憲司負責執行及通告，對軍政國防有關之書皆不許私印，否則書

充官府，板本劈毀，另訂處分、懸賞規定，可見「文字過界、法禁甚嚴」，尤其對涉及時策，邊機等，特受重視，這是因對立敵國之關係，自當如此。但「人爲利回，多所抵冒」，就是因有利可圖，而干禁走私，與北宋時的情形相同。

兩宋因實行書禁，對文化交流最爲妨礙，以宋人而言，自居中國之正統，不願也不屑與外國交流，上國之文化只有外邦慕義向化，豈需與夷狄交流？至少在文化上，宋廷不覺得有交流之需要。貿易可有榷場，但卻懸書禁之令，大體是在知識上不欲對方增強，同時可免國家情報之洩漏。就中原政權之傳統而言，從未正視外國之文化，也就不易產生文化交流之觀念，四夷或外邦被認爲文化低落之所，在文化上對中國並無意義，故無可學習之地，即使是居於弱勢如兩宋，亦自許爲文化之上國，所以在文化交流上，宋廷是毫無興趣的。關於書禁問題，可以參考全漢昇、廖隆盛前述的論文，另外有劉銘恕〈宋代出版法及對遼金之書禁〉，李孟晉〈宋代書禁與槧本之外流〉，謝興堯〈宋朝對於書報的管制〉，趙勝〈宋代的印刷禁令〉，張秀民《宋代印刷史》，陳學霖〈宋代書禁與邊防之關係〉等。

在文化關係上，遼、金與漢文化關係較密切，這是關於契丹、女眞的漢化問題，在遼、金史上是重要的題目，這裏且不討論。以宋史而言，因與遼、金對峙，多少有相當的文化關係可言，但並不深廣。陶晉生先生有兩文可以用來解說這種關係：其一爲〈北宋朝野人士對於契丹的看法〉，主要是說明宋人的夷夏觀念及務實外交的兩面，而夷夏觀就是宋人對契丹的看法，這是在思想上宋對遼的一種文化關係。其二爲〈從宋詩看宋遼關係〉，文中有宋人的「胡語詩」，是給契丹君臣的酬答詩，有出使見聞之詩，有對宋遼關係表達意見之詩，這裏面多少有些可作爲在文化關係上的題材。另陶先生的《女眞史論》中有一節論述金宋間的交互影響，言及在文化上雙方略有溝通，而南宋的書籍、學術也有流傳到北方者。如金儒王若虛曾對朱熹之學術有所批評，（參見其《滹南遺老集》）可知南宋學術並末因書禁而斷絕北傳。

四、結　語

從分裂時期的觀點來看，以「宋史」開課教學，或以「宋遼金史」教課，都免不了要注重分裂的關係，不過後者的教課時數要略爲增加；因爲須分別講述遼、金二朝的單獨課程內容。其實單就遼金史而言，也宜單獨成一門學

課；既不宜與宋史合而為一課，也未便與元史合成同課程，此暫不論。

北宋與遼，南宋與金，長期處於對立的狀況，加之夏、吐蕃等。在中國近古的內外關係上，兩宋史的教學應該有不少的課題，不論和戰問題，國防與戰略，外交、貿易、文化等方面，都能顯示出問題的多樣性及其交互的複雜關係，其內容也頗為豐富。筆者以為宋史的教學，不能只注重宋朝的內部講究，或者加些和戰關係而已，應該考慮將之置於分裂經驗的意義下進行論述，如此，宋的內外關係就是本課程不容忽視之處了。

（原文刊於《宋史教學研討會論文集》，台北：台灣大學，1993 年）

宋代廣州的海神與媽祖信仰簡述

一、廣州與海神

　　廣州地處珠江三角洲腹地，瀕臨南海，在唐宋時代是海上絲綢之路的要地，富漁鹽、市舶之利。就海外貿易而言，廣州在宋代已是一繁榮的國際港，根據朱彧的《萍洲可談》所載，廣州與泉州、明州、杭州都設有主持貿易、商業經濟事務的市舶司，而廣州最爲繁盛。南宋以後到元代泉州就逐漸取代了廣州的地位；但以海上交通與國際貿易而言，宋代的廣州是承唐以來爲全國極重要的商港。

　　作爲重要的國際商港，海上交通的發達自不在話下，貿易雖易獲得財富，但「海道幽險，生死之間，曾不容髮」（蘇軾，〈廣州東莞縣資福禪寺羅漢圖記〉），對汪洋大海，祈求神明庇佑也是常事。生死福禍在於神明威靈，廣州因海獲利，自然有海神之崇拜。

　　海神崇拜是中國自古的傳統。在祭禮中早有山川四海之祭，且爲國家重要的祭典。唐宋時代五嶽四瀆等山川都已官封爲王、爲公，嶽鎮海瀆各神逐漸都有封號爲代表，如唐天寶十載（751），封東海爲廣德王、南海爲廣利王、西海爲廣潤王、北海爲廣澤王（《冊府元龜》）。宋承唐制，祭南海於廣州，並加封其位。仁宗時轉運使元絳言：「賊寇廣州，數有風雨之變，賊懼而遁，州人賴其神靈，故加封之。」（《續資治通鑑長編》卷 174）於是封南海爲洪聖廣利昭順王。對南海神的封王、祭典的降重始於唐代開元時，宋代亦特別重視，如仁宗時下詔制作南海神廟所用冠服，及三獻官、太祝奉禮祭服，並要禮官詳考祭典儀制等（《長編》卷 193），可見當時政府對南海神祭祀的領導作法，民間也應受到影響而尊南海之神。

宋代廣州的宗教與民間信仰尚有多種，如佛、道、回教、地方神祇、巫等信仰。在河海神的信仰方面，除前述南海神之外，又有伏波神信仰，是祭馬援、路博德二者的祠廟，也都受到朝廷的封號爲王，在以討河海爲生的人們心目中，其威靈福禍亦不下於南海神（《宋會要》，禮之二十）。河海神的信仰，在廣州有其地理因素，即前述貿易營生的環境，比其他地區易受到重視；而當地民間有對巫的崇信，這對媽祖信仰的傳播應有相當的關係。

二、巫與媽祖信仰

媽祖信仰初起於閩地，與巫及海有關。最早記載其事者爲南宋紹興二十年（1150）廖鵬飛的〈聖墩祖廟重建順濟廟記〉及紹興二十一年黃公度的〈題順濟廟〉詩，都以其爲巫祝出身，歿後被祀爲神。巫的信仰有遠古的歷史，在民間相當普遍；宋代許多地方都能發現。如夏竦在仁宗天聖年間知洪州（南昌）時，奏報當地巫的信仰以及巫師的威權，因之朝廷下詔對江南東、西路，荊湖南、北路，廣南東、西路，兩浙路，福建路等地實行巫禁、化導；（《長編》卷101）可見這些地方巫之盛行。廣東地方在宋初巫風即盛，也早爲官員奏請嚴法禁絕，所謂師巫作爲淫祀，假託神語鼓惑愚眾等（《宋會要》，刑法二）。在宋人筆記中也記載廣州一帶的巫風說：「廣南風土不佳，人多死於瘴癘，其俗又好巫尙鬼，疾病不進藥餌，惟與巫祝從事，至死而後已。」（曾敏行，《獨醒雜志》卷3）又有記「粵人信鬼，而以雞卜」等巫師占卜的方法（蔡絛，《鐵圍山叢談》卷4）。宋初雖行巫禁、勸導，但實際不能禁絕，民間信仰如昔，官方態度大抵只在防妖言惑眾、作奸違法等情事，故而仍有所謂「淫祠」的存在。巫祝之風，隨地可見，如北宋晚期，蘇軾過廣州時亦曾見及（《文集・雜記》，〈廣州女仙〉）。南宋紹興二十三年，仍有奏言說雖禁淫祠，但始終尙有殺人祭巫鬼之俗，「湖廣之風，自昔爲盛」。又寢行他地，以致浙東有殺人祭海神，四川有殺人祭鹽井，以販奴婢來行祭祀，已到了極爲無知、殘忍的地步（《宋會要》，禮二十）。

民間信仰未必皆至於殺人祭祀，巫師也未必爲非作歹。以宋代廣州的民間信仰而言，應以江海神與巫二者爲普遍。媽祖信仰是起於傳統普遍的巫信仰而來，宋時由湄洲漸傳播於外地，尤其爲從事海上活動者所尊信；其事蹟南末時已有多篇文章記載。由民間地方巫的信仰到官方認可賜封的祭祀體制中，大約是在北宋末年。由於出使高麗的官員在海上遇難，傳爲媽祖所庇佑

爲安，於是奏上朝廷，獲賜「順濟」廟額。南宋初，以郊典封靈惠夫人（丁伯桂，〈順濟聖妃廟記〉），而後終南宋之世歷十餘次加封，遂由夫人升封爲妃；元初則升爲「護國明著天妃」（程端學，〈靈濟廟事蹟記〉）。此後，天妃之號沿傳至今。雖然宋代未明文以海神冠於媽祖之身，但許多文獻包括官方的加封，大都與海有關，如平海寇得其助，救旱阻水等。直到元初則稱其爲泉州海神（《元史》卷20），官方正式確立其海神元妃之號。

　　據丁伯桂〈廟記〉所言，南宋時媽祖信仰盛於福建、廣東、江浙淮一帶。而據安煥然之研究《宋元海洋事業的勃興與媽祖信仰形成發展的關係》，媽祖廟在宋代福建省有十二座，浙江四座，江蘇、山東、廣東各有二座，這些廟都臨近河海地區；在廣東的是東莞、雷州二地。祠廟雖可反映出當地信仰之風，但民間尚有坊里及家庭供奉亦不可忽略，如南宋時劉克莊說莆田地方，媽祖廟遍布，「大墟市、小聚落皆有之」。至於廣州番禺之人「祀妃（媽祖）尤謹」（《後村先生大全集》，〈風亭新建妃廟〉），可見媽祖信仰全靠寺廟這一角度來了解仍無法全面掌握的。

三、新海神的形成

　　廣州因地理緣故，海上活動頻繁，懾於海神威靈而祭祀，是帶有恐懼之心。媽祖則是普遍巫的信仰出身，由人而爲巫，因靈驗庇佑之功而奉爲神，存有溫暖慈愛的感情，心理上與其他海神的作威作福不同，也許加上女性的關係，容易產生如慈母般的祥和感覺。討海爲主之民較易接受媽祖信仰，至於官方正式封其廟號及神爵，則加速速信仰的傳播。宋元時代適爲海洋發展時期，海外交通的頻繁提供了媽祖信仰的流播，在海洋活動的地方，如東部海濱各村鎮、港市等，也是媽祖信仰的地方。宋代廣州是國際大港，在河海神系中，原來官方僅有南海神之祭祀，民間除尊信此海神外，又有伏波神之祭；俟媽祖信仰由莆田傳佈後，廣州最遲也在南宋時接受了新興的海神媽祖。

（原刊於《媽祖民俗學術研討會論文集》，
台北：中華兩岸事務交流協會，1995年）

宋人筆記小說中關於道教記載舉隅

一、前　言

　　道教發展淵遠流長，隨歷史之演進，其文化內容日趨博雜，可以由上自老莊而下及於房中術（許地山，《中國道教史》）。即使博雜若此，但亦有謂中國之根柢全在道教（魯迅，《魯迅全集》），似乎將主流之儒家置於一旁，不過至少提出中國文化之傳統，不僅要重視儒家，也應更多一些注意道教或道家，而魯迅之論，正可糾正學術長期流行之偏見（卿希泰，〈重論魯迅先生中國根柢全在道教的科學論斷〉）。道教文化是以道教精神爲指導的各種活動，其範圍甚廣，也極普遍，其基本宗旨約可概括成「延年益壽，羽化登仙」二句。透過象徵符號來傳遞生命意識是道教文化的基本形式特徵，而道教文化的鮮明特色，即是具有強烈的生命意識。（詹石窗，《道教文化十五講》）。道教文化內容之龐大，唐代乃匯編爲《一切道經》，後來稱之爲《開元道藏》的三千餘卷，經歷代增編，逐漸擴充成明代《正統道藏》之規模。《道藏》中所收不止於道經之類，部份諸子百家著作亦收之於內，是以探究道教及其相關文化，《道藏》已成爲最主要之寶庫。

二、筆記小說

　　因研究工作所需，日常閱讀所及，除史部之書外，亦涉及說部之書。說部所載內容即筆記、小說、雜譚之流，範圍最廣，而因著作之人有異，非可以限其所載。正如班固所言：「小說家者流，蓋出於稗官，街談巷語，道聽塗說者之所造也。」而孔子言：「雖小道必有可觀者焉。」（班固，《漢書·藝文志》）因小道而稱小說，但其內容可包羅萬象，未必爲小。大體上筆記小說都

是雜體散記各事，或故事類，或歷史瑣聞類雜記，或考辨類札記等。質是之故，筆記、小說雖有分別，但往往視之爲同類之作。龐雜無限，故而內容也因之難限，其中可供應用之材料，常常不易想像，遂須閱讀始能得知；這也是爲閱讀之樂趣。

道教起於漢，奠基於魏晉南北朝，而盛於唐宋，除去時代之進展，固已普及於民間社會，而帝王之扶持，更張大其盛勢。自古以來，朝廷禮儀、習俗本就有道教因素在內，加之帝王的認宗尋祖，以至等同於國教的地位，是以唐宋時期即可見諸多相關於道教之記載，而筆記小說類往往爲流俗所輕，故多未加注意，實則其中尚有諸多可尋之跡，可用之於了解其時之情況或爲探討之材料。今例舉宋人之筆記小說中有關道教之記載如下；所舉之例採廣義之道教文化觀點，但亦盡量避免志怪類之例。

三、北宋筆記與道教

1、歐陽修（1007－1072）於北宋爲疑古之大儒，以《河圖洛書》爲荒誕，亦不信以《易》占吉凶。對神仙則言「仙境不可到，誰知仙有無？」（《歐陽修集‧感事》）他託「無仙子」之號寫〈刪正黃庭經序〉駁斥世人對神仙與妄學仙之空想，認爲〈黃庭經〉爲魏晉間道士養生之書。相對於佛教，他更排斥，其言二氏之別爲：

> 然而佛能箝人情，而鼓以禍福，人之趨者常眾而熾，老氏獨好言清淨遠去，靈仙飛化之術，其事深冥，不可質究，則其常以淡薄無爲爲務。（〈御書閣記〉）

對於道教要寬容過於佛教。他與有道之士有所往來，在其《文集》中多處可見，而宋人筆記中，丁傳靖《宋人軼事彙編》，葉夢得《避暑錄話》都記載他家的墳院與道觀有關。當時制度是兩府執政，例得請墳院，其時多請佛寺，而獨他請道觀，此可見歐陽修在排佛上是強於道的。歐陽修有《歸田錄》，亦記有關道教之言，如言宮中有玉石三清眞像，所置之地後皆遭火，最後至迎祥池水心殿乃安，京城稱其爲「行火眞君」（卷1）。

2、司馬光（1019－1086）有《涑水紀聞》一書，所載北宋中期以前關於軍國之事與朝廷政典禮頗多，間有其時名人軼事、言論等。關於道教之事記載如宋仁宗好推衍五行陰陽之林瑀（卷4）。仁宗晚年病困，大臣文彥博議設醮祈福，又有導河修渠的方位問題（卷5）。

3、宋敏求（1019－1079）有《春明退朝錄》，載宋代建東太一宮、西太一宮、中太一宮的時間與制度（卷中）。《道家奏章圖》載三將軍守衛天門，而仁宗曾於夢中迷路，得守將導送回宮，於是詔令宮觀設像供之。（卷下）

4、劉斧爲北宋中晚期時人，有《青瑣高議》記載人物與道教關係頗多，如〈紫府眞人記〉、〈玉原道君〉、〈王屋山道君〉、〈許眞君〉、〈顏眞卿尸解〉（前集，卷1）又如〈王寂悟道〉（前集，卷4），〈錢中長橋過水仙〉並文中詩數首（前集，卷5），〈驪山記〉、〈溫泉記〉（前集，卷6），此二篇屬於短篇小說形式，言仙游悟道之事，前者說楊貴妃事。其他類似借小說創作言道者有〈韓湘子〉（前集，卷9）、〈王幼玉記〉（前集，卷10）。集中頗多小說記人兼及怪異事，作者又自號「清虛子」，顯然是以道士眼光記人間事。

5、蘇轍（1039－1112）《龍川略志》10卷中有3卷皆與道教有關，如第1卷中有〈夢中見老子〉、〈燒金方術〉、〈養生金丹〉、〈勿以刑加道人〉。第2卷中言〈醫術論三焦〉、〈王江善養生〉、〈趙生挾術道〉。第10卷中有〈李昊言養生術〉、〈鄭仙姑學道〉、〈費長房符制鬼〉、〈徐三翁善言災福〉，所記道教養生術較多，恐怕也是其時之流行。

6、王闢之（1032－？）《澠水燕談錄》，約略言及與道教有關的人物及事跡，有陳摶之知人（卷3）、孔道輔（卷4）、道士澄隱、王昭素、魏野、魏濬、种放、司馬光、趙抃等人與道教文化之關係（卷4）。在〈先兆〉條中收錄諸多奇事，類近道教之讖。言及道教之宮觀，有玉清昭應宮（卷1）眞宗奉道頒寶牌等（卷5）。

7、文瑩爲北宋中晚期人，有《湘山野錄》，載北宋逸聞軼事頗多。除記佛教人事外，亦記道教人事，如記〈太宗善望氣〉（卷中），〈唐道士杜光庭〉事（卷下），〈唐子正遇仙〉（卷下），〈東岳奉冊使〉（卷下），〈太祖與混沌道士〉（續錄）。文瑩又著有《玉壺清話》，所記事與《野錄》類似，如〈盧多遜道觀得簽〉（卷3），〈長壽仙人圖〉（卷4），〈王繼忠面相〉（卷4），〈王顯遇道士〉（卷5）。

8、張舜民爲北宋中晚期人，著《畫墁錄》，記朝野中人事，關於道教者如〈郭威與道士〉，〈劉伯壽遇仙〉，〈道士張景先〉，〈術士見王欽若〉，〈陳摶希夷先生〉。

9、陳師道（1053－1102）有《后山叢談》，載史事人物甚多，關於道教記載如〈王屋天壇玉境〉（卷2），〈方通夢兆〉（卷3），〈周約夢兆〉（卷3），〈王

安石之請道〉（卷 4），〈張生自稱眞人夢遭杖〉（卷 6）。

10、邵博溫（1056—1134），爲理學名家邵雍之子，著《邵氏聞見錄》，記北宋朝野人事甚詳，爲著名之筆記小說作品。其中有關道教之事雖不爲多，但有些許，如〈眞宗宴太淸樓〉（卷 1），〈仁宗用導引術理髮〉（卷 2），〈太宗召陳摶〉、〈陳摶見种放〉、〈錢若水見陳摶〉（卷 7），〈二程子與邵康節〉（卷 15），〈道人預知術〉（卷 19），〈康節遇道人〉（卷 20）。

四、結　語

上面略舉十種北宋的筆記小說，都不乏相關於道教或道教文化的記載，實際上宋人的筆記小說頗多，因其內容的龐雜，多數也未將之分類記述，故而尋檢資料，則非得通遍閱讀。筆記所載多爲時人記其時之事，有其史料價值，但也因諸多傳聞、巷語，所載未必可靠，即使如此，有其記載當即有其價值。以本文簡略所述，有相當多關於道教及其文化之記載，零落散佈，綜集其有關之記述，大體可反應其時社會上道教之狀況，而其間也有朝廷官方的相關資料。若所蒐集筆記小說類之資料達到相當之數量，則其作用更廣，討論的空間與論題也更加多元與豐富。

（原稿發表於〈第二屆海峽兩岸道教文化論壇〉，江西：鷹潭，2007 年）